सम पर सूर्यास्त

वाणी प्रकाशन

नयी दिल्ली-110002

फोन : 3275710, 3273167 फैक्स : 3275710

e-mail : vani_prakashan@yahoo.com

vani_prakashan@mantraonline.com

सम पर सूर्यास्त

प्रयाग शुक्ल

ISBN 81-7055-979-0

वाणी प्रकाशन
21-ए, दरियागंज, नयी दिल्ली-110002
द्वारा प्रकाशित

मूल्य : 150.00 रुपये

प्रथम संस्करण : 2002

शुभम ऑफ़सेट, दिल्ली-110032
द्वारा मुद्रित

SAM PAR SURYAST
by Prayag Shukla

श्री फणीश्वरनाथ 'रेणु' की स्मृति को

सादर समर्पित है यह पुस्तक,
जिनसे मेरी भेंट तो कुल आठ-दस बार हुई थी
लेकिन जिनसे हुई हर भेंट
एक अमिट छाप की तरह मन में है,
और जिनके कथा-साहित्य तथा
वृत्तांतों-संस्मरणों का
एक लेखक-पाठक के नाते
सदा प्रशंसक रहा हूँ।

भूमिका

ये टिप्पणियाँ अपनी कथा आप कहती हैं। इनके लिखे जाने के प्रसंग, और इनके स्थान-काल-पात्र—सब इनमें कहीं-न-कहीं, किसी-न-किसी रूप में, पिरोये हुए हैं। इसलिए इनके परिचय में अलग से कुछ कहने की ज़रूरत मुझे महसूस नहीं हो रही है। सिवाय इसके कि इनके लिखे जाने की शुरुआत, आज से लगभग चार वर्ष पहले हुई थी, और ये सभी इस अवधि के बीच दैनिक 'जनसत्ता' के स्तंभ 'दुनिया मेरे आगे' में प्रकाशित होती रही हैं। इनके प्रकाशन के साथ ही लेखक मित्रों और पाठकों की जो प्रतिक्रियाएँ मिलनी शुरू हुईं, उन्होंने मेरा मनोबल बढ़ाया है, और समय-समय पर अपने कई अनुभवों को लिपिबद्ध करने के लिए और अधिक प्रेरित भी किया है। ध्यान नहीं पड़ता कि इससे पहले पाठकों की इतनी सीधी भागीदारी का एहसास पहले कभी और हुआ हो। जब-जब मैं मुंबई, कलकत्ता, गुवाहाटी, भोपाल, जोधपुर, सागर, उदयपुर, लखनऊ आदि नगरों में गया तो मैंने पाया कि दिलचस्पी के साथ मित्रगण इन्हें पढ़ रहे हैं, और कई ऐसे पाठक मिल रहे हैं, जिनसे मैं पहले कभी, किसी भी रूप में, परिचित न था। विभिन्न नगरों से बहुतेरे मित्रों-पाठकों के पत्र भी समय-समय पर मिलते रहे हैं। और जिस दिन कोई टिप्पणी प्रकाशित होती थी, उस दिन दिल्ली के मित्रों के कम से कम चार-पाँच फोन सुबह-सुबह ज़रूर आ जाते थे। कई मित्रों की प्रतिक्रियाएँ बाद में पता चलती थीं, पर, चलती ज़रूर थीं। इस सबकी याद मैं यहाँ विनम्रतापूर्वक इसलिए भी कर रहा हूँ कि उन सब मित्रों-पाठकों के प्रति अपना आभार व्यक्त कर सकूँ, जो इन टिप्पणियों पर अपने सुझाव और मंतव्य मुझे देते रहे हैं। आभार, उन अदेखे-अचीन्हे पाठकों का भी, जो इन्हें पढ़ते रहे होंगे, और जिनका कुछ पता मुझे 'जनसत्ता' के साथियों से भी मिलता रहा है।

मुझे इस बात की भी बड़ी प्रसन्नता है कि मित्रों-पाठकों ने इन टिप्पणियों के स्वभाव या प्रकृति में निहित कई चीज़ों को पहचाना और रेखांकित किया, और मुझे इनके स्वभाव के कई ऐसे पहलुओं से परिचित भी कराया, जिनसे मानों मैं स्वयं परिचित न था। यह जानकर मुझे निश्चय ही बहुत संतोष होता रहा है कि इनके गद्य की बुनावट की ओर बहुतेरे मित्रों-पाठकों का ध्यान गया, और ध्यान इस ओर भी गया कि इनमें कथा, कविता, ललित-निबन्ध, यात्रा-वृत्तांत, संस्मरण, चिट्ठी-पत्री आदि के तत्त्व मानों अनायास ही घुलना-मिलना शुरू हुए हैं, और इनके वृत्त से एक नई ही

प्रकार की विधा की कुछ आहट मिली है। जब यह आहट मुझे मिलनी शुरू हुई थी, तब मानों इन टिप्पणियों को लिखने का चाव तथा उत्साह और अधिक बढ़ गया था। गद्य लिखने का आनंद क्या होता है, इसका भी एहसास मुझे इन टिप्पणियों ने भरपूर कराया है।

सुप्रसिद्ध समाजशास्त्री और चिंतक श्री पूरनचंद जोशी ने इनके समाजशास्त्रीय पक्ष की ओर कई बार इंगित किया, और कृपापूर्वक फोन करके वे अपनी प्रतिक्रियाएँ मुझ तक पहुँचाते रहे, इसके लिए मैं सचमुच उनका बहुत आभारी हूँ। पिछले वर्ष यानी दो हज़ार के जनवरी महीने में, जब मेरा सागर जाना हुआ, और त्रिलोचन जी से मिलना भी, तो यह जानकर मेरे हर्ष का ठिकाना न रहा कि वे इन टिप्पणियों के नियमित पाठक हैं, और इनके गद्य के प्रशंसक भी। उनकी प्रतिक्रिया मेरे लिए बड़े से बड़े पुरस्कार से कम नहीं है। यही लगा कि इनका लिखा जाना हर तरह से सार्थक हो गया है। त्रिलोचन जी ने यह भी कहा कि इन्हें पुस्तक रूप में प्रकाशित ज़रूर कराना। जब यह पुस्तक प्रकाशित हो रही है तो उनके आशीर्वचनों की कृतज्ञतापूर्वक याद आना स्वाभाविक है।

मेरे अभिन्न मित्र श्री अशोक सेकसरिया की प्रतिक्रिया तो लगभग हर टिप्पणी पर मिली है, और उन्होंने समय-समय पर किंचित विस्तार से यह भी बताया है कि कोई टिप्पणी उन्हें किस कारण से अच्छी लगी है, या कोई क्यों कम अच्छी लगी है। ज़ाहिर है कि उन प्रतिक्रियाओं से मुझे बहुत कुछ समझने और सोचने को मिला है। मेरे रंगकर्मी मित्र देवेन्द्र राज अंकुर तो इनके नियमित पाठक रहे ही हैं। और यहाँ उनके खुले, 'विनोदी' सुझावों और सहयोग का स्मरण भी स्वाभाविक है जो मेरा उत्साह बढ़ाने में कम सहायक नहीं हुए हैं।

'जनसत्ता' के सम्पादक और मेरे प्रिय मित्र श्री ओम थानवी की ओर से इन्हें पुस्तक रूप में भी संकलित करने का सुझाव तो लगभग तभी आ गया था जब ये प्रकाशित होना शुरू ही हुई थीं। उनका आग्रह भी इनके कुछ नियमित रूप से लिखे जाने का कारण बना है। मेरी पत्नी ज्योति इनमें से कई टिप्पणियों की यात्राओं में मेरे साथ रही हैं, और प्रायः सभी टिप्पणियाँ उन्होंने इनके प्रकाशित होने से पहले ही पढ़ी हैं, और कई बार उन्होंने कुछ भूली-बिसरी चीज़ों की याद दिलाकर मेरी मदद की है, इसकी भी स्वाभाविक रूप से खुशी मुझे है।

पाठक स्वतः लक्ष करेंगे कि यहाँ संकलित सब नहीं, पर, कई टिप्पणियाँ उन यात्राओं से संबंधित हैं, जो देश के विभिन्न अंचलों की रही हैं। अगर इनमें राजस्थान की मरुभूमि है, तो केरल का जल, और मिज़ोरम और मणिपुर की पहाड़ियाँ भी हैं, दीव की लहरें हैं तो ब्रह्मपुत्र की भी, और महाराष्ट्र-गुजरात आदि की यात्राओं के भी कई संस्मरण हैं। मास्को, ढाका, और कलकत्ता, दिल्ली, मुंबई, चेन्नई, बेंगलूर, कानपुर-लखनऊ, सागर, जोधपुर, वाराणसी, सारनाथ, उज्जैन आदि कई नगर भी इन टिप्पणियों के वृत्त में हैं, और हैं वे बहुतेरे परिचित-अपरिचित जन जो इन यात्राओं में

किसी न किसी मानवीय मर्म के साथ मुझे उपस्थित मिले हैं। उन सबके प्रति भी आभारी हूँ।

जब हम यात्राओं पर निकलते थे तो मेरी छोटी बेटी वर्षिता को दिल्ली में अकेले ही घर की कई जिम्मेवारियाँ उठानी पड़ती थीं, पर, यह सब वह प्रसन्नतापूर्वक, हमें निश्चिंत रखते हुए ही करती रही है, सो इनके लिखे जाने में उसका सहयोग भी कम नहीं है।

अपने लेखक-पत्रकार जीवन में मैंने पत्र-पत्रिकाओं में पिछले कोई चालीस वर्षों में बहुतेरे लेख और टिप्पणियाँ-वृत्तांत आदि लिखे हैं, पर, उन्हें संकलित करने की ऐसी उत्कट इच्छा कभी नहीं हुई थी, जैसी कि इन टिप्पणियों को लेकर हुई है। ज़ाहिर है कि ऐसी इच्छा अगर अग्रजों, समवयसी मित्रों और पाठकों के दबाव का प्रतिफल है तो स्वयं इस एहसास का भी कि ये निरा अख़बारी टिप्पणियाँ नहीं हैं—इनमें कुछ ऐसा है, जो आगे भी संभवतः ताजा ही लगेगा—यानी ये टिप्पणियाँ बहुत करके उन पाठकों को भी पुरानी या 'डेटेड' नहीं लगेंगी जो इन्हें आज नहीं, कल पढ़ेंगे। या अगर वे इन्हें कल पढ़ चुके हैं तो आज भी इन्हें कुछ दिलचस्पी के साथ ही पढ़ना चाहेंगे। इसी सहज विश्वास के साथ मैं पाठकों को यह पुस्तक सौंप रहा हूँ। ये टिप्पणियाँ स्वयं मेरे लिए प्रकृति-उपकरणों, और मानवीय मनोभावों से एक 'नये' परिचय, और लगाव का कारण बनी हैं, और इनके लिखे जाने की प्रक्रिया में कला-संस्कृति के कई सवाल भी मन में एक नई गूँज के साथ उभरे हैं, सो इन 'दैनंदिनी' टिप्पणियों का अपने निजी जीवन में भी मैं एक बड़ा योग मानता हूँ। अपने मित्र कवि-कथाकार-आलोचक श्री रमेशचंद्र शाह का यह मंतव्य भी याद आ रहा है कि "टिप्पणियों का यह आकार-प्रकार आपको खूब रास आया है।" निश्चय ही, वह मुझे रास आया है, और अभिव्यक्ति की एक नई राह मेरे लिए खुली है। इसे एक पत्र में रेखांकित करने लिए उनका आभार मानता हूँ। आभार अपने प्रिय मित्रों मंगलेश डबराल और प्रियदर्शन का भी जिन्होंने इन टिप्पणियों को सतर्क दृष्टि से पढ़ा है, और समय-समय पर अपनी राय भी दी है।

एक बात और : ये टिप्पणियाँ जिस क्रम से लिखी गई थीं, ठीक उसी क्रम में यहाँ संकलित नहीं की गयी हैं। ऐसा मैंने उन्हें एक नया क्रम देने की इच्छा से किया है, और इसलिए भी कि उनका जो 'स्वतंत्र' रूप है वह बना रहे। जहाँ बहुत जरूरी लगा है, वहाँ उनके प्रकाशन-तिथि का उल्लेख कर दिया गया है। लेखन, और प्रकाशन की तिथि में अमूमन सप्ताह भर का ही अंतर रहा है। यहाँ संकलित टिप्पणियाँ दिसंबर, दो हज़ार तक की हैं।

वाणी प्रकाशन के श्री अरुण माहेश्वरी भी 'जनसत्ता' के माध्यम से इन टिप्पणियों के पाठक रहे हैं, और इन्हें पुस्तक रूप में प्रकाशित करने की जो तत्परता उन्होंने प्रसन्न मन से दिखायी है, वह अब एक सुखद स्मृति की तरह मेरे साथ रहेगी।

26 जनवरी, 2002 —**प्रयाग शुक्ल**
नई दिल्ली

अनुक्रम

एक और भारत

जब भी अजन्ता-एलोरा, साँची, खजुराहो, कोणार्क, सारनाथ, महाबलिपुरम और एलिफैंटा जैसी जगहों में जाना होता है, पाता हूँ कि उस भारत के बीच हूँ जिसकी छटा निराली है। इन जगहों पर कुछ घंटों के लिए ही सही, दूसरा भारत 'तिरोहित' हो जाता है, जो हिंसा, अपराधों, राजनीति और आपराधिक तत्त्वों के गठजोड़ का है, जो भयंकर विषमताओं वाला है, जो अब शहरों में धूल और धुंध से भरा है और जिसमें हम प्रायः ऐसी बहसों में उलझे रहते हैं जिन्हें निहित स्वार्थों वाले तत्त्व उभारते हैं और असली समस्याओं से हमें दूर रखते हैं। इन जगहों पर देसी-विदेशी लोगों को—स्त्री-पुरुषों, नौजवानों और बूढ़ों, बच्चों को देख कर एक सुकून-सा मिलता है। वे उमंग-उछाह से भरे यहाँ आते हैं और अपनी-अपनी तरह से इन जगहों के सौन्दर्य, और उनमें बसी हुई कलाकृतियों के सौन्दर्य को सराहते हैं। एक अद्‌भुत एका तो यहाँ देखने को मिलता ही है।

इस बार की अजन्ता-एलोरा यात्रा में भी, जो मैंने राष्ट्रीय नाट्य विद्यालय के प्रथम वर्ष के छात्र-छात्राओं के साथ की, कुछ ऐसा ही अनुभव हुआ। जब हम ऊपर पहाड़ी पर गुफाओं के पास पहुँच गए तो खुली धूप निकली हुई थी। झुंड के झुंड लोग आ और जा रहे थे। थोड़ा शोर था जो इतने लोगों के इकट्ठा होने पर होता ही है, पर एक शान्ति भी विराज रही थी। नीचे घाटी में थोड़ा जल था, और वनस्पतियों, पेड़-पौधों, चट्टानों पर जहाँ-तहाँ चिड़ियों की बोली सुन पड़ रही थी। एक टहनी पर झूलती बुलबुल को मैं और मेरी पत्नी ज्योति थोड़ी देर तक एकटक देखते रहे, जब तक कि वह उड़ ही नहीं गई। एक गुफा के भीतर जाकर फिर दूसरी गुफा में जाने के लिए बाहर आकर, कुछ देर रुकना-ठहरना भी होता रहा। ऐसे ही किसी पल में देखा कि स्कूली छात्राओं की एक टुकड़ी अपनी नीली सी ड्रेस में मराठी बोलती हुई पास से गुजर रही है। एक लड़की से मैंने पूछा, 'कहाँ से आए हो?' उसने जवाब दिया 'खड़की, पुणे से।' मैंने कहा, 'खड़की, जानता हूँ, वह तो पुणे के एक स्टेशन का भी नाम है।' 'जी हाँ', 'उसने कहा, 'वही है हमारा स्कूल।' फिर उसने अपने स्कूल का नाम बताया। मैंने पूछा, 'यहाँ आकर कैसा लग रहा है?' उसने कहा, 'बहुत अच्छा'। पूछा, 'क्या अच्छा लग रहा है?' उसने सीधा, स्पष्ट, संक्षिप्त, भाव भरा जवाब दिया, 'सब कुछ।' लड़की आठवीं कक्षा की थी।

उसके इस जवाब पर मैं सचमुच प्रमुदित हो उठा। उसकी पीठ थपथपाई। वह मुस्कराई और उमंग भरे पग भरती हुई अपनी टोली में शामिल हो गई। मैंने फिर एक

बार चारों ओर देखा, और सब कुछ को निहारते हुए मन ही मन दुहराया, सचमुच 'सब कुछ' ही तो अच्छा लग रहा है।

विभिन्न प्रदेशों से आए हुए लोग हैं। विभिन्न आयु वर्गों के। कहीं से कन्नड़ सुन पड़ रही है, कहीं से गुजराती और कहीं से बांग्ला। यह वास्तव में वह 'बड़ा भारतीय परिवार है' जो इस तरह, ऐसी मनःस्थिति में, कभी-कभी ही देखने को मिलता है। भला हो हमारे इन कला-तीर्थों का कि यह 'पारिवारिक प्रतीति' बनी हुई है। इन कला-तीर्थों के सन्दर्भ में कलाकार और कलाचिंतक विनोद बिहारी मुखर्जी की एक टिप्पणी और याद आती है। उन्होंने एक जगह लिखा है कि इन स्मारकों में उत्कीर्ण जन-जीवन का उत्सव मनाती आकृतियाँ, उन नर-नारियों को निहारती हुई मालूम पड़ती हैं जो उनकी 'परिक्रमा' कर रहे होते हैं, और 'परिक्रमा' कर रही ये चलती-फिरती आकृतियाँ प्रस्तरों में उत्कीर्ण आकृतियों को देखती हैं—दोनों की दृष्टियों के मिलन से एक अपूर्व लय की, जीवन और काल की निरन्तरता की, सृष्टि होती है। विनोद बाबू के शब्द ठीक-ठाक याद नहीं हैं, पर उनकी टिप्पणी का आशय यही है, जो मैंने यहाँ लिखा है। मिथकों, पुरा-आख्यानों, प्राकृतिक उपकरणों और दैनंदिन जीवन की छवियों का अपूर्व 'सम्मिलन' ही तो है हमारे कला-तीर्थों में। एक चीज की याद और आती है : एलिफैंटा हो या अजंता-एलोरा, ये स्थल हमें सबसे पहले गहरे विस्मय से भर देते हैं। फिर धीरे-धीरे हमें अपने सौन्दर्य से, और अपनी कलाकृतियों के अर्थ और आशयों से, आविष्ट कर लेते हैं। हाँ, वे विस्मय और शान्ति-सौन्दर्य ही प्रदान करते हैं—आतंकित नहीं कर देते। हम पत्थरों-चट्टानों के बीच कितने 'हलके' हो उठते हैं, मुक्त होकर विचरते हैं, मानो ये आँगन-प्रांगण और गलियारे हमारे हों—हमारा उन पर सहज अधिकार हो। हाँ, वे 'हमारे' ही तो हैं, हमारे अपने, जिन पर हम गर्व भी कर सकते हैं। जो हमें अपार सुख देते हैं। हमारे अपने-अपने निजी घर चाहे जितने बड़े-छोटे हों, पर इनके बड़े परिसर थोड़ी देर के लिए ही सही, हमारे 'विशाल' घर हो उठते हैं। इनमें से किसी एक की यात्रा की स्मृति, क्या इसलिए भी, हमारे लिए सदा की एक बड़ी स्मृति नहीं बन जाती है।

दुख होता है तो यही कि हम अपनी ही इस अमूल्य धरोहर और सम्पत्ति के साथ अक्सर कैसा खिलवाड़ भी करते आए हैं। लोग जहाँ-तहाँ अपने नाम लिख देते हैं, और ऐसी सावधानी नहीं बरतते कि इनमें जितना कुछ नष्ट हो गया है, उसमें और बढ़ोतरी न करें। छोटे-छोटे बच्चों को भी जहाँ जाकर 'सब कुछ' अच्छा लगता हो, क्या इन जगहों की रक्षा समूचे राष्ट्र को नहीं करनी चाहिए। हम सबको।

चकित विदेशियों की आँखों की याद करता हूँ, जो बुद्ध की करुणामयी मूर्तियों से अभिभूत हो उठते हैं—एक फ्रांसीसी स्त्री अजन्ता में मुझसे कह रही थी—'नहीं, मैंने कुछ भी ऐसा, और कहीं नहीं देखा है। ऐसा शिल्प, ऐसी कारीगरी, ऐसी चित्रकारी और वह भी प्रकृति की ऐसी सुरम्य गोद में। अद्भुत।'

हाँ, अद्भुत ही तो है, हमारा यह एक और भारत।

उज्जयिनी में

दिल्लीवासी मैं, उज्जयिनी में हूँ। दो दिनों के लिए। सुबह टहलने निकला हूँ। छह बज रहे हैं। आकाश बादलों से घिरा है। रात में कुछ बारिश भी हुई होगी, सड़कें वनस्पतियाँ सब गीली हैं। सड़क पर लोग भी कम ही हैं। मेघाच्छन्न आकाश चीजों का रंग बदल देता है। हरा—पेड़ों-पौधों वनस्पतियों का हरा—कितना गहराया हुआ लगता है। मालवा की बारिशें प्रसिद्ध हैं। कालिदास की याद आना भी स्वाभाविक है। कालिदास की नगरी में हूँ। वर्षा-ऋतु में 'मेघदूतम्' का स्मरण यों भी सहज है। फिर, मैं तो ठहरा ही कालिदास अकादेमी के अतिथि निवास में हूँ। आते ही कक्षों-वीथिकाओं के नाम पढ़ने को मिले थे—'मेघदूतम्', 'मालविकाग्निमित्रम्' आदि। यहाँ पहले भी ठहर चुका हूँ, एक बार। कोठी रोड या कहिए विश्वविद्यालय मार्ग पर चल रहा हूँ।...अभी कोई आधा किलोमीटर बढ़ा होऊँगा कि सहसा सैकड़ों की संख्या में तोते पेड़ों, इमारतों के ऊपर मँडराते हुए मिलते हैं। मैं विस्मय से उन्हें देखने लगता हूँ। दिल्ली में भी लोदी गार्डन वाले इलाके में शाम को कई बार इसी तरह तोतों को उड़ते-मँडराते हुए देखा है, पर इतनी संख्या में तोते कब देखे थे? हाँ, एक बार कई बरस पहले ग्वालियर में। मानो इतने तोतों का एक जगह, एक परिधि में होना बूझ न पा रहा होऊँ, सो अचकचाकर उन सज्जन से, जो एक पेड़ की डाल हँसिए से छाँट रहे हैं, पूछता हूँ, 'यहाँ, इतने तोते क्यों हैं? इसी जगह।'. वे अपना काम करते रहते हैं, मानों उन्हें मेरा प्रश्न सुनाई न पड़ा हो। मैं थोड़ी देर अचकचाया-सा खड़ा रहता हूँ। निश्चय ही उन्होंने मुझे मूरख मान लिया है। अरे, यहाँ इतने पेड़-पौधे दीख रहे हैं, तोते होंगे क्यों नहीं? या हैं तो मुझे मान लेना चाहिए कि इसी वजह से हैं। तभी उनका स्वर सुनाई पड़ता है, संक्षिप्त, डालें-टहनियां छाँटते हुए ही, 'हाँ, यहीं तो दिखते हैं।' अभी परसों ही तो भोपाल में नाट्य-मर्मज्ञ कमलेशदत्त त्रिपाठी से भेंट हो गई थी। कुछ और लोग भी थे। एक प्रसंग में वे आख्यानों में प्रायः आने वाले शुक-सारिका प्रसंग पर चर्चा कर रहे थे। उनके मंतव्य पर।

मैं आगे बढ़ जाता हूँ। चलते-चलते वहाँ पहुँच गया हूँ, जहाँ कुछ हलचल है—चाय की एक दुकान भी खुली हुई है। उसी के सामने बेंच पर बैठे हुए कुछ लोग अखबार पढ़ रहे हैं। मैं भी अब यहाँ से चाय पीकर ही वापस लौटना चाहता हूँ। चाय के लिए कहता हूँ। मेरा 'तोता' प्रश्न अभी कुछ अनसुलझा ही है। सो चाय की दुकान पर अपना प्रश्न फिर दुहराता हूँ। अपने काम में लगे हुए चाय वाले सज्जन होठों ही

होठों में मुस्करा रहे हैं। उनके केश धवल हैं। निश्चय ही अनुभवी भी लग रहे हैं। चाय बनाते-बनाते ही मेरे प्रश्न का उत्तर देते हैं, 'जंगल के हैं, बारिश के दिनों में खूब दिखाई पड़ते हैं। यहाँ झाड़-झंखाड़ हैं न!' और मुझसे प्रतिप्रश्न करते हैं : 'कहाँ से आए हैं?' मैं कहता हूँ : 'दिल्ली से।' मेरी तोता-जिज्ञासा पूरी तरह शांत हो गई है, पर इतने तोते एक साथ देखने का विस्मय ज्यों का त्यों बरकरार है। तभी वे पूछते हैं, 'दिल्ली में कहाँ रहते हैं?' मेरे मुँह से अनायास ही निकलता है, 'ग्रेटर कैलाश में।' हाँ उसी इलाके में तो हूँ लगभग तीस बरस से। वैसे भी, जब कोई यह प्रश्न दिल्ली से बाहर करता है तो यही तो कहता हूँ। मान लेता हूँ कि जहाँ मैं रहता हूँ अब, मस्जिद मोठ में, उसका नाम शायद उनके लिए इतना परिचित न हो। फिर वह ग्रेटर कैलाश भाग—एक और भाग—दो के ही बीच में तो है। मुझ 'अतिथि' के लिए वे सज्जन बेंच पर बैठे हुए लोगों से थोड़ी-सी जगह बना देने का आग्रह करते हैं। मैं प्रतिवाद करता हूँ, 'नहीं, नहीं ऐसे ही ठीक है।' पर, इस बीच मेरे लिए जगह बन जाती है। बैठते ही महाकालेश्वर की नगरी में इस ओर ध्यान जाता है कि कैलाश के साथ जुड़ा हुआ यह 'ग्रेटर' कैसी विडंबना खड़ी कर रहा है। पर अब ऐसी विडंबनाओं का तो कोई अंत नहीं है। देख रहा हूँ कि हिन्दीभाषी इलाकों में भी अब 'भावनाएँ' अँग्रेजी के सुपुर्द हो रही हैं। कल स्टेशन के आते वक्त 'फीलिंग्स' नाम की दुकान दिखाई पड़ी थी। लिखा था : ग्रीटिंग कार्ड्स एंड गिफ्ट्स। और अभी कुछ ही देर पहले तो पढ़ा था एक और नामपट। लिखा था : 'इमोशंस...ग्रीटिंग कार्ड्स एंड गिफ्ट्स।'

लौटते हुए कुछ और चीज़ों की ओर ध्यान जाता है। कालिदास अकादेमी के पास ही 'टैगोर पार्क' लिखा हुआ दिखाई पड़ता है। एक घेरे के भीतर रवींद्रनाथ की आवक्ष प्रतिमा भी दिखाई पड़ती है—सफेद। पता नहीं यह सब नियोजित है या संयोगवश हुआ है—यही 'कालिदास' के निकट ही 'टैगोर' का स्मरण, पर जो भी हो, सुबह-सुबह यह स्मरण अच्छा तो लगता ही है। अब नजर जाती है कालिदास अकादेमी के गेट के बाहर लगे हुए बोर्ड पर। उस पर लिखा हुआ है 'कालिदास अकादेमी, वेदव्यास मार्ग।' यह सुबह कल रात को देखे हुए 'अनियंत्रित' उज्जैन से कितनी भिन्न है। स्टेशन से बाहर निकलते ही टेंपो-स्कूटरों का धुआँ-धक्कड़, बाजारों-गलियों का बुरा हाल मिला था। हम अपने शहरों को क्या बनाते जा रहे हैं। और आज सुबह भी अपेक्षाकृत साफ-सुथरे विश्वविद्यालय मार्ग पर भी तो यत्र-तत्र कूड़े के कुछ ढेर दिखाई पड़े थे। तोते, अरे, तोतों को इतनी जल्दी मुझे क्यों भूल जाना पड़ा है?

कालिदास अकादेमी के परिसर पर नज़र डालता हूँ। वह साफ-सुथरा है, काफी बड़ा भी है। पिछवाड़े एक कुमुद ताल है। तरह-तरह के फूल-पौधे-वृक्ष वनस्पतियाँ हैं। जब त्रिपाठी जी (कमलेशदत्त) यहाँ थे तो उन्होंने कालिदास के काव्य में वर्णित सौ से अधिक फूल-पौधे लगवाए थे। अब वे पुष्पित-पल्लवित हैं। सोच रहा हूँ, आज शाम को देवास की कुमार गंधर्व संगीत अकादेमी की ओर से एक संगीत सभा का आयोजन भी है। सुनूँगा। हाँ, उज्जयिनी में हूँ।

खजुराहो में आम्र-मंजरियाँ

खजुराहो में हूँ। सोच रहा हूँ कि किसी भी व्यक्ति को प्रायः सौ वर्षों से अधिक की आयु नहीं मिलती पर खजुराहो ने अपने जीवन के हज़ार साल पूरे कर लिए हैं। कंडारिया महादेव मंदिर की मूर्तियाँ देखकर तो लगता है जैसे वे अभी-अभी पल्लवित हुई हों : उनका लास्य, उनकी भंगी-त्रिभंगी, उनका लावण्य मन को मोह ले रहे हैं। रचना-सामग्री भी अधिक क्षरित न हो और अपने में कला-मर्म को सदेह धीरे सहस्रवर्षों तक बनी-बची रहे तो यह भी एक उपलब्धि है। बच्चन की पंक्ति याद आती है : 'खजुराहो के निडर कलाधर अमर शिला में गान तुम्हारा।' उनकी यह रचना भारतीय ज्ञानपीठ द्वारा प्रकाशित 'खजुराहो की प्रतिध्वनियाँ' पुस्तक में एक बार फिर संकलित है, जिसका लोकार्पण सात मार्च को यहीं हुआ। एक बात और ध्यान में आ रही है और बार-बार आ रही है : इस वर्ष खजुराहो आम्र-मंजरियों से दिनभर-रात भर सुवासित है। आम्रवृक्षों के पत्तों तक को इन मंजरियों ने छुपा लिया है। और वे मानो हर चीज़ पर भारी पड़ रही हैं।

जब छह मार्च को राष्ट्रपति महोदय ने ताल किनारे खजुराहो सहस्राब्दि वर्ष के समारोह का उद्घाटन किया तो तरह-तरह की आतिशबाजी के बीच मेरा ध्यान ताल-किनारे के उस ऊँचे घने आम्रवृक्ष की ओर भी चला जाता रहा जिस पर शाम की आतिशबाजी और गीत-संगीत से चौंक-चौंककर पक्षी आकर बैठ रहे थे और आम्र मंजरियाँ थीं कि अपनी सुवास से नासिका को वेध रही थीं। उनका ध्यान मुझे तब भी नहीं भूला जब छह मार्च की संध्या को ही अनंतर राष्ट्रपति महोदय की उपस्थिति में ही प्रति वर्ष मध्य प्रदेश कला परिषद की ओर से आयोजित होने वाले प्रतिष्ठित नृत्य समारोह का उद्घाटन मालविका मित्र और माधवी मुद्गल के नृत्य से हुआ। और आठ मार्च को जब राष्ट्रपति मंदिरों से कुछ ही दूरी पर बने मध्य प्रदेश के अत्यंत सुरुचिपूर्ण लोक आदिवासी कला संग्रहालय का उद्घाटन करने आए तो चटख धूप थी। दूर-पास की आम्र मंजरियों से मदमत्त करने वाली सुवास रह-रहकर तैर आती थी, या कि फिर वह मुझ पर इतना अधिक हावी थी कि मैं उसकी कल्पना वहाँ भी किए ले रहा था। रोज सुबह टहलते वक्त तो मैं रुक-रुककर उसे अपनी साँसों में भर लेता था। और एक दिन जब मैं और मेरी पत्नी ज्योति, जैन मंदिर समूह भी देखने गए तो वहाँ के परिसर में और उनसे लगे खेतों-बागों से आम्र मंजरियों की ऐसी सुगंध उठी कि यही

लगा मानो मुझे थोड़ी देर में मूर्छा-सी आ जाएगी। यदि मैं राष्ट्रपति महोदय के लाव-लश्कर को, उसके तामझाम और गहमागहमी को, दौड़ती हुई पुलिस और सुरक्षा गाड़ियों तथा दिल्ली-मुंबई से नृत्य-समारोह देखने आए या पिकनिक मनाने आए, खास वर्ग के तेवर और पहरावे को झेल सका तो उसमें भी इन आम्र मंजरियों की दूर तक मदद रही। जो कुछ भी मैं देखता-करता रहा उसमें ये बराबर साथ रहीं।

नागपुर के युवा कलाकार जयंत मैराल की चित्र-प्रदर्शनी हो, एक होटल के कान्फ्रेंस रूम में सोफों पर चादरें बिछाकर किसी तरह लगाई गई, या कंडारिया शिल्पग्राम में लगा शिल्पमेला हो, या एक होटल में बने सुदूर चोलमंडलम के सुपरिचित कलाकार एस. नंदगोपाल के म्यूरल को एक बार फिर देखना, जिसमें अजंता-एलोरा के कुछ मोटिफ उत्कीर्ण हैं—सभी जगह तो उनकी सुधि बनी रही। और उनकी सुगंध बहुतेरी चीजों में अपनी ओर से भी कुछ जोड़ती रही। यह भी सोचता रहा खजुराहो के मन्दिरों के बीच कि जब ये मन्दिर बने होंगे तो प्रकृति यहाँ और भी घनी रही होगी। क्या तब भी तरह-तरह के पेड़ों-फूलों से ऐसी ही सुगन्धें नहीं उठती रही होंगी और शिल्पियों को इसी तरह मदमत्त नहीं करती रही होंगी? अवश्य करती रही होंगी, आज से शायद हजार गुना बढ़कर करती रही होंगी। तभी तो है वहाँ जीवन का उत्सव। हमारी समस्त कला में पेड़ों-वनस्पतियों-फूलों-पक्षियों-जीवों का अंकन आकस्मिक कहाँ रहा है। और आज भी हमारी नृत्यांगनाएँ जब पक्षियों-जीवों के उड़ने-चलने-फिरने की गतियों का अनुक्रम अपनी नृत्य गतियों और अभिनय से बनाती हैं, जैसा कि मालविका सरुक्काई ने अपनी नृत्य प्रस्तुति में कितनी चारुशीलता, कल्पनाशीलता, लाघव और मर्म के साथ रचा, तो सहचरी प्रकृति का ही तो हाथ उसमें होता है। और प्रकृति भले उतनी सघन अब न रह गई हो, और हम उसे अब पहले की तरह भले न पूजते हों पर उसकी कितनी अनुस्मृतियाँ तो हैं : हमारे पुराने वाङ्मय से, संगीत-कला-काव्य आदि से 'उधार' ली हुई, और हमें कुछ नया सिरजने को विवश करती हुई।

खजुराहो में अब चंदेलों के सरोवरों का जल चाहे पहले जैसा निर्मल न हो पर आकाश अभी निर्मल है; तोते और अन्य पक्षी उड़ते-बोलते दिखाई-सुनाई पड़ते हैं, आम्र मंजरियाँ झूल रही हैं, तरह-तरह की नन्ही-छरहरी वनस्पतियाँ, पहाड़ियाँ भी हैं। क्या सहस्राब्दि वर्ष में मन्दिरों की तरह ही प्रकृति की स्थिति पर भी, उसके 'संरक्षण' पर भी और अधिक ध्यान नहीं जाना चाहिए? कहीं ऐसा न हो कि यह समारोह—वर्ष खजुराहो में अधिक धूल-धुआँ भर जाए। हम कुछ पैदल चलना भी सीखें। एक बात और जो नृत्य समारोह के प्रायोजकों से कहनी है : जिस समारोह में भारतीय भाषाओं का ऐसा गायन-नर्तन हो, उसके सभी विज्ञापन-पट अँग्रेजी में ही क्यों?

मार्च, 1999

सफ़ाई और कला

एक साल हो गया, सोच रहा हूँ पिछले वर्ष फ़रवरी के पहले पखवाड़े में ही तो चित्रकार जतीन दास और मैंने कुछ पौधे कुछ गाजनूर (शिमोगा, कर्नाटक) के नवोदय विद्यालय में रोपे थे। वे अब बड़े हो गए होंगे। एक दिन वे घने छायादार वृक्ष भी बन सकते हैं, जिनके नीचे बच्चे खेलेंगे और अपने बच्चों से मिलने आए अभिभावक बैठा करेंगे। और वे झूले तो हवा में लहराते ही होंगे जिन्हें बड़े जतन से शिमोगा शहर से सारा सामान खरीदकर जतीन दास ने स्वयं बनाया था और फिर उन्हें रंगा भी था। झूले के लिए कन्नड़ में शब्द है 'जोकाली'। याद है जब जतीन का डिज़ाइन किया हुआ जोकाली लग गया, और उसमें बच्चे बैठे, और विद्यालय की संगीत-शिक्षिका ने एक गीत गाया तो कैसी उमंग वास्तव में छा गई थी—बच्चों के मन में भी, बड़ों के मन में भी।

साल भर पहले नवोदय विद्यालय समिति के आमंत्रण पर ही हम लोग दिल्ली से गाजनूर गए थे। बड़े सोच-विचार के साथ योजना यह बनी थी कि गाजनूर के विद्यालय में दस-बारह दिनों का एक कला-कार्यशिविर लगाया जाए, और इसमें क्ले मॉडलिंग से लेकर कठपुतलियों के नाच तक को बनाने-दिखाने-सिखाने की व्यवस्था हो। छात्र-छात्राएँ कविता भी लिखें, चित्रकारी करें, नाटक खेलें, गाएँ-बजाएँ, और अपने विद्यालय को सजाएँ भी—यानि दीवारों पर म्यूरल और चित्र भी हों। इसमें भाग लेने के लिए विभिन्न नवोदय विद्यालयों के कई कला-शिक्षकों को भी आमंत्रित किया गया था, और सोचा गया था कि उनके साथ कला-अध्यापन और स्वयं कला पर चर्चा भी हो। जब हम गाजनूर के हरे-भरे इलाके में पहुँचे तो पेड़ों-वनस्पतियों-पक्षियों से सम्पन्न इलाके की प्रकृति ने हमारा मन सहज ही मोह लिया। जहाँ हमारे ठहरने की व्यवस्था हुई थी, वह एक बाँध के साथ का अतिथि निवास था—सिंचाई विभाग का। बाँध के पानी का स्वच्छ नीला विस्तार दूर तक फैला था। पर, जब हम विद्यालय पहुँचे तो मन कुछ मुरझा गया था। विद्यालय के प्रवेश-द्वार का नामपट, जो कन्नड़, हिन्दी और अँग्रेजी में था, धुँधला पड़ गया था। विद्यालय परिसर में हरियाली नहीं थी—कहीं बेंचें भी नहीं थीं जिनमें बच्चे और बड़े बैठ सकें। मालूम हुआ जो अभिभावक बच्चे से मिलने आते हैं, उन्हें कई बार धूप में ही खड़े रहना पड़ता है या ज़मीन पर ही बैठ जाना होता है। और जतीन दास के मन में तो सहज ही यह कौंधा था—'अरे, झूला

भी नहीं है!' दीवारें–विद्यालय की, और छात्र-छात्राओं के छात्रावासों की, बदरंग हो गई थीं। जतीन दास ने ठीक ही यह तय किया कि पहले विद्यालय की सफ़ाई हो, दीवारों पर नया रंग चढ़े, पेड़-पौधे लगाए जाएँ, झूला बने, बच्चों और अभिभावकों के बैठने की व्यवस्था हो, पूरे स्कूल की सफ़ाई हो, तब जाकर वे स्वयं किसी बड़ी दीवार पर कोई म्यूरल बनाएँ और बच्चों से भी बनवाएँ। यह भी तय पाया गया कि कार्यशाला के लिए जितनी चीजें सोची गई थीं, वे भी चलती रहें और स्कूल की पढ़ाई में भी कोई व्यवधान न आए। जब जिसकी क्लास न हो, या जब दिन की छुट्टी हो जाए, तो बच्चे और अध्यापक-अध्यापिकाएँ विभिन्न गतिविधियों का लाभ उठाएँ। सो, बच्चों ने चित्र भी बनाए, कविताएँ भी लिखीं, माटी की मूरतें भी बनायीं, कठपुतलियों का खेल देखा-दिखाया, और बाकी कामों में भी हाथ बँटाते रहे। मालूम हुआ कि पेड़-पौधे स्कूल परिसर में इसलिए नहीं हैं कि बारिश का पानी परिसर को डुबा देता है। इस पर जतीन दास ने कहा कि नालियाँ बनायी जाएँ, पानी की निकासी की व्यवस्था हो। वह हुई। मजदूरों के साथ हम सब भी लगे। स्कूल के मैदान की सफ़ाई की बात भी सोची गई। जतीन ने कहा सब लोग श्रमदान करें। शाम को सब इकट्ठे हुए। जो जिसके हाथ लगा, वह उसने उठाया। एक बैलगाड़ी जो पहले से ही बुला ली गई थी, और जो हमारे साथ रही, उसमें कूड़ा डाला जाने लगा–सूखा हुआ खर-पतवार भी। कई बैलगाड़ियों के बराबर कूड़ा-करकट निकला। उसकी होली जलायी गई। शिमोगा से ही जतीन ने हर काम के लिए कुशल तकनीकी सहायक ढूँढ़ निकाले–साइन बोर्ड पेंटर, वेल्डर आदि। शिमोगा से ही पत्थर के स्लैब्स खरीदे गए, उन पर ईंटें रखकर मेजें बनायी गईं, इसी प्रकार से बेचें भी। इनकी डिज़ाइन इत्यादि पर हम रोज चर्चा करते–जतीन अपनी रेखाओं में इनका प्रारूप बनाते चलते। फिर जतीन दास को यह भी सूझा कि विद्यालय का एक संग्रहालय हो, जिसमें इलाके की फसलों के बीज हों, वाद्ययंत्र हों, हस्तशिल्प की वस्तुएँ हों, बर्तन-भाँडे हों, कारीगरी के नमूने हों। रोज शाम को समय निकालकर हम शिमोगा जाकर, जो गाजनूर से कोई पौन घंटे के रास्ते में है, यह खरीदारी भी करते रहे। स्कॉटलैंड से उन दिनों जतीन के एक कलाकार-मित्र भारत आए हुए थे। वे बंगलूर आए, और फिर जतीन के आग्रह पर गाजनूर भी आ गए। दो दिन हमारे साथ रहे। उन्होंने भी इस 'अभियान' में हमारा हाथ लगभग एक मज़दूर की तरह ही, बँटाया। खूब आनन्दित हुए। हेग्गोडु से एक दिन हम लोगों के रंगकर्मी मित्र, सुपरिचित नाट्य निर्देशक प्रसन्ना भी आए। दिन भर रहे। हम सुबह से लेकर रात तक भागते-दौड़ते रहे, यह उठाते और रखते रहे, कोई बारह दिनों तक; और थके नहीं। छात्र-छात्राएँ और अध्यापक-अध्यापिकाएँ और उनके परिवार भी, इस अभियान में जुटे रहे। विभिन्न विद्यालयों से आए कला-अध्यापकों को ज़रूर कुछ अटपटा लगता रहा कि ड्राइंग-पेंटिंग की बातें छोड़कर, हम यह कौन-सी 'कला' कर रहे हैं। उन्हें ज़रूर यह समझने में थोड़ी देर लगी कि यह सब भी कला

का ही अनिवार्य अंग है—सफ़ाई और सुघराई। अन्तिम दिन एक बड़ी दीवार पर बच्चों ने बनाया एक म्यूरल, बाँस की 'सीढ़ियों' पर चढ़-चढ़कर! उभरे कितने अद्‌भुत रंग और आकार! साल भर बाद भी इस सबकी याद बनी हुई है, तो अपने आप में यह मानने के पर्याप्त कारण हैं कि उन दिनों का अनुभव, कहीं गहरे में मन में बस गया है। उन सब लोक कलाकारों, कथा-गायकों, कारीगरों की भी याद आ रही है, और स्थानीय जनों की भी जो हमारे बीच आकर हम सबसे जुड़ गए थे। ड्राइवर रमेश, तो कभी थकता ही नहीं था—दिन में दस बार यहाँ-वहाँ जाने को तैयार; यह वह, जो कहो उठाने-रखने को तत्पर। उसने मानों अच्छी तरह समझ लिया था कि हम क्या करना चाह रहे हैं। स्कूल की एक पूर्व प्राचार्या, यह देखने आईं कि यह 'अभियान' आखिर है क्या! और बार-बार कहती रहीं कि काश! यह मेरे यहाँ रहते हुए छिड़ा होता।

जतीन दास ने योजना के मूल-प्रारूप को बदला नहीं था, बस, मौके पर जाकर वह सब कर डाला था, जो अन्यत्र भी स्कूलों में हो तो कितना अच्छा हो। और सच पूछिए तो यह सब सम्भव है। इस अभियान से यह बात भी मन में पैठी। बच्चों ने जतीन को और मुझे विदा देते हुए, हस्तलिखित कविता-पुस्तिका की एक-एक प्रति भेंट में दी। इनमें बच्चों की लिखी हुई हिन्दी-कन्नड़ में कविताएँ थीं, कन्नड़ से हिन्दी में और हिन्दी से कन्नड़ में किए हुए अनुवाद थे, उन्हीं के बनाए हुए चित्र थे। उन्हीं का सुलेख था। यह पुस्तिका मैंने सँभालकर रखी हुई है। इसकी सामग्री भी तो उन्हीं बारह दिनों में तैयार हुई थी!

फरवरी, 1998

नंदीग्राम में

जब हमारी गाड़ी ने नंदीग्राम में प्रवेश किया तो मुझे यह समझते देर नहीं लगी कि हमारे अगले तीन दिन अत्यंत शान्त और सुरुचिपूर्ण परिवेश में बीतने वाले हैं। पूरे परिसर में हरियाली दिखी, तरह-तरह के पेड़-पौधे दिखे, चिड़ियों की बोली सुन पड़ी और इसी सबके बीच दिखे दो या तीन कमरों के छोटे-छोटे घर और अतिथिगृह! दिखा एक दवाखाना जिसके बाहर कतार में कुछ लोग बैठे थे—इनमें ज्यादातर चेहरे आदिवासी ही थे। बलसाड़ (गुजरात) से नंदीग्राम के कोई पच्चीस किलोमीटर रास्ते भर भी हरियाली ही दिखी थी, पर सड़क चल रही थी—कारें, बसें, ऑटोरिक्शा आदि रह-रह कर आसपास से निकल जाते थे। लेकिन नंदीग्राम में आकर यही लगा जैसे बाहर की हलचल भी बाहर ही रह गई हो। मैंने और मेरी पत्नी ज्योति ने उस कमरे में अपना सामान रखा जहाँ सबका सामान रखा गया था—अलग कमरा मिलने तक, और कैंटीन की ओर चले, नाश्ते के लिए। काठ की मेजें और काठ की ही बेंचें थीं। रसोईघर की खिड़की पर ही चाय-नाश्ता रखा था, परोसिए और जहाँ जगह दिखे वहीं बैठ जाइए। खाने के बाद बर्तन खुद साफ करने थे। कैंटीन के ऊपर केवल छत थी और रसोईघर की तरफ वाले हिस्से को छोड़कर तीन तरफ से खुली हुई थी—परिसर की हरियाली की ओर हमने फिर एक निगाह डाली—और गहरी तृप्ति के साथ नाश्ता करते रहे। मालूम हुआ सुबह की चाय साढ़े छह बजे मिलती है, फिर नौ बजे नाश्ता, साढ़े बारह बजे दोपहर का भोजन, शाम साढ़े सात बजे रात्रि-भोजन! नंदीग्राम में रहने और काम करने वालों के साथ जो अतिथि किसी प्रसंग से यहाँ आकर ठहरते हैं, उन सबके लिए यही, एक जैसी व्यवस्था है। रसोईघर में जो कुछ पकता है, वह सब यहीं का उगाया हुआ होता है, अन्न से लेकर फल-सब्जियों तक; सब कुछ।

हम यहाँ अतिथि थे—प्रसंग, नेशनल बुक ट्रस्ट का कार्य शिविर था जिसमें भाग लेने के लिए बिहार, मध्यप्रदेश से भी कुछ लेखक आए—सागर से राधावल्लभ त्रिपाठी, राँची से श्रवण कुमार गोस्वामी थे, गुजरात से तो थे ही—लेखक-प्राध्यापक। कार्यशाला में नवसाक्षरों के लिए तैयार की जा रही कुछ पांडुलिपियों पर चर्चा होनी थी, लेखकों में आपस में और नवसाक्षरों के समक्ष भी। नंदीग्राम को वेन्यू चुना गया था। पांडुलिपियाँ गुजराती में भी थीं अधिकतर, और स्वभावतः गुजराती परिवेश इसके लिए अनुकूल पड़ता। नेशनल बुक ट्रस्ट की योजना है कि संस्कृत के कुछ गौरवग्रंथों और

पौराणिक कथाओं को नवसाक्षरों के लिए सहज-सुबोध शैली में प्रस्तुत किया जाए—संक्षेप में, भारतीय भाषाओं में। 'शाकुंतलम', 'कुमारसंभव', 'मृच्छकटिकम्', 'मुद्राराक्षस' आदि पर पांडुलिपियाँ लेकर लेखक आए थे। इस परिवेश में तीन दिनों तक बहुत अच्छी चर्चा हुई। कार्यशाला के अन्त में मैंने नेशनल बुक ट्रस्ट की संयुक्त निदेशक वर्षा दास को और गुजरात संस्कृत अकादेमी के अध्यक्ष गौतम भाई पटेल को बधाई दी कि कार्यशाला के लिए उन्होंने यह शान्त-एकान्त जगह चुनी, जहाँ टीवी, फोन आदि के 'विषयांतर' या 'अवरोध' न थे। बहरहाल, इस सुरुचिपूर्ण परिवेश को बनाने वाले व्यक्तियों का जिक्र किए बिना यह टिप्पणी अधूरी रहेगी।

नंदीग्राम को बसाया-बनाया है गुजराती के सुप्रसिद्ध कवि मकरंद दवे और उनकी पत्नी गुजराती की सुपरिचित लेखिका, कुंदनिका कापड़िया ने। कुंदनिका जी को मैंने देखते ही पहचान लिया था—एक जमाने में 'धर्मयुग' 'सारिका आदि पत्रिकाओं में उनकी कहानियों के साथ उनकी तस्वीर भी छपा करती थी—और पिछले वर्षों के जोड़ के साथ वही तस्वीर उन्हें साक्षात देखने पर फिर उभर आई थी! मैंने उनसे इसकी चर्चा भी की, वे मुस्कराईं और नंदीग्राम में स्वागत के कुछ शब्द कहे। उसी दिन दोपहर को उन्होंने आग्रहपूर्वक स्वयं भोजन परोसकर हमें खिलाया भी। उन्होंने बताया कि नंदीग्राम के लिए जमीन 1984 में मिली थी, पर हम यहाँ रहने के लिए 1987 में आथे थे—और एक पेड़ की छाया में डेरा डाला था। आज, आप जो इमारती ढाँचे देख रहे हैं, ये सब धीरे-धीरे ही बने हैं। उन्होंने यह भी बताया कि नंदीग्राम की परिकल्पना के पीछे गाँधीजी की यह प्रेरणा रही है कि गाँवों की ओर जाना चाहिए। शुरू में हमें आदिवासियों की ओर से प्रतिरोध ही मिला था, फिर धीरे-धीरे हम मित्र बने। आज आदिवासी गाँवों में हमारे चार मेडिकल सेंटर हैं। कुछ बच्चे यहाँ पढ़ने भी आते हैं। यह जानकारी भी मिली कि पास के शहर धर्मपुर और आसपास के इलाकों के कुछ छात्र यहाँ कम्प्यूटर सीखने भी आते हैं। नंदीग्राम में यह कम्प्यूटर केन्द्र हाल ही में खुला है। भेंट हुई अपर्णा जी और उनके पति पंकज शाह से जो अमेरिका में कई वर्ष रहने के बाद नंदीग्राम में आ गए हैं—और चिकित्सा के लिए आदिवासी गाँवों में जाते हैं। मालूम हुआ टीबी का प्रकोप इस इलाके में बहुत है। नंदीग्राम ने स्वास्थ्य शिक्षा की दिशा में भी बहुतेरा काम किया है, और गाँवों में संडास बनाने के लिए भी गाँव वालों को प्रेरित किया है। औरतों ने इसमें विशेष रूप से दिलचस्पी ली। वह गौशाला भी मैंने कुछ दूर से देखी, जिससे नंदीग्राम को दूध सप्लाई होता है। मकरंद भाई ने बताया था कि जब वे लोग यहाँ आए थे तो पेड़ों-वनस्पतियों के बारे में उनका ज्ञान किताबी ही था। और इन्हें उगाते-देखते हुए न जाने कितनी जानकारियाँ मिलती रहीं, और आज भी वे सखा-वृक्षों की गतिविधियाँ देखकर विस्मय से भर उठते हैं। मैंने उनसे कुछ सुनाने का आग्रह किया तो आम के वृक्ष पर लिखी हुई उन्होंने अपनी एक नई कविता सुनाई और उनके विस्मय का साझा करके हम भी चकित और आनन्दित हुए!

5 अप्रैल, 1999

सुबहे बनारस

एक पखवाड़े के भीतर तीन शहरों में जाना हुआ : वाराणसी, लखनऊ और भोपाल में। पिछले पच्चीस वर्षों में इन शहरों में कई बार गया हूँ--थोड़े-थोड़े वर्षों के अन्तराल से, और भोपाल तो प्रायः प्रतिवर्ष ही जाता रहा हूँ। समय के साथ प्रायः हर शहर बदलता है, सो, इनमें होने वाले परिवर्तन को भी नोट करता हूँ। पर, इस बार की यात्रा ने कुछ दहला दिया।

सुबह टहलने की आदत है--यह एक-दो वर्षों से कुछ और बढ़ी है। यानी आदत को अब नियम कह सकता हूँ। सो, किसी भी शहर में होऊँ, होटल या गेस्ट हाउस या किसी मित्र के पास, कहीं भी ठहरूँ, सुबह आसपास टहलने निकल पड़ता हूँ। कुछ शहरों में उन जगहों से परिचित हूँ जो टहलने के लिए ही बनी-विकसित की गई हैं--या काम में लाई जाती हैं। सो, कलकत्ता में विक्टोरिया मेमोरियल के मैदान में, और मुंबई में बांद्रा (पश्चिम) के जागर्स पार्क में टहलता हूँ। यह भी कुछ अच्छा संयोग ही है कि इन शहरों में जिन मित्रों के साथ ठहरता हूँ वे टहलने वाली इन जगहों से बहुत दूर नहीं रहते हैं। मुंबई में तो अपने अभिनेता-निर्देशक मित्र दिनेश ठाकुर के साथ उनके घर (खार) से जागर्स पार्क तक टहलते हुए ही जाता हूँ। लौटते हुए ही हम लोग कभी-कभी ऑटोरिक्शा कर लेते हैं। बहरहाल इन सभी शहरों की सुबह अब वैसी नहीं होती, उस दिल्ली समेत, जहाँ मैं रहता हूँ। हवा जाहिर है कि पहले जैसी नहीं रही, और सुबह-सुबह तुड़े-मुड़े कागज, लिफाफे, पॉलिथीन के थैले और पेप्सी-कोकाकोला के कागजी गिलास जगह-जगह पड़े मिलते हैं। और अगर कहीं कोई तालाब, नदी या समुद्र है (जैसा कि मुंबई में है) तो वह भी कोई राहत नहीं देता; आकाश से भी अब सुबह की रस वर्षा नहीं होती। सुबह की सुगन्ध गायब हो रही है। बम्बई के जागर्स पार्क के आसपास के समुद्र तट को कालिमा, गन्दगी और कीचड़ में धँसा देखा जा सकता है।

पर, मैंने तो बात शुरू की थी वाराणसी, लखनऊ और भोपाल से। उस ओर लौटता हूँ। इस बार जब इन शहरों में टहलने के लिए निकला तो आँखें मूँद लेने की इच्छा हुई, पर टहलते हुए आँखें नहीं मूँदी जा सकतीं तो खुली ही रखनी पड़ीं। जहाँ-जहाँ जल दिखा उसमें सुबह की कोई तरंग नहीं थी। पाया कि नदियों, तालाबों, कुंडों के जल में और गन्दे नालों के जल में कोई बड़ा फर्क नहीं बचा। भोपाल की

स्थिति अभी भी अपेक्षाकृत अच्छी है, पर, वहाँ के भी कई इलाकों को इतना कचरामय, मलिन और मुरझाया इससे पहले कभी नहीं देखा था। वहाँ का छोटा-तालाब भी अब काले जल का तालाब लगता है। और सुबहे बनारस की बची-खुची सुबह भी लुट चुकी है। सुबह घाटों की ओर भी गया, हालाँकि कुछ देर से, पर, सुबहे बनारस वहाँ नहीं थी। अपनी गन्दगी के लिए तो बनारस पहले ही ख्यात रहा है, पर, अब और अधिक बढ़ती भीड़ और गन्दगी ने 'सुबहे बनारस' को मानो बराबर के लिए निरस्त्र कर दिया है। लखनऊ की वैसे तो 'शामे अवध' प्रसिद्ध रही है, पर सुबह भी आज से कोई दस बरस पहले ऐसी तो नहीं हुआ करती थी। इन तीनों शहरों का एक दृश्य और समान था : सुलभ शौचालयों के बावजूद, हाथ में कोई बर्तन या प्लास्टिक की बोतल लिये अनेक लोग दिखाई पड़े—दिशा मैदान के लिए ऐन शहर के बीच जगह तलाशते हुए, या दिशा-मैदान के लिए ऐसी जगह बैठे हुए जहाँ कोई वास्तविक आड़ न थी।

एक ओर सुबह की ये स्थितियाँ, दूसरी ओर फूल-मालाओं से सुसज्जित मारुतियाँ, इस बात का संकेत देती हुईं कि ये कल रात ही सम्पन्न किसी विवाह में वर-वधू के इस्तेमाल के लिए सजाई गई थीं। सो, इसी गन्दगी के इर्द-गिर्द सजा लिए जाते हैं पंडाल, सुसज्जित होकर उनमें आते हैं बाराती और छोड़ जाते हैं कागज के तमाम रूमाल, गिलास, कागज, थाली-पत्तल, जूठन, नुची-मुसी फूल मालाएँ। इनके पूरी तरह साफ होने का अवसर आए कि फिर हो जाता है, एक और आयोजन।

पाठक कहेंगे, इस वर्णन में नया क्या है, यह तो हमारा भी रोज का अनुभव है। पर, एक पखवाड़े के भीतर, एक जैसे दृश्य देखकर—बार-बार देखकर—मानो फिर पहचाना कि जितनी गन्दगी बढ़ी है, उतना ही बढ़ी हैं दवा की दुकानें। जी हाँ, सबके रोज का अनुभव है, और यह गन्दगी, धूल और धुआँ सबको दीख पड़ते हैं, पर, मानो कोई भी इसके लिए कुछ करता नहीं है : राजनीतिक दलों के अजंडे में कहीं से वास्तविक 'सफाई अभियान' नहीं है, सामाजिक कार्यों के लिए बनाए गए संगठनों के लिए भी यह चिन्ता का विषय नहीं है। नगर-पालिकाएँ तो निश्चय ही सोई पड़ी हैं। और हमारे सांस्कृतिक आयोजन भी इसी सबके बीच ही तो सम्पन्न होते हैं—सुबह कुछ चौंक कर हम केवल इतना पहचान सकते हैं कि अरे, कल यहीं देखा था एक नाटक, देखी थी एक चित्र-प्रदर्शनी, सुना था संगीत।

मेरे बचपन के कलकत्ता की वे सुबहें तो अब स्वप्न ही हैं, जहाँ सड़कों की, पानी के बड़े-बड़े पाइपों से, धुलाई होती थी और जिनकी लहराती आवाज़ से हमारे लिए भोर हुआ करती थी।

हरसिंगार

हाल ही में एक सुबह चौंक कर पहचाना कि हरसिंगार फिर फूला है। झर रहा है। और उसके नन्हे, कोमल, सफेद पंखुड़ियों और नारंगी रंग की डांडी वाले फूल सड़क के बीचोंबीच छितरे हुए हैं—दिल्ली की हमारी उस कालोनी के भीतर की एक सड़क के बीच, जिसके किनारे हरसिंगार का विनम्र पेड़ खड़ा है। विनम्र। अगर उस पर फूल न आए हों तो वह अलग से पहचाना भी नहीं जाता। देखिए न, मैं तो रोज सुबह ही इस रास्ते से गुजरता रहा हूँ, पर इस बीच उसे भूला हुआ था कि नहीं! वह फूला तो फिर दिखा! जब यह झरता है तो रोज सुबह टहलने के बाद मैं भी कुछ फूल ले आता हूँ। फिर उन्हें किसी नन्हे कटोरे में रखकर पानी में तैरा देता हूँ। ऐसी भीनी, मनमोहक खुशबू कि नाक से जरा-सा इसे छुआ दें तो वह भीतर तक उतरती चली जाए। अन्य कई फूलों को तोड़ना या कहें 'डाली से चुनना' पड़ता है। पर हरसिंगार की बात ही कुछ और है। उसका नम्बर भी महकने वाले पेड़-फूलों में बहुत ऊपर है। पास से गुजरें तो भी वह अपनी सुगन्ध का साझा आपसे करता है और उसे जरा-सा छू दें तो वह बेआवाज आपके हाथों में, आपकी झाली में आ रहता है। वैसे तो उसे छूने की भी जरूरत नहीं, अगर उसके नीचे घास है या साफ-सुथरी जमीन तो आप हरसिंगार के फूल को उठाकर नाक तक सीधे ही ले जा सकते हैं। हरसिंगार की 'चुप्पी' दरअसल बहुत कुछ कहती हुई लगती है : यही कि बिना शोर मचाए भी सुगन्ध बाँटी जा सकती है। यह भी कि सुगन्ध की मात्रा को बेहद तेज किए बिना भी उसे हवा में तैरा देना सम्भव है। उसकी प्रकृति-स्वभाव-गुण के हिसाब से अन्य कई व्याख्याएँ भी सम्भव हैं, जो स्वयं जीवन-जगत, जन्म-मृत्यु आदि के गूढ़ सवालों को लेकर हो सकती हैं और आपके मन में छाए किसी भारी बोझ को हल्का कर सकती हैं और अगर वह पहले से हल्का और प्रसन्न है तो उसे प्रसन्नतर कर सकती हैं। बहरहाल, हरसिंगार में फूल आए हैं, और यह मेरे लिए एक खबर है। और इसी खबर को तो मैं आपके साथ बाँट रहा हूँ।

सफेद पंखुड़ियों और नारंगी रंग की डांडियों वाले इस पुष्प ने—आहा, यह 'पुष्प' शब्द भी इतने सहज भाव से मुझे कहाँ याद आता अगर हरसिंगार की यह खबर न लिख रहा होता—मुझे बचपन से ही अपनी ओर खींचा है। जहाँ मेरा बचपन बीता है, वहाँ हरसिंगार के कई पेड़ थे। वह पहली सुबह तो अब याद नहीं जब इससे मेरी

प्रीति की शुरुआत हुई होगी, पर वे सुबहें जरूर याद हैं जब हरसिंगार के नीचे का वृत्त मेरे लिए नारंगी-सफेद हो जाया करता था और मैं उस वृत्त को कुछ विस्मय, कुछ गहरे आकर्षण और आनन्द से निहारता था, फिर अपने लिए उसमें से, हौले से कुछ फूल उठा लिया करता था और उन्हें पानी में इसी तरह तैरा दिया करता था, जैसे अब भी तैराता हूँ। इस 'आदत' की शुरुआत कब हुई थी यह भी याद नहीं है, पर बचपन में कई घरों में देखी हुई वे थाली-परातें जरूर याद हैं जिनमें हरसिंगार तैरा करता था–समूह में।

हरसिंगार के साथ आप कोई जोर-जबरदस्ती नहीं कर सकते। उसके साथ आपने कैसी भी कोई जोर-जबरदस्ती की तो वह अपना 'भेद' आपको नहीं बताएगा। उसे सचमुच बराबर हल्के-से ही उठाना होता है। पर महानगर में किसे फुरसत है जो इस भेद को पहचाने! सो हरसिंगार के फूल रौंदे-मसले भी जाते हैं, पाँवों के नीचे। कुछ ही लोगों को देखता हूँ, जो इसका ख्याल रखते हैं कि वे धड़धड़ाते हुए इन्हें कुचलते हुए न निकल जाएँ। और कारों-टैक्सियों को तो खैर दोष नहीं ही दिया जा सकता जो इनके बीच से गुजरे बिना आगे का रास्ता तय ही नहीं कर सकतीं। वैसे भी हरसिंगार का 'जादू' तो होता ही है बस घंटे-दो घंटे का। यह अलग बात है कि यह वह जादू है जो सिर पर चढ़कर बोलता है, अगली सुबह भी बोलता है, और वर्षों बाद भी बोलता है।

इसके प्रसंग से यह बात भी याद आ रही है कि हरसिंगार ही क्या, कई फूल-पौधे अब रोज़मर्रा जीवन और (हिन्दी) कविता-कथा से गायब से हो रहे हैं। निराला की 'जूही की कली' या सुमित्रानन्दन पंत की 'सोनजुही' ('सोनजुही की बेल नवेली' और उन्हीं की एक और कविता भी तो है 1922 की लिखी हुई– 'मुस्कुराते गुलाब के फूल हैं') वाला 'स्वर्णयुग' अब नहीं रहा। निराला की एक कविता वह भी तो है 'शेफालिका' ('सुबह को आली, शेफाली झर जाती है') और त्रिलोचन की एक रचना 'माली के छोकरे, माली के छोकरे/फूल मुझे ला दे बेले के।' ...और शमशेर बहादुर सिंह की 'कत्थई गुलाब' (जिसे याद करते हुए हमारे कवि-मित्र वीरेन डंगवाल ने एक कविता ही लिखी है) ...और बच्चन का गीत–'डालें पलाश की फूट पड़ीं, प्रिय छूट गया धीरज मेरा।' याद करने चलूँ तो निश्चय ही एक काव्य-माला बन सकती है, तरह-तरह के कुसुम-काव्यों की। संग्रहों के नाम ही देखिए–'परिमल', 'पल्लव', 'बेला', 'मुकुल' आदि। पर इसमें सन्देह नहीं कि इधर की कविता में प्रसून कहीं छिप गए हैं...

हरसिंगार, आभार! फिर प्रकट होने के लिए।

ये बादल वह बिजली

देख रहा हूँ कि दिल्ली में दो-चार दिनों की बारिश के बाद पेड़-पौधे धुल गए हैं और अपने ऊपर जमा हुआ धुआँ और तरह-तरह का प्रदूषण झाड़कर अपने वास्तविक रंग में चमक रहे हैं। हरे की सौ रंगतें निकल आई हैं। और फूलों-पत्तियों में विन्यस्त रंग भी मानो अपनी ओर एक 'नई' तरह से बुला और लुभा रहे हैं। कॉलोनी से लगे जिस बड़े-से पार्क में मैं अक्सर सुबह-शाम टहलने जाता हूँ वहाँ की हरी घास सचमुच मखमली हो गई है। और शाम के बाद दूसरी सुबह यही घास कुछ और बढ़ी हुई मिलती है। भीग चुकी धरती की महक वनस्पतियों की तरह-तरह की 'सुगंधियों' से मिलकर घ्राण-शक्ति को ताजा किए दे रही है। बादल छाए हों तो फिर सुबह सात बजे तक इन सारी चीजों का जादू कुछ इसी तरह बना रहता है जैसे कि गए रविवार, यानी पच्चीस जुलाई को बना हुआ था। और हाँ, मोर की बात तो रह ही गई। जिन मोरों ने पिछली कई रातों से और कई सुबहों-शामों से एक अनवरत 'पुकार' मचा रखी थी वे अब कुछ शान्त हो गए हैं और मेरी कॉलोनी की छतों पर सुबह-शाम बैठे दिखाई पड़ते हैं या फिर पार्क में टहलते हुए भी उनसे भेंट हो जाती है। मन प्रसन्न हो जाता है। आगे की नहीं जानता कि क्या होगा, पेड़-पौधों पर यह चमक कितने दिनों तक बनी रहेगी, पर अभी तो बनी हुई है। और न सही दिन भर, सुबह-शाम को तो इस महानगर में भी प्रकृति की, वर्षा की, कुछ नियामतें जीने-देखने को मिल ही रही हैं, यही क्या कम है? और बादलों की वह गरज और बिजली की वह लरज भी कुछ तो देखने-सुनने को मिल ही जाती है जिससे कालिदास से लेकर आज तक का बहुतेरा काव्य-साहित्य भरा पड़ा है, तमाम कलाएँ भरी पड़ी हैं। संयोग देखिए कि एक दिन सुबह-सुबह ही सुभद्राकुमारी चौहान का संग्रह 'मुकुल' उठाया, और 'विजयी मयूर' कविता की ये पंक्तियाँ फिर पढ़ने को मिलीं। मन घन-आनन्द से भर उठा।

'विजयी मयूर जब कूक उठे,/ घन स्वयं आत्मदानी होंगे,/
उपहार बनेंगे वे प्रहार,/ पत्थर पानी-पानी होंगे।/

दक्षिण दिल्ली की जिस बस्ती में मैं रहता हूँ वहाँ से जंगल बहुत पास हैं। एक तो सीरी फोर्ट का है, दूसरा है 'जहाँपनाह जंगल'। एक तीसरा भी है पर जिसका नाम मुझे पता नहीं है। सम्भवतः उसका कोई नाम है भी नहीं। यह 'वन'-क्षेत्र कृषि विहार और विदेश संचार एन्क्लेव से लगा हुआ है। मेरी कॉलोनी और कॉलोनी के साथ लगी

हुई इसकी चारदीवारी भी उझककर अपने भीतर झाँक लेने का आमंत्रण देती है। लम्बी ऊँची घासों, तरह-तरह की वनस्पतियों, झाड़ियों, पेड़-पौधों आदि से यह पटा पड़ा है। सो इस इलाके में मोर हैं और उनके घूमने-फिरने-उड़ने-बैठने की जगह भी बची हुई है। मनाता रहता हूँ कि बची रहे। उनके लिए और जब तक हम इस इलाके में हैं, हमारे लिए भी। फ्लैट अपना नहीं है, सो न जाने कब यहाँ से भी अपना बिस्तर उठाना पड़ जाए। पर आगे की बात आगे देखी जाएगी। अभी तो मोरों का यह जो साथ मिला हुआ है, उसे आज की दिल्ली में दुर्लभ मानकर उसका पूरा सत्कार क्यों न करूँ!

वर्षा आती है तो भला किसका मन नहीं नाच उठता! और शहरों में भी देखता हूँ कि जिन्हें वर्षा के कारण रहने-जीने की और अधिक मुश्किलें होने लगती हैं वे भी उसका स्वागत कुछ उमंग और उत्साह से करते हैं। न सही हर इलाके में, दिल्ली के कुछ इलाकों में नीम के या किसी और पेड़ पर झूला भी पड़ जाता ही है। यह अलग बात है कि इसी 'आनन्द' के बीच अखबार के पन्नों पर, टीवी स्क्रीन पर उफनती हुई लहराती हुई आती हैं, असम, गुजरात, बिहार और कर्नाटक की नदियों की तस्वीरें। गईं, ले गईं वे न जाने कितने लोगों की नींद, उनकी फसलें, उनके घर-द्वार! ऐसे में बादल की गरज और बिजली की लरज कँपाने लगती है। याद हो आती है वर्षा में सराबोर; नहीं, नहीं, रस-बोर होती हुई 'पथेर पांचाली' की दुर्गा और फिर उसकी कितनी करुण-कठोर मृत्यु!

वर्षा दृश्य नहीं, वर्षा एलबम कितनी तरह की तस्वीरों से क्यों पटा पड़ा है, हमारे देश में! बचपन में हर साल कलकत्ता की बारिशें भी देखी हैं, अटूट, और उत्तरप्रदेश के अपने पुरखों के गाँव की भी। तब से लेकर आज तक कई शहरों-गाँवों में—यात्राओं के दौरान न जाने उसके कितने रूप-प्रकार देखे हैं। मुंबई की बारिशें देखी हैं जहाँ उसे लेकर कोई ज्यादा माथापच्ची नहीं करता। वह अपना काम करती रहती है, शहर अपना; और पिछले पैंतीस वर्षों से प्रायः हर साल दिल्ली की बारिशें भी देखता आ रहा हूँ जो घटाटोप, घनघोर बरसने वाली तो कभी भी नहीं रही हैं। शायद यह भी एक कारण है कि दिल्ली में वर्षा की प्रतीक्षा मुझे बराबर रहती रही है और उसका 'कम बरसना', लगातार न बरसना, पर, बरसना; मन को कुछ 'हरा' कर जाता रहा है। वर्षा-प्रसंग से यह टिप्पणी भी तो इसीलिए बन पड़ी है।

28 जुलाई, 1999

शान्ति कितनी शान्ति

दिन के ग्यारह बजे हैं। धूप धीरे-धीरे चटख और तेज हो रही है। पर, सामने की घास पर और पेड़ों-वनस्पतियों पर नजर पड़ते ही आँखें कुछ जुड़ा जाती हैं। सारनाथ है ही ऐसी जगह। मैं इस वक्त संग्रहालय के बाहर वाले भाग में बैठा हूँ। इसे क्या कहूँ चबूतरा, बरामदा या गलियारा, जो खुला हुआ है, बस ऊपर छत है। इसी छत-छाया से मैं सामने की ओर देख रहा हूँ। 'कितनी शान्ति है', श्रद्धा कहती है। वह वाराणसी के मेरे मूर्तिशिल्पी मित्र मदनलाल की बेटी है। अभी बारह-तेरह वर्ष की है पर, बड़ी कुशाग्र और संवेदनशील है। शास्त्रीय गायन सीख रही है। मैं उत्तर में 'हाँ' कहता हूँ। यह वाक्य वह तीन-चार बार दुहरा चुकी है। संग्रहालय देखने से पहले हम स्तूपों-खंडहरों वाले परिसर में टहल रहे थे। एक माली एक लम्बे-मोटे पाइप से पौधों को पानी दे रहा था, उनकी धुलाई भी कर रहा था। यह दृश्य हम थोड़ी देर तक देखते रहे थे। फिर, सहसा पेड़ों की ओर देखते हुए मैंने कहा था—'अरे, ये भी तो कितने धुले हुए लग रहे हैं।' जाहिर है कि उन तक इस पाइप की फुहारें नहीं पहुँचाई जातीं—उन ऊँचे घने नीम के पेड़ों पर, लेकिन वे भी धुले हुए लगते हैं तो इसीलिए कि धूल-गर्द परिसर में बहुत कम है। घास है या फिर पत्थर के रास्ते हैं। कुल परिसर का रखरखाव इतना अच्छा है कि बार-बार प्रशंसा करने का मन होता है। वाराणसी की भीड़ भरी सड़कों-गलियों से यहाँ का दृश्य कितना अलग है। अचरज नहीं कि श्रद्धा को यह याद है कि वह कब-कब और किस-किस के साथ यहाँ आ चुकी है। मैं कहता हूँ, मुझे भी याद है—मैं छठवीं बार यहाँ आया हूँ। पिछली बार सितम्बर सत्तानवे में मदनलाल के साथ ही यहाँ आया था और हमने लगभग यहाँ आधा दिन बिताया था। इस बार वे अन्यत्र व्यस्त होने के कारण साथ नहीं आ पाए। उसके बाद अब आना हुआ है—आठ अप्रैल, निन्यानवे को। इस बार भी संयोगवश दो जाने-माने मूर्तिशिल्पी साथ हैं—बड़ोदरा के ध्रुव मिस्त्री और जम्मू के रजिंदर तिकू। वे दोनों पहली बार सारनाथ आए हैं, और वे भी यहाँ के वातावरण पर, यहाँ के स्तूपों, खंडहरों पर, मूर्तिशिल्पों पर मुग्ध हैं। हम कभी साथ हो जाते हैं, कभी अलग-अलग दिशाओं की ओर चले जाते हैं। फिर मिलते हैं, आपस में बतियाते हैं—जो कुछ विशेष रूप से लक्ष्य किया है, उस पर संक्षिप्त चर्चा करते हैं। कभी, औचक भी दिख गए किसी दृश्य पर थोड़ी देर के लिए ठहर-ठिठक जाते हैं : मसलन जब एक स्तूप की उघड़ी हुई ईंट-दीवार पर तीन तोते चिपके से नजर

आए, और मैंने उन्हें सबको दिखाया तो हम सबकी आँखें बहुत देर तक ऊपर ही टँगी रहीं। तोते थे कि 'शिल्पित' से वे अपनी जगह से हिले-डुले तक नहीं, काफी देर तक। सो, यहाँ हरियाली भी खूब है और हरे तोते भी कम नहीं हैं। सारनाथ में 'कुछ' है, जो सचमुच मन को शान्त और 'चुप' कर देता है। यह प्रशान्ति संग्रहालय के भीतर बुद्ध प्रतिमाओं को देखकर और गहरी होती है। धमचक्र परिवर्तन की मुद्रा में बुद्ध की मूर्ति तो सचमुच अपने में बाँध लेती है। पर, केवल मूर्तियों में ही नहीं, इस स्थल विशेष में 'कुछ' है, जिसकी व्याख्या आसानी से नहीं होती। उसे केवल आप अपने भीतर अनुभव करते हैं। वह 'कुछ' क्या इसका संज्ञान है कि बुद्ध ने यहाँ धर्मचक्र परिवर्तन वाला उपदेश दिया था। और यह तथ्य हमें अभिभूत किए रखता है। या फिर स्तूपों-खंडहरों का विशालत्व और 'सौन्दर्य' भी इसमें जुड़कर अपना रंग दिखाता है—परिसर में यत्र-तत्र बिखरे वास्तुशिल्पीय अवशेष भी इस सौन्दर्य में श्रीवृद्धि-सी करते हैं, क्योंकि वे अनूठी कल्पनाओं की साक्षी देते हैं। जाहिर है कि इन सबका भी असर होता है, और उस 'कुछ' में ये सब शामिल हैं। लेकिन यह कहने में हिचक नहीं होनी चाहिए कि इस 'कुछ' को उजागर करने में, और जीवंत बनाने में, परिसर के रखरखाव की भूमिका भी कम नहीं है। हर क्यारी, हर पौध बड़े जतन से सँवारी गई है। परिसर की घास भी मखमली-सी है। चारों ओर पूरी सफ़ाई है। कहीं कोई कागज का टुकड़ा भी शायद ही मिले।

'कितनी शान्ति है' यह श्रद्धा ने तीन-चार बार कहा था। और 'सब कुछ अच्छी तरह रखा गया है। सब कुछ कितना सुन्दर है।' यह कहा था हमारे मूर्तिशिल्पी मित्रों ने। परिसर के गेट का यानी उसमें प्रवेश का, और संग्रहालय का सम्मिलित टिकट प्रति व्यक्ति दो रुपए है। और बच्चे-किशोरों का प्रवेश निःशुल्क है। श्रद्धा को यह मालूम था। जब मैं टिकट खरीद रहा था उसने मुझसे कहा था, 'अभी मेरा टिकट नहीं लगेगा।' पूरा टिकट पन्द्रह वर्ष की उम्र के बाद लगता है। सारनाथ के सन्दर्भ में रुपयों-पैसों की बात कुछ अटपटी लग सकती है। पर, यह कहने में भी हिचक क्यों होनी चाहिए कि यह दर बहुत उचित है। और दो रुपयों में भला ऐसी शान्ति कहाँ मिलती है? पंचानवे में जब मैं चीन गया था और वहाँ बौद्ध मन्दिरों में जाना हुआ था, तब इससे कहीं अधिक का टिकट लगा था। बुद्ध, इस टिकट-प्रकरण की समूची विडंबना पर हमें क्षमा करें! पर, यह तो यथार्थ है। इससे बुद्ध की स्थिति में कोई फर्क नहीं पड़ता। पर, सामान्य जनों की स्थिति में पड़ता है।

बना रहे, सारनाथ का यह रखरखाव!

चिड़ियों का चिल्लाना

बंगलूर में कुमार कृप्पा नाम का एक सरकारी अतिथि गृह है। मेरे खयाल में 'कृप्पा' है तो कृपा ही, पर वह उच्चारण सन्दर्भ के कारण 'कृप्पा' हो गया है, और इससे उलट कुछ और कहकर उसे पुकारना सुहाता नहीं है। मेरे मुँह से एकाध बार कृपा निकला तो मैंने पाया कि सामने वाला व्यक्ति कुछ अचकचा गया है और मैं स्वयं कुछ असहज हो उठा हूँ। सो, कुमार कृप्पा मार्ग पर—इसे कुमार कृप्पा ही रहने दें—इस अतिथि-गृह में मैं एक बार चार-पाँच दिन रहा था और उसकी मन में बड़ी मधुर स्मृतियाँ हैं। एक तो मुझे यह नाम ही बहुत भाया—कुमार कृप्पा या कुमार कृप्पा। इसका परिसर काफी बड़ा है जिसमें बहुतेरे पेड़-पौधे भी हैं। इसकी ठीक बगल में कर्नाटक 'चित्रकला परिषद' है जो देश की बड़ी पुरानी कला-संस्थाओं में से है। समकालीन कला का इसमें एक अच्छा संग्रहालय है, कुछ चित्र-वीथियाँ हैं और इसका अपना ललित कला महाविद्यालय भी है जिसमें दो-ढाई सौ लड़के-लड़कियाँ कला की शिक्षा गृहण करते हैं। इसका भी परिसर काफी बड़ा है और उसमें भी बहुतेरे पेड़-पौधे हैं। इन दोनों के सामने गोल्फ का एक बहुत बड़ा मैदान है। उसमें भी जाहिर है कि काफी हरियाली है। और 'कुमार कृप्पा' की एक ओर अगर चित्रकला परिषद है तो दूसरी ओर 'अशोक' होटल है। अब देखिए तो यह भी 'अशोका' हो गया है, पर इसे तो मैं जिदपूर्वक अशोक ही कहूँगा। बहरहाल अशोक होटल वाले परिसर में तो और भी अधिक हैं लतरें-लताएँ, वृक्ष-डालियाँ, तरह-तरह की वनस्पतियाँ—खासतौर पर इसके तरणताल यानी 'स्वीमिंग पूल' वाले हिस्से की तरफ। जिस कमरे में मैं ठहरा था उसके साथ लगे गलियारे से यह ताल दिखता था और दिखता था वह सारा हरित क्षेत्र जो कभी छोटा-मोटा वन भी रहा होगा। अचरज नहीं कि पौ फटे से भी कुछ पहले यहाँ चिड़ियों का ऐसा कलरव शुरू होता था कि नींद में प्रवेश कर जाता था। उठने से पहले मैं थोड़ी देर तक यह कलरव सुना करता था। और एक सुबह पंत जी की ये पंक्तियाँ भी बड़े सहज भाव से स्मरण हो आई थीं : 'प्रथम रश्मि का आना रंगिणि/ तूने कैसे पहचाना/ कहाँ कहाँ हे बाल विहंगिनि/ पाया तूने यह गाना।'

इस कलरव का कुछ ऐसा असर हुआ था कि तुक-तान की इच्छा भी हो आती थी और लेटे-लेटे ही चिड़ियों के स्वर में मैं भी अपने कुछ स्वर मिलाने लगता था। पर चिड़ियों के उन सुरों के आगे मेरे अटपटे सुरों की जरूरत नहीं, यह जल्दी ही पहचान

गया था और भरसक कान चिड़ियों की ओर ही लगाए रहता था। क्या होता है उन सुरों में? कौन-से अर्थ छिपे रहते हैं उनमें? वे अंततः क्या कहती हैं? यह सवाल आज का नहीं है, सदियों पुराना है। अनुत्तरित है। पर अनुभवातीत नहीं है। क्रौंच के विलाप से लेकर कबतरों की 'ग़ज़ल' तक को समझने की कोशिश की है कवियों ने। हमारे शमशेर जी ने लिखा है न—'कबूतरों ने एक गजल गुनगुनाई.../मैं समझ न सका, रदीफ-काफिए क्या थे/इतना खफीफ, इतना हल्का, इतना मीठा उनका दर्द था।...' और रघुवीर सहाय की कविता 'चिड़ियों का चिल्लाना' की ये पंक्तियाँ : 'दो चिड़ियाँ यहाँ, जब दिन चढ़ आता है/रोज-रोज छज्जे पर बमचख मचाती हैं/क्योंकि वे तिलौरी हैं, कर्कश आवाज है—/ये मेरे घर को साधारण सा करती हैं : मैं कैसे जानूं क्यों दूसरी तिलौरी से/हर दिन किस बात पर तिलौरी झगड़ती है—/मैंने तो एक नया अनुभव पहचाना है/कुछ सच्चा लगता चिड़ियों का चिल्लाना है'—कलरव से चिल्लाने तक की इस यात्रा में न जाने कितना कुछ छिपा हुआ है। और रघुवीर जी ने भी अपनी एक अन्य कविता 'बचपन' में लिखा है : 'मैं उन गलियों से फिर एक बार जाना चाहता हूँ/जो मेरे घर के पीछे के इलाके में रची थीं/वे बत्तखें वे टाट के परदे लोना लगी दीवालें...।' निश्चय ही रोजमर्रा के साधारण भारतीय जीवन में कबूतर, बत्तखें, गौरैयाँ, तिलौरियाँ, बुलबुलें, कोयलें, मोर-मोरनियाँ आदि-आदि इस तरह रचे-बसे हैं कि जीवन के, मनः स्थितियों के, मानुष मर्मों के, प्रेम-विरह के बहुतेरे संकेत हम इन्हीं के सुरों में पाते-ढूँढ़ते रहे हैं, और अपनी बहुतेरी अभिव्यक्तियाँ भी...

और अतिथिगृहों में, होटलों में, उनके गलियारों में गर्मी की अलसाई दोपहरों में या अन्य ऋतुओं में भी तो कितनी ही बार सुना है चिड़ियों का 'चिल्लाना' ।...और पाया है कि अकेला होते हुए भी अकेला नहीं हूँ। कभी-कभी उनके चिल्लाने पर खीझा भी हूँ कि ऐन नींद के बीच, दुपहर की सुखद नींद के बीच, या उससे पहले ये चिल्ला क्यों रही हैं...क्यों नहीं जाने दे रहीं मुझे नींद के बेसुध दरवाजे के भीतर, क्यों खड़ी हैं वहाँ राहें रोके मेरे चैन की...

कितनी ही बार कई सुबहों में, यात्राओं के दौरान कितने ही शहरों में, ट्रेन या बस पकड़ने के लिए निकलते हुए सहसा आ गई हैं होठों पर 'अज्ञेय' की ये पंक्तियाँ : 'उड़ चल हारिल लिए साथ में/ यही अकेला ओछा तिनका/ ऊषा जाग उठी प्राची में/ किनकी बाट, भरोसा किनका!'

पर कुमार कृप्पा अतिथिगृह की याद अलग से इसलिए भी बनी हुई है कि वहाँ सुबह-शाम ही नहीं, दिन-दोपहर के किसी भी वक्त चिड़ियों का साथ रहता था। खाली होने पर मैं चित्रकला परिषद चला जाया करता था, कोई प्रदर्शनी या संग्रहालय का काम देखता था...कभी ननजुंद राव जी के साथ बैठकर चाय पीता था। ननजुंद राव जी ने भी बड़े जतन से कर्नाटक चित्रकला परिषद को पिछले दशकों में सँवारा है...अपने कमरे से वहाँ तक आते-जाते भी तो सुना करता था चिड़ियों की बोली...नहीं बोलियाँ।

लखनऊ-कानपुर

लखनऊ से कानपुर की ओर जाने वाली बस में सवार हूँ। सुबह के आठ बजे हैं। आकाश में बादल हैं। हवा में ठंडक है। अच्छा लग रहा है। सोच रहा हूँ शहर पार हो तो गाँवों-खेतों के दृश्य देखने को मिलें—तालाब, नहरें, पेड़-पौधे, विस्तार, हरियाली दिखे तो इस मौसम में आँखें और जुड़ा जाएँ। लखनऊ-कानपुर रोड में पहले भी आया-गया हूँ दो चार-बार, पर इस बार कोई पाँच-छह वर्ष बाद आना हुआ है। शहर, लखनऊ शहर, दूर तक साथ चलता है। जानता हूँ हर शहर में नए-नए हिस्से जुड़ते ही जा रहे हैं और उनकी परिधि फैलती ही जा रही है। इस परिधि में खेत और जंगल भी समाते गए हैं यानी मिटते गए हैं, और शहर को अपनी जमीन 'देते' गए हैं। यह भी सोच रहा हूँ कि हमारे कई नगर युग्म तो अब वैसे हो गए हैं, जिनके बीच की दूरी में भी 'शहरीपन' की छाप ही बढ़ती गई है। बीच-बीच में होटलों-दुकानों के आने वाले पड़ाव या बीच के गाँवों-शहरों का 'शहरीकरण' अब उनके मध्य किन्हीं सुरम्य स्थलियों के होने की सम्भावना कम करता गया है। नगर-युग्मों के बारे में भी सोच रहा हूँ—देवास-इंदौर या उज्जैन-इंदौर, अमदाबाद-बड़ोदरा, कटक-भुवनेश्वर, मैसूर-बंगलूर, लखनऊ-कानपुर...यह भी सोच रहा हूँ कि इन सबके बीच से गुजरा हूँ और प्रायः सभी अब आर्थिक-भौगोलिक रूप से ही नहीं जुड़े हुए, एक-दूसरे में वास्तविक 'रूप' से भी जुड़े हुए मालूम पड़ते हैं। आपस में प्रायः 'गुँथते' जा रहे हैं। यह अलग बात है कि सबका अलग-अलग स्वभाव और 'रूप' भी बना हुआ है। मसलन मैसूर, मैसूर ही है, बंगलूर उससे बहुत भिन्न है और लखनऊ, लखनऊ ही है, कानपुर उससे बहुत अलग है... लखनऊ में वैसी गन्दगी नहीं है जैसी कानपुर में है। कानपुर जैसा अनियन्त्रित फैलाव शायद ही किसी शहर का हुआ हो और गन्दगी के वैसे ढेर भी किसी अन्य शहर में शायद ही देखने को मिलते हों। सच पूछिए तो कानपुर जाने में कुछ 'घबराहट' सी मुझे होती है, पर जा तो रहा हूँ कुछ उत्सुक होकर रंगकर्मी मित्रों और कलाकारों से मिलने। यहीं यह जोड़ दूँ कि यह टिप्पणी शहर की नगर निगमीय स्थिति पर ही है, वहाँ के लोगों पर नहीं। बहरहाल, इस वक्त तो उत्सुकतापूर्वक सड़क के दोनों ओर दिखने वाली हरियाली की प्रतीक्षा कर रहा हूँ। कानपुर की हालत कानपुर पहुँचने पर देखी जाएगी...

हरियाली, वह तो है। दूर-दूर तक भी है, सड़क के दोनों ओर। लखनऊ, वह

पीछे छूट गया है...पर यह क्या! इस हरियाली के बीच पेप्सी कोला और कोका कोला...और अन्य ढेरों विज्ञापन हैं जो हरियाली की ओर से बार-बार नजरें भटका देते हैं और अपने में खामख्वाह अटका लेते हैं। शहर के किनारे खंभों में पेप्सी कोला के छोटे-छोटे बोर्ड हैं। किसी छोटे-से बस अड्डे की तमाम दीवारें भी इन्हीं से पुती हुई हैं। और खेतों के बीच भी पक्की ईंटों के जो ढाँचे जहाँ-तहाँ खड़े हैं (सम्भवतः सिंचाई-कलों आदि के) उनकी दीवारों पर भी वही रंग हैं, वही इबारत है...पेप्सी कोला, और जरा ठहरिए, चाहें तो आगे का वाक्य पढ़ने से पहले साँस जरा थाम लीजिए। सड़क किनारे एक ओर बने हुए हनुमान मन्दिर के चबूतरे की जो निचली दीवारें हैं, उनमें भी पेप्सी कोला ही सज रहा है। मारुतिनंदन, बचकर कहाँ जाइएगा, आखिरकार यह 'साफ्ट ड्रिंक्स' का युग है...और वह गाँवों में भी क्यों न पहुँचे! न सही दूध-दही की नदियाँ, शीतल पेयों की ही सही...

देख रहा हूँ कि पिछले पाँच वर्षों में सड़क का नक्शा ही बदल गया है। सड़क के दोनों ओर जहाँ भी बड़ी होर्डिंग्स नजर आ रही हैं, किसी भी उत्पाद की, वे सब अंग्रेजी में हैं। पेप्सी कोला और कोका कोला के अक्षर तो अंग्रेजी में यानी रोमन में हैं ही...इस सारे कार्य-व्यापार से और हरियाली को देखने में पड़ने वाले इस 'व्यवधान' से कुछ थक-सा गया हूँ। आँखें मूँद लेता हूँ, पर सुबह के वक्त बस में तो सोने से रहा।...फिर रह-रह कर खिड़की के बाहर झाँकता हूँ और लगातार वही दृश्य 'उपस्थित' होता रहता है, जिसका वर्णन ऊपर कर आया हूँ। इसे अतिरंजना न मानिएगा, पूरी सड़क अब नीले-सफेद और लाल रंगों से पटी पड़ी है। शीतल पेयों की दो कम्पनियों के बीच का 'युद्ध' गाँव-गाँव में उतर आया है।

जाजमऊ का पुल आया जानकर थोड़ी राहत मिलती है। गंगा देखने को मिलेगी। जाजमऊ का भव्य, ऊँचा और विस्तृत कगार दृष्टि-पटल पर उभर रहा है—जय गंगा! नीचे सड़क की ओर मेला-सा लगा है, स्नानार्थियों के लिए दुकानें सजी हैं। प्लास्टिक की तमाम चीजों से लेकर, सिंगार-पिटार और कपड़ों तक की। आगे ट्रक हैं, सो हमारी बस धीरे-धीरे सरक रही है। पुल पर पहुँचकर पाता हूँ कि इस बार यहाँ गंगा में इतना पानी नहीं कि बीच-बीच में उभर आए रेतीले भू-भागों को ढँक ले। वहाँ कास के पौधे लहरा रहे हैं। अब आगे कानपुर है। और पुल पार करते ही, झुग्गी-झोंपड़ियों से लेकर, निम्न मध्यवर्गीय या मध्यवर्गीय बस्तियों में वही विज्ञापनी दुनिया बिखरी है।

सारी रात का सफ़र

जामनगर से दीव (दमन और दीव) अगर कार से जाएँ तो लगभग सात घंटे लगते हैं। पर, यह सफर मेरे लिए पूरी रात का बना तो इसीलिए कि यहाँ से मैंने टैक्सी शाम सात बजे ली और अपनी सामान्य रफ्तार से वह मुझे रात दो बजे दीव पहुँचा भी देती, लेकिन मैं यही सोच रहा था कि इतनी रात को दीच पहुँचकर क्या करूँगा? सो, मैंने उस एंबेसडर गाड़ी के चालक रफीक भाई से कहा कि आप तो आराम से चलिए, और कुछ ऐसा करिए कि हम तड़के चार-पाँच बजे के करीब दीव पहुँचें। मैंने इस सिलसिले में उन्हें कुछ चीजें भी सुझाईं। मसलन यह कि हम आराम से बीच में कहीं खाना खा सकते हैं, चाहे तो गाड़ी रोककर थोड़ी देर के लिए सो और सुस्ता सकते हैं, चाय तो दो-तीन बार पिएँगे ही, और रफ्तार भी आप मद्धिम ही रखिएगा। रफीक भाई मुस्कराए, और उस मुस्कुराहट में कहीं यह छिपा था कि भाई जान ये सारे गुर तो मुझे भी मालूम हैं, आप चिन्ता क्यों करते हैं। बोले, वे सिर्फ इतना कि 'हाँ, ऐसा ही तो करेंगे।' रफीक सच्चे अर्थों में रफीक यानी सखा और हमराही साबित हुए। ज्यों ही हम जामनगर से बाहर निकले और छोटी पहाड़ियों तथा खुले विस्तारों वाला रास्ता शुरू हुआ तो वे एक जैसी चाल चले। मैं बार-बार कहता जा रहा था, यह इलाका तो बड़ा सुन्दर है। अच्छी हवा चल रही थी। सूरज डूबने में अभी चालीस-पैंतालीस मिनट तो थे ही। सब कुछ साफ दिखाई पड़ रहा था। मैंने पूछा, आगे रास्ता कैसा है? रफीक बोले, सत्तर-अस्सी किलोमीटर तक तो ऐसा ही है, आगे कुछ खराब मिलेगा, पर आप चिन्ता न करें, इस रास्ते का मुझे अच्छी तरह पता है, कहाँ सड़क टूटी-फूटी है, सँकरी-चौड़ी है, कहाँ स्पीडब्रेकर हैं—अपने को सब मालूम है। और मेरे यह पूछने पर कि रात को चलने पर इस रास्ते में कोई खतरा तो नहीं है, रफीक का जवाब था, 'नहीं, नहीं वैसा कोई लफड़ा उधर नहीं है।' ट्रैफिक ज्यादा नहीं था, ज्यादा क्या, यही कहना चाहिए कि बहुत कम था—कभी-कभार ही कोई गाड़ी या टैंपो-आटो (जिसे इधर छकड़ा कहते हैं) या बस दिख जाए तो दिख जाए। पर, रफीक ने कहा, आगे मिलेगा, और वैरावल से तो ट्रकों के काफिले भी मिलेंगे। रास्ते के सूचना पटों पर पोरबंदर का नाम पढ़कर मैंने रफीक से यह भी पूछा था कि क्या पोरबंदर होकर भी दीव पहुँच सकते हैं? उनकी सलाह थी, पहुँच तो सकते हैं, वह शार्टकट भी है, पर गाड़ी के लिए रास्ता सचमुच खराब है।

बत्तीस वर्षीय रफीक से मेरी भेंट आधा घंटा पहले ही तो हुई थी, पर, इतने कम समय में भी लगने लगा, मानो उनसे बहुत दिनों से परिचित हूँ। जब दो लोग एक-सी परिस्थिति में बँधे हों—तो निकटता क्या और सहज नहीं हो जाती? अब देखिए न, आगे पूरी रात पड़ी है, यह गाड़ी है, रफीक है और मैं हूँ, हमारे साथ जो कुछ भी अच्छा-बुरा होगा हम दोनों ही उसके बराबर के साझीदार होंगे—ऐसा भी कुछ मैं सोच रहा था। हम दो-तीन जगह रुके—उन बस्तियों में जो मेरे लिए अपरिचित थीं—चाय पी, मैंने एसटीडी बूथों से दो-तीन फोन किए, और वहाँ से चलते समय हमारी आँखें एक-दूसरे से इसी तरह तो मिलती थीं, 'तो अब चलें, जारी रखें आगे का सफर।'

रफीक मुझे अच्छा गुजराती भोजन कराना चाहते थे। मैंने उनसे कह दिया था कि मैं कुछ हल्का और सादा खाना चाहता हूँ। वे बोले थे, तो फिर कणंजा में रुकेंगे। रात ग्यारह बजे वहाँ पहुँचेंगे...आपको ज्यादा भूख तो नहीं लग रही? मैंने कहा था : नहीं-नहीं, वही समय ठीक रहेगा। कणंजा का वह भोजनालय, मानो रात के सफर वालों के लिए ही बना था। एक ओर खड़े थे ट्रक, दो-तीन गाड़ियाँ भी थीं, खुले में लगी थीं कोई सौ-पचास टेबलें, रोशनी भी खूब थी...हमने एक टेबल पर कब्जा जमाया...बाजरे की रोटी, कढ़ी, करेला, दही, खिचड़ी... यह हमने गँगाया, मैंने प्रेम से ही खाया, पर रफीक को लगा कि भोजन मुझे रुचा नहीं है क्योंकि रोटी मैंने आधी ही ली थी...मैंने कहा खिचड़ी तो पूरी प्लेट भर मैंने खाई है, इससे ज्यादा की भूख ही कहाँ थी...परोसने वाले, टेबल साफ करने वाले, सब बारह की उम्र से लेकर पन्द्रह-सोलह की उम्र वाले ही थे...रफीक ने इस पर अपने ढंग से अफसोस जाहिर किया कि बच्चों को इस तरह खटना पड़ता है, दूर नेपाल से भी बच्चे जामनगर में यही या ऐसे काम करने आते हैं।

तंबाकू और सिगरेट ही रफीक के शौक थे—सिगरेट भी वे दो-तीन घंटे बाद एक सुलगाते थे...रात का जादू भी कुछ और होता है...छोटी-छोटी बस्तियाँ, जल-बुझ रही बत्तियाँ, छोटी-छोटी चाय की दुकानें, सड़क किनारे के खेत मैदान...कितना कुछ हम पार कर जाते हैं...सोमनाथ के पास पहुँचे तो रफीक ने प्रबल आग्रह किया कि मैं मन्दिर देख भी लूँ...और उन्होंने गाड़ी उस ओर मोड़ दी...मैंने कहा भी कि रात को भला क्या दिखेगा? मन्दिर की पार्किंग प्लेस में जाकर उन्होंने गाड़ी रोकी। कुछ रोशनी थी, विशाल मन्दिर दिखा, समुद्र की लहरों की आवाज लगातार आ रही थी...हवा चल रही थी मन्द-मन्द, तेज-तेज। कितना अच्छा पवन है...रफीक ने कहा...गुजरात में हवा के लिए पवन अभी भी प्रचलित है। हमारे अलावा सब कुछ सोया पड़ा था...गाड़ी के दरवाजे खोलकर हम भी थोड़ी देर के लिए लेट गए। सचमुच कितना अच्छा था समुद्र की लहरों से उछल कर आता हुआ पवन। और दीव भी अब दूर कहाँ था!

22 जून, 1999

दीव की लहरें

दीव बहुत सुन्दर है। दिन भर, रात भर, मन्द और तेज हवाओं में समुद्री लहरें उसके तटों से टकराती रहती हैं। उनकी इस 'टकराहट' की आवाज वातावरण में भरी रहती है। आप जहाँ से भी गुजर रहे हों, थोड़ी-थोड़ी दूर पर, और थोड़ी-थोड़ी देर में, ये कहीं से उचक कर आपको देख लेती हैं या फिर आप भी कहीं से उचक कर उनमें झाँक लेते हैं। वैसे बाकायदा ऐसे 'बीच' (तट) भी हैं जहाँ साफ-सुथरी बेंचों में बैठकर भी आप इन लहरों को गुनते और गिनते रह सकते हैं। इन्हीं में से एक है जालंधर बीच। एक शाम मैं वहाँ टहलता रहा था, सुस्ताने के लिए एक बेंच पर बैठा भी था। कुछ और भी स्त्री-पुरुष बच्चे थे। सूर्यास्त का समय था। ऊपर थोड़ी-सी ऊँचाई पर बच्चों के बैठने-खेलने-झूलने के लिए झूले और कुछ अन्य उपकरण भी हैं। उस जगह को कुछ दूर से ही देखता रहा था। निश्चय ही वहाँ से दृश्य और भी सुन्दर लगता होगा। पास ही में पुर्तगालियों के जमाने का एक सुन्दर चर्च है, और एक पुरानी इमारत में अस्पताल। जहाँ मैं ठहरा था—सर्किट हाउस में, वहाँ से भी दृश्य अद्भुत है। पुराना किला है, और पुरानी तोपों के मुँह अभी भी आप देख सकते हैं। सामने पुर्तगालियों के ही जमाने की जेल है—चारों ओर पानी से घिरी हुई—और कैसी विडंबना है कि आज वह सचमुच 'सुन्दर' लगती है! फिलहाल वह बन्द है—वहाँ कोई आता-जाता नहीं। समुद्री लहरें लगातार उसे थपथपाती रहती हैं। मुझे पुरानी, ऐतिहासिक इमारतों के सामने खड़े होकर बराबर यह विस्मय होता है कि किन्हीं क्रूरताओं का इतिहास छिपाए हुए भी वे एक दिन (आकर्षक) 'दृश्य' हो उठती हैं! हम उन्हें प्रायः सराहते हुए भी देखते हैं—कभी उनके वस्तुशिल्प को, कभी उनमें टँकी हुई किसी कारीगरी और कला को और कभी उनमें प्रतिबिंबित होने वाली सुबहों और शामों को सराहते हुए। हम उन्हें सराह पाते हैं तो इसीलिए न कि 'क्रूरताएँ' अतीत की चीज हो चुकी हैं। और उनके रोमांचक और डरावने किस्से भी हमें अपने से बहुत दूर लगते हैं। बहरहाल, दीव में मैंने इतिहास के पन्ने यों भी ज्यादा नहीं पलटे—उतना अवकाश भी नहीं था, और एक जगह, तथा एक बस्ती के रूप में ही मैं उसे देखता और सराहता रहा—एक ऐसी बस्ती और जगह के रूप में जो सुन्दर ही नहीं, बहुत साफ-सुथरी भी है। नया-पुराना सब अच्छा लगता है। वह बहुत व्यवस्थित भी है। कॉटेजनुमा या छोटे-छोटे घर हैं, नारियल और नीम के पेड़ हैं, तरह-तरह के फूल-पौधे भी हैं। शान्ति

है। बन्दर चौक के निकट के एक रेस्तराँ की छत से एक दोपहर मैं समुद्री लहरों के फेन-झाग को, उनकी उठती-गिरती नर्त्तन-मुद्राओं को सूर्य की किरणों में चमकता हुआ देखता रहा था तो साथ ही दीव की छतों-दीवारों, गलियों को भी निहारता जा रहा था—इन दोनों को सराहने के क्रम में मानो व्यतिक्रम वाली कोई चीज न थी। दीव की सफ़ाई का एक राज वैसे यह भी है कि वहाँ उद्योग-धंधे खोलने की अनुमति नहीं है। दीव के युवा कलेक्टर—राजभाषा हिन्दी के हिसाब से 'समाहर्ता'—ओपी मिश्र ने मुझे बताया कि हस्तशिल्पों और कारीगरी वाली वस्तुओं को छोड़कर अन्य उत्पादों वाले लघु-उद्योगों को भी यहाँ पैर जमाने की छूट नहीं है। निश्चय ही एक सराहनीय नीति है। हमने अपने सभी महानगरों और सभी शहरों में, रिहायशी इलाकों के बीच और उद्योग-धंधों-बाजारों वाले इलाकों के बीच, ठीक से भेद ही नहीं किया है। और धीरे-धीरे तमाम शहरों का ऐसा अनियंत्रित विकास हुआ है कि उसे देखकर रोना आता है। दीव, जो यूनियन टेरिटरी है, के निकट गुजरात के उना शहर से गुजरते ही, दीव और उना दो दुनियाएँ लगने लगती हैं।

दीव मैं पहली बार गया था। दीव-दमन, गोवा और दादरा और नागर हवेली—ये सभी पुर्तगाली शासन में रहे थे और स्वभावतः उस शासन की कुछ निशानियाँ आज भी जहाँ-तहाँ दीव में भी दीख जाती हैं। पर भाषा तो गुजराती ही है प्रमुख रूप से, और हिन्दी का व्यवहार भी बढ़ रहा है। राष्ट्रीय नाट्य विद्यालय, दिल्ली के विस्तार कार्यक्रम और पश्चिमी क्षेत्र सांस्कृतिक केन्द्र उदयपुर के सहयोग से यहाँ जो महीने भर नाट्य शिविर (थिएटर कैम्प) लगाया था उसमें बड़ों, किशोरों और बच्चों के लिए कुछ नाटक भी तैयार हुए—प्रशिक्षार्थियों ने ही इनमें अभिनय भी किया था। इस नाट्य शिविर में राष्ट्रीय नाट्य विद्यालय के पहले बैच के स्नातक वरिष्ठ रंगकर्मी यशवंत केलकर समेत कई लोक सक्रिय रहे थे। कैंप डायरेक्टर सत्यव्रत राउत—जो राष्ट्रीय नाट्य विद्यालय के ही स्नातक हैं—ने बच्चों के लिए 'दोस्ती दोस्ती' नाम से एक नाटक मंचित किया। इसमें गुजराती-हिन्दी दोनों का ही प्रयोग था। गीत-संगीत भरी इस प्रस्तुति को बड़ों और बच्चों दोनों ने पसन्द किया। चिड़ियों और जानवरों के मुखौटे लगाए हुए लड़के-लड़कियों ने अच्छी धूम मचाई। मालूम हुआ दीव में आधुनिक मंच की कोई परम्परा नहीं है। और इस कैंप में तैयार हुई प्रस्तुतियों को दीव के नागरिकों ने रसपूर्वक देखा। अँधेरा आठ के करीब होना शुरू होता था—साढ़े आठ-नौ तक सब लोग इकट्ठा होते थे। नाटक खुले में ही हुए थे—पंडाल लगाकर। दीव को देखना और दीव में नाटक भी देखना स्वयं मेरे लिए एक यादगार अनुभव साबित हुआ।

मोलेला की माटी

अपने नए और पक्के घर के बाहर अड़तालीस वर्षीय किशनलाल ने खड़िया मिट्टी से केवल इतना लिख रखा है : किशनलाल कुम्हार मोलेला। अधिक परिचय की जरूरत भी नहीं है। उन्हें इस इलाके में तो सभी जानते हैं; और पीढ़ी-दर-पीढ़ी जो आदिवासी अपने लोक देवताओं की मृण्मूर्तियाँ गढ़ाने के लिए मोलेला आते रहे हैं, उन्हें कुंभकारों के परिचय की जरूरत रही कहाँ है। वे मोलेला आते रहे हैं, कुंभकारों के यहाँ ठहरते रहे हैं, मूर्तियाँ गढ़ाते रहे हैं और गाजे-बाजों के साथ ले जाते रहे हैं। प्रथा यह भी रही है कि जब आदिवासी यहाँ आएँगे तो पहले दिन का भोजन वे कुंभकार के घर से मिले हुए अन्न से ही पकाएँगे! उसके अतिथि होंगे। यह प्रथा आज भी जारी है। पर इसमें सन्देह नहीं कि कलाकारों की अलग 'आइडेंटिटी' के लिए अब उनका नाम भी कुछ तो महत्त्वपूर्ण हो ही उठा है। सो, किशनलाल के बड़े भाई उदयलाल कुछ ही दिनों बाद अपनी कला के प्रदर्शन के लिए यू.के. जाने वाले हैं। और अब मोलेला में केवल आदिवासी ही नहीं आते, देश-विदेश से कला-पारखी, कलाकार, कलाप्रेमी और उदयपुर-नाथद्वारा तक आ पहुँचे यात्री भी आते हैं। पिछले कोई पन्द्रह वर्षों में मोलेला के नाम की धूम हुई है।

उदयपुर के कलाकारों की संस्था 'टखमण' ने डेढ़ दशक पहले ही तो यहाँ एक कार्यशिविर आयोजित किया था—लोग और नगर कलाकारों के बीच एक लेन-देन की शुरुआत हुई थी और मोलेला का नाम उदयपुर के रास्ते देश-विदेश में सुनाई पड़ा था। इन पन्द्रह वर्षों में मोलेला में और उसकी कला में गुणात्मक परिवर्तन हुआ है। लोक-देवताओं की और श्रीनाथजी की मूर्तियों के साथ लोक छवियों की संख्या बढ़ी है और विशुद्ध मोलेला शैली में कलाकारों की, कुंभकारों की, अपनी-अपनी निजदृष्टि भी जुड़ती गई है। पर, जो चीज नहीं बदली है, वह है मोलेला की माटी। मोलेला की मृण्मूर्तियों में, जिनमें दुर्गा-अंबा की प्रभावशाली मृण्मूर्तियाँ भी शामिल हैं, और अन्य कला-वस्तुओं में केवल दो ही तालाबों की मिट्टी इस्तेमाल होती है—नाडा और आउला की। ये दोनों तालाब मोलेला में ही हैं। इन्हीं के कच्चे ढेले किशनलाल के घर के आँगन में एक ओर अटे हुए हैं, दूसरी ओर आँगन में ही आँवा है—माटी में गढ़ी गई चीजों को पकाने के लिए, और यहीं आँगन के बाद जो कमरे हैं, उनमें छोटे-बड़े आकारों में तैयार कई कला-वस्तुएँ और मूर्तियों की 'नुमाइश' सी है। कुछ चीजें फर्श

पर बिछाकर रखी गई हैं, कुछ दीवार के सहारे हैं। आँगन की एक दीवार के आले में भी कुछ चीजें अटी हुई हैं। बड़ी मूर्तियाँ और 'छवियाँ' तीन-चार फुट वाली भी हैं। मोलेला में मूर्तियों पर रंग चढ़ाने की, रंग-लेप की, परंपरा भी रही है पर, मुझे तो मोलेला की पकी मिट्टी के रंग ही भाते रहे हैं। यत्र-तत्र पहले भी मोलेला की कला के नमूने देख ही चुका था पर, किशनलाल के घर-आँगन में, और बाद में उदयलाल के घर में, पक्की मिट्टी के इसी गाढ़े रंग की आभा ने मुझे अपने में बड़ी देर तक बाँधे रखा।

आकृतियों और चीजों के नाक-नक्श मोलेला के कलाकार इतनी खूबसूरती, बारीकी, चपलता-सहजता से उभारते हैं कि उन पर से आँख जल्दी हटती भी कहाँ है! माटी की पाटी पर छवियाँ उत्कीर्ण की गई-सी लगती हैं, ठीक उसी प्रकार जैसे हमारे मन्दिर मूर्तिशिल्पों-साँची-कोणार्क-खजुराहो—में 'उत्कीर्ण' हैं, पर, दरअसल मोलेला में 'छवियाँ' माटी की पाटी पर अलग से बैठाई जाती हैं। यानी पहले तो तह दर तह गीली मिट्टी को उस आकार की लम्बाई-चौड़ाई-मोटाई में सँवारा जाता है एक पट्टी पर, जिस पर किसी मूर्ति या छवि को बैठाना है। फिर इस पट्टी या पाटी पर मिट्टी से ही बनाए-बैठाए जाते हैं देव-मूर्तियों के, लोक-छवियों के, पशु-पक्षियों-वनस्पतियों के 'उभरवाँ' आकार, और माटी से ही पाटी पर जोड़ या पिरो दिए जाते हैं। फिर पका लिए जाते हैं। भट्ठी में इन्हें लकड़ी की आग से दो-तीन घंटों में ही पकाने की विधि है। इन उभरवाँ मूर्तियों-छवियों के साथ-साथ चपटी पाटी पर ही जहाँ-तहाँ से खुरच-खरोंच कर भी कुछ आकार प्राप्त किए जाते हैं। मोलेला के कुंभकारों के बच्चों के बनाए कुछ कामों पर नजर गई मेरी पत्नी ज्योति की। आँगन के एक आले से उन्होंने उठाई एक चिड़िया-षटकोणी। यह कुछ उस तरह के एक टुकड़े में बनी थी, जैसे कि घड़ा फूटने पर हो गया एक टुकड़ा हो। फर्क इतना कि यह चपटा था। आँगन में ही टँगा था पिंजड़ा, जिसमें तोता था—वह रह-रह कर सीटी बजाता था।

मोलेला जाने की साध बहुत दिनों से थी, यह पूरी हुई पाँच जून को, जब हम उदयपुर से नाथद्वारा होते हुए मोलेला पहुँचे—उदयपुर के ही कलाकार मित्र ललित शर्मा की फिएट गाड़ी में। लौटते हुए फिल्मकार मणि कौल की फिल्म माटी मानस की भी याद मुझे आती रही जो इस देश में कुंभकारों की महिमा की मर्मगाथा सरीखी है। और हाँ, यह तो जोड़ना भूल ही गया कि मोलेला के कुंभकार चाक का भी इस्तेमाल करते हैं—बर्तनों और हाथी-घोड़ों के लिए। पर, कुल मिलाकर उनकी कला हाथों से गढ़ी ज्यादा है, चाक पर चढ़ी कम। जो भी हो, राजस्थान के राजसमुंद जिले का मोमेला एक ही है, दूसरा नहीं।

10 जून, 1999

केरल का जल

नारियल, केला, पानी और खपरैल की छतें ही केरल की पहचान रहे हैं। इन्हीं में भाँति-भाँति की नावों को भी जोड़ ले सकते हैं। साक्षरता, राजनीतिक जागरूकता और सांस्कृतिक-साहित्यिक सक्रियता में भी केरल बहुत आगे रहा है। इसके प्रमाण लगभग दस बरस बाद केरल आने पर फिर मिले। नेशनल बुक ट्रस्ट और केरल के 'स्टेट इंस्टीट्यूट आफ चिल्ड्रेंस लिटरेचर' ने मिलकर बाल-साहित्य पर जो कार्यशाला आयोजित की थी, उसी में भाग लेने के लिए मैं तिरुवनंतपुरम पहुँचा था। सबसे पहले तो इसी तथ्य की ओर ध्यान गया कि राज्य ने सरकारी स्तर पर बच्चों के साहित्य के प्रकाशन और उन्नयन के लिए एक संस्था ही खड़ी की है। इसके निदेशक सीजी शांधाकुमार ने जब मुझसे पूछा कि, 'आपकी जानकारी में किसी अन्य राज्य में भी यह काम हुआ है क्या?' तो मेरा उत्तर यही था कि 'सम्भवतः नहीं।' यह बात अलग है कि कार्यशाला से पहले आयोजित एकदिवसीय सेमिनार में स्वयं केरल के कई वक्ताओं ने इस बात पर अफसोस जाहिर किया कि केरल के प्रमुख साहित्यकारों ने बहुत कम बाल-साहित्य लिखा है या बिल्कुल ही नहीं लिखा है। बाल-साहित्य की जो पत्रिकाएँ केरल में हैं—और वे कई हैं, जिनमें से एक दो लाख बिकती हैं—उनके स्तर और रुझानों आदि की भी चर्चा हुई, और उनके कई पक्षों पर चिन्ता जाहिर की गई। पर यह भी दिखाई पड़ा कि केरल में बच्चों के लिए लिखने वाले कुछ ऐसे साहित्यकार हैं जो अपनी जीविका के लिए भी इसी लेखन पर पूरी तरह निर्भर हैं। अगर परख-विश्लेषण आदि को छोड़ दें (वैसा करने की स्थिति में मैं हूँ भी नहीं) तो कनककुन्नू पैलेस में बच्चों की पुस्तकों की जो प्रदर्शनी इंस्टीट्यूट ने लगाई थी, उसमें सैकड़ों की संख्या में चित्रित मलयाली पुस्तकें इतना तो बता ही रही थीं कि बाल-साहित्य की दुनिया यहाँ छोटी तो नहीं ही है। इंस्टीट्यूट बच्चों की एक पत्रिका भी प्रतिमाह प्रकाशित करता है।

कनककुन्नु पैलेस में ही सेमिनार और कार्यशाला का आयोजन था और इसमें भाग लेने के लिए केरल के वे साहित्यकार आए थे, जो बच्चों के लिए 'ही' लिखते हैं या बच्चों के लिए 'भी' लिखते हैं। मलयाली कवयित्री ललिता लेनिन से इसी सेमिनार में भेंट हुई। वे इंस्टीट्यूट की कार्यकारिणी की सदस्या भी हैं। उन्नीस वर्षीय एक बेटे की माँ हैं और एक कालेज में लायब्रेरी-शिक्षा की व्याख्याता हैं। उनकी कविताओं से अब केरल का साहित्य समाज परिचित है और लोगों ने यह भी बताया

कि पिछले कुछ वर्षों में उनकी 'पहचान' और अधिक उभरी है। वे बड़ों के लिए लिखती रही हैं पर बच्चों के लिए भी उनकी दो किताबें प्रकाशित हैं। बहरहाल, अभी उनकी चर्चा इसलिए भी कि दोपहर के भोजन के वक्त—जो कनककुन्नू पैलेस के परिसर में बाहर ही लगाया गया था, और जिसे कतार बाँधकर सभी बारी-बारी से अपने लिए परोस रहे थे—मेरी उनसे एक बार फिर भेंट हो गई। और अपना भोजन लेकर हम कनककुन्नू पैलेस के भीतर जाने वाले द्वारों के बाहर बनी सीढ़ियों पर, जो सख्या में तीन-चार ही होंगी, बैठ गए। मैंने ललिता जी से पूछा कि पीने के पानी में वह कौन-सी चीज मिलाई गई है जिसके कारण उसका रंग ललछौंह हो गया है। यह भी बताया कि कल होटल के रेस्तराँ में जो पानी पीने को मिला था, वह पीला-सा था और यह तो पीने पर ही पता चला था कि उसे जीरा डालकर उबाला गया था।...वे हँसी, अपनी सहज हँसी और बोलीं कि अभी जो पानी आप पी रहे हैं, वह एक पेड़ की छाल का है जिसे 'करिङ्गली' कहते हैं, और मुझे सावधान भी किया कि 'करिङ्गली' की जगह 'करिनगाली' मत कहिएगा क्योंकि उसका अर्थ 'धूर्त' जैसा कुछ ठहरेगा, तो मैं भी हँसा। पता नहीं, उन्होंने जो उच्चारण भेद बताया था उसे लिखने में मैं ठीक से रख पाया हूँ या नहीं, पर उनकी चेतावनी तो ध्यान में रह ही गई है। उन्होंने यह भी बताया कि पेड़ की इस छाल की अपनी 'मेडिसिनल वैल्यू' है, और इसलिए भी इसे पानी में मिलाया जाता है। यह जानकारी भी दी कि पहले तो लोग स्वयं इसे पीसते थे और पानी में डालने लायक बनाते थे, पर, अब इसका पाउडर बना-बनाया मिलने लगा है, और अब घरों में तो जीरा, अदरख (चुकू) या 'करिङ्गली' डालकर लोग पानी कम ही उबालते हैं, फिर भी यह सामाजिक जीवन से चला नहीं गया है, यह भी आप देख ही रहे हैं।

मैंने 'रंगीन' पानी या पानियों के स्वाद की भी प्रशंसा की। सोचने लगा कि अब लगभग समूचे देश में 'मिनरल वाटर' की बोतलों का जो इतना चलन बढ़ गया है, उसे केरल का यह 'रंगीन पानी' कुछ तो मुँह चिढ़ा ही रहा है। अनन्तर इंस्टीट्यूट के श्री कन्नन, जो हमारे रहने-ठहरने की व्यवस्था में सहयोगी थे, ने बताया कि रंगीन पानी को आप मलयालम में 'निरमउल्ला वेल्ला' कह सकते हैं। निरे जल के लिए तो 'वेल्लम' का प्रयोग ही होता है। और ललिता जी की ही तरह, मिलते-जुलते, लेकिन भिन्न अर्थों वाले दो शब्दों का भेद बताते हुए उन्होंने कहा, 'वेल्लम' जल है, मगर 'वल्लम' का अर्थ है नाव।

21 अक्टूबर, 1999

तिरुवनंतपुरम की खिड़की

सुबह के साढ़े पाँच बज रहे थे जब मैं केरल पर्यटन विभाग के होस्टल चैत्रम के बाहर निकला। चैत्रम तिरुवनंतपुरम (त्रिवेंद्रम) के मुख्य बस स्टैंड के ठीक बगल में है, इसलिए सुबह टहलने के वास्ते बस स्टैंड की ओर जाने का तो सवाल ही नहीं था, मैंने विपरीत दिशा पकड़ी। कुछ आगे जाकर, दाहिनी ओर देखी एक शान्त-सी सड़क। मैं उसी में हो लिया। हल्का-सा उजाला था। दुकानों के नामपट पढ़े जा सकते थे। मालूम हुआ एसएस कोविल रोड है। कुछ और नामपटों पर नजर डालने के बाद यह समझने में देर न लगी कि उस पर पुस्तकों की दुकानें हैं स्टेशनरी की भी। ऑक्सफर्ड यूनिवर्सिटी प्रेस का कार्यालय है, एक बैंक की इमारत भी दिखी। पर इसका भान भी हुआ कि मुख्यतः तो रिहायशी इलाका है जिसमें ये दुकानें-दफ्तर बन गए हैं। एक मन्दिर दिखा जिसमें रोशनी थी। और बहुतेरी मूर्तियाँ। दर्शनार्थी अभी नहीं थे। ज्यादातर मकान कुछ बड़े ही दिखे। कुछ दो-तीन मंजिला भी। कुछ पुराने वास्तुशिल्प वाले पक्के, पर छतें खपरैल की। इक्का-दुक्का लोगों को छोड़कर सड़क पर अभी और कोई न था। कौवों की काँव-काँव जरूर थी। और ऊँचे, बहुत ऊँचे या कहूँ लम्बे, बहुत लम्बे नारियल के पेड़ थे। किसी-किसी घर में इक्का-दुक्का किसी में समूह में और एक ओर तो एक जगह बस थे वही झुंड के झुंड। लम्बे पेड़ों की लम्बाई नापते-नापते नजर आकाश की ओर उठती ही थी बार-बार, जिस पर अभी दो-तीन तारे शेष थे। सहसा उन कैलेंडर चित्रों की याद हो आई, जो एक जमाने में बहुत दिखते थे और अब भी दिख ही जाते हैं जिन पर अंकित रहते हैं नारियल के पेड़, चन्द्रमा, तारे, चिड़िया, नावें आदि। रूढ़ हो जाने के कारण ये कैलेंडर-चित्र मुझे कभी अच्छे नहीं लगे, पर मैंने पाया कि इस वक्त उन्हीं के जैसा दृश्य मुझे बहुत भा रहा है। आकाश है, उस पर कुछ चिड़ियाँ हैं, दो-तीन तारे हैं। एक जरा बड़ा और ज्यादा दमकता हुआ है। और अच्छा लग रहा है, तारा भी, यह कुल दृश्य भी।

तत्काल यही मन में आया कि कोई प्रतीक या दृश्य जब 'रूढ़' हो जाता है या बार-बार एक ही तरह से दुहराया जाता है तो अपना अर्थ, आशय, सौन्दर्य सब खो देता है—उसके 'देवता' कूच कर जाते हैं, जबकि जिस बिंब या दृश्य का वह 'प्रतिरूप' है, वह अपनी वास्तविकता में सुन्दर भी बना रह सकता है। मैं इस वक्त इसी वास्तविकता के निकट था। समूची कोविल रोड तय करने लगा। जानता था कि दिन

चढ़ने के साथ या सुबह का कुछ और उजाला फैलने के साथ दृश्य बिल्कुल बदल जाएगा। साइकिलों पर अखबार पहुँचाने वाले दिखने लगे थे और सड़क-किनारे वाले चाय के स्टालों पर कुछ सुगबुगाहट होनी शुरू हो गई थी। दूर कहीं से फिल्मी संगीत (लाउडस्पीकर पर) पहले से ही तैर रहा था। मैं ज्यों-ज्यों उसके स्रोत के करीब आ रहा था, वह ऊँचा हो रहा था मेरे कानों पर। तभी एक हल्की-सी आवाज हुई। मुझे यह सोचकर सचमुच बहुत अच्छा लगा कि मैं उसे सुन सका। आवाज खिड़की का एक पल्ला खुलने की थी। उस आवाज के साथ नजरें अपने आप उसकी ओर उठीं। कोई दिखा नहीं। दिखा बस उसका हरा रंग। जाहिर है कि किसी ने उसे हल्के हाथों से ठेल भर दिया था—इस 'आदत' या पहचान के साथ कि सुबह कोई भी चीज धमाके के साथ नहीं करनी चाहिए। हम रात की नींद से उठते ही तो तेज-तेज बोलना नहीं शुरू कर देते। पर क्या उत्तर क्या दक्षिण, न जाने कहाँ से, कब और क्यों कान-फोड़ फिल्मी संगीत बजाने का सिलसिला शुरू हो गया है। और दिन-दोपहर-शाम ही नहीं, अलस्सुबह भी वह पीछा नहीं छोड़ता। ये पंक्तियाँ लिखते हुए यह बात भी ध्यान में आ रही है कि किसी चीज का अलग-अलग सन्दर्भों में महत्त्व कैसे घट और बढ़ जाता है। जिस प्रकार मुझे एक कैलेंडर-दृश्य अपने 'वास्तविक' सन्दर्भ में भा गया है उसी प्रकार सम्भव है कि जो फिल्मी संगीत सुबह तेज-तेज बजकर खिझा रहा है या खिझाता है, उसे मैं मद्धिम सुर में किसी एकान्त जगह बैठकर सुनूँ—मसलन घर, होटल या किसी अतिथि गृह के कमरे में—रेडियो या टीवी या म्यूजिक सिस्टम में, सामान्य से टेप रिकॉर्डर पर, तो वही मुझे अच्छा लगे। अपनी धुन में, लय में या किन्हीं वाद्य-यन्त्रों की 'मधुरता' में।

हमारे सामाजिक जीवन में सन्दर्भ भूलने के उदाहरण बढ़ते ही जा रहे हैं—यह बात इस प्रसंग से भी समझ में आ रही है। बहरहाल, खिड़की के हौले से खुलने की और उसके खुलने की आवाज निमिष भर कानों में पड़ने की, मेरी स्मृति में टँकी रह गई है।

अपने होटल की ओर लौटा तो पाया कि सड़क धीरे-धीरे गुलजार हो रही है। उसका प्रहर-सन्दर्भ बदल रहा है। और सड़क की कुछ इमारतों के सामने नंदियारवट्टम के सफेद फूल बिछे हुए हैं। पूजा में ही चढ़ते हैं। गंधरहित हैं। औरतें इन्हें केशों में नहीं पिरोतीं। फिर वही सन्दर्भ-प्रसंग...चीजें, कारण रहित, प्रसंग-रहित कहाँ रही हैं हमारे सामाजिक-सांस्कृतिक आचार-व्यवहार में! प्रसंगों को और ध्यान से पहचानूँ-समझूँ, यही तो एक बार सिखा-दिखा गई है तिरुवनंतपुरम की सुबह की वह खिड़की!

चेन्नई में हिंदी

पिछले दिनों चेन्नई में तीन दिन रहना हुआ। इससे पहले 1991 के अन्तर्राष्ट्रीय फिल्मोत्सव में इस महानगर में एक पखवाड़े-भर रहा था। पर, तब तो सारा वक्त फिल्में देखते हुए ही बीत जाता था। शहर में कुछ खास घूमना हुआ नहीं था। सो 'चेन्नई को थोड़ा-बहुत जानता हूँ' वाली छवि लेकर तब भी नहीं लौटा था, लौटा इसी मन के साथ था कि चेन्नई का समुद्र-तट देख लिया है, कुछ सड़कें-गलियाँ देख ली हैं और चेन्नई को 'छू' आया हूँ। इस बार की स्थिति भी कुछ बेहतर नहीं रही, सिवाय इसके कि कुछ रंगकर्मियों के साथ रहा, जो दक्षिण के विभिन्न प्रदेशों से वहाँ इकट्ठा हुए थे, कुछ कलाकारों से मिला, कुछ प्रदर्शनियाँ देखीं और इसी सिलसिले में माउंट रोड टी नगर आदि के चहल-पहल भरे इलाके में हो आया। इसी क्रम में कुछ सड़कों और गलियों से भी गुजरना हुआ। हुआ यह भी कि एक ही कैंटीन में सुबह-शाम के नाश्ते से लेकर, दोपहर-रात के भोजन तक के लिए जाता रहा, सो वहाँ काम करने वाले तमिल भाषी कर्मचारियों से तमिल बोलने का अभ्यास करता रहा, और वे रोज ही मुझे कुछ वाक्य सिखाते रहे, और मेरे उच्चारण को भरसक सुधारने की कोशिश भी करते रहे। जब-जब उन्हें इसमें सफलता मिलती, उनके चेहरों पर खुशी चमक उठती और अपनी मुस्कान के साथ वे मेरी पीठ थपथपाते रहे, 'आपका नाम क्या है', 'फिर मिलेंगे', 'आप से मिलकर अच्छा लगा'—इन और ऐसे आशयों—सन्दर्भों वाले कोई पन्द्रह-बीस तमिल वाक्य सीख लेने पर मुझे स्वयं बहुत अच्छा लगा, और चेन्नई में थोड़ा-बहुत घूमते हुए एक तरह का आत्मविश्वास भी बना रहा। इसी आधार पर इस बार की चेन्नई यात्रा में चेन्नई से अपने को अधिक परिचित करा सकने का बोध भी कुछ अधिक हुआ। एक बार फिर इसका अहसास हुआ कि भाषा किस तरह एक आत्मीय पुल का काम करती है। इस बार कुछ अधिक सन्तुष्ट होकर भी चेन्नई से लौटा।

जहाँ तक महानगरों में कुछ दिन तक रह कर उन्हें जान लेने का सवाल है, उसके बारे में तो अब यही मान लेना अच्छा है कि यह चीज तो अब असम्भव है। दिल्ली के फैलने के साथ, दिल्ली में पैंतीस वर्षों तक रह लेने के बाद भी मैं यह दावा कहाँ कर सकता हूँ कि मैं दिल्ली को या इसके विभिन्न इलाकों को जानता हूँ; यही कह सकता हूँ कि 'दिल्ली में रहता हूँ।' बहरहाल, भाषा वाली बात से यह बात ध्यान में

आई कि किसी भाषा (और उसकी लिपि) के कहीं दीख जाने पर, उस भाषा के व्यक्ति को एक सहज-स्वाभाविक प्रसन्नता होती है, और वह उस जगह में अपने को 'अजनबी' नहीं पाता। इस दृष्टि से देखें तो चेन्नई में हिन्दी भाषी अपने को कुछ अजनबी भी पाएँगेः सारे नामपट तमिल या अंग्रेजी में हैं, और हिन्दी कहीं दीखती नहीं है, हिन्दी ही क्यों, बांग्ला, ओडिया, गुजराती, मराठी आदि भी कहीं नहीं दीखती हैं। इस मामले में चेन्नई, मुंबई और कलकत्ता से तो बहुत भिन्न है। कलकत्ता में बंगला, हिन्दी, अंग्रेजी तो दीखती भी हैं, कहीं-कहीं दूसरे प्रदेशों की भाषाएँ भी। संस्थाओं, दुकानों के नामपटों आदि में दीख जाती हैं, और प्रायः सुन तो पड़ती ही हैं, जैसे कुछ इलाकों में गुजराती या पंजाबी। मुंबई में तो मराठी, गुजराती, हिन्दी, अंग्रेजी हैं ही, अन्य भारतीय भाषाओं में नाम पट इत्यादि भी कभी कहीं दीख ही जाते हैं।

तमिलनाडु की भाषा नीति पर, भाषा को लेकर वहाँ की राजनीति पर, वहाँ हिन्दी की स्थिति पर और उस स्थिति के इतिहास पर, यहाँ चर्चा करने का न तो अवकाश है और न ही वैसा कुछ करने का मेरा इरादा है। यहाँ तो इस भाषा-प्रसंग से उस अपराध-बोध की चर्चा करना अधिक अभीष्ट है जो दक्षिण के राज्यों में जाने पर मुझे होता है : अपराध बोध यह कि उत्तर में कितने लोग हैं जो दक्षिण की भाषाएँ सीखते रहे हैं; सीखना चाहते हैं या किसी भी रूप में उनका थोड़ा-बहुत व्यवहार करने को उत्सुक हैं। चेन्नई में इस बार मैं यह भी सोचता रहा कि जिस तरह मैंने यह गौर किया कि यहाँ हिन्दी में कहीं लाख में एक नाम पट दिखता है, तो क्या ऐसा ही कुछ दिल्ली आने पर किसी तमिल भाषी को नहीं लगता होगा? और मैं यहाँ हिन्दी के राजभाषा होने की स्थिति को तो बीच में लाना ही नहीं चाहता हूँ। मैं तो भारतीय भाषओं के बीच सहज आदान-प्रदान की भी बात करना चाहता हूं। और इसकी भी कि अगर किसी भाषा या भाषाओं को लेकर की गई राजनीति ने भारतीय भाषाओं की दूरी एक-दूसरी से बढ़ाई है तो क्या सामाजिक-सांस्कृतिक संस्थाओं और अपने-अपने स्तर पर नागरिकों को इस राजनीति की काट के लिए सचेष्ट नहीं होना चाहिए! मसलन, अगर सभी सांस्कृतिक संस्थाएँ—सरकारी और गैर सरकारी—यह बीड़ा उठा लें कि वे अपने नाम पट देश की सभी भाषाओं में लिखेंगी, भले ही कुछ छोटे अक्षरों में, तो क्या भाषाओं के 'दीखने' के मामले में एक बड़ा फर्क नहीं पड़ेगा? अगर यह एक असम्भव सी लगने वाली कल्पना है तो भी इसे संजोने में हर्ज क्या है? और जहाँ तक चेन्नई में हिन्दी की स्थिति का सवाल है तो मुझे यहाँ यह याद भी कर लेना चाहिए कि अंतःसलिला की तरह वह वहाँ मौजूद है : बंगलूर से भी प्रकाशित होने वाले अखबार 'राजस्थान पत्रिका' समेत कुछ हिन्दी पत्रिकाएँ वहाँ बुक-स्टालों पर दिखीं। प्रायः युवा पीढ़ी, और युवतर पीढ़ी के लड़के-लड़कियों में हिन्दी का कुछ ज्ञान भी देखने-सुनने को मिला और मुझ हिन्दी भाषी को दैनिक जीवन में किसी विरोध का सामना नहीं करना पड़ा!

20 फरवरी, 1999

भोपाल में अंग्रेज़ी

पिछली भोपाल यात्रा में महाराणा प्रताप नगर के एक होटल में ठहरना हुआ जो एमपी नगर के नाम से अधिक जाना-पहचाना जाता है। भोपाल के इस इलाके में मेरा रहना-ठहरना, यहाँ तक कि जाना भी, पहली बार हुआ था इसलिए मैंने कुछ अचरज के साथ पहचाना कि इलाके में कई 'शानदार' होटल खुल गए हैं और कई 'शॉपिंग कांप्लेक्स' भी। इनसे कुछ ही दूरी पर बहुमंजिले फ्लैट्स भी हैं—दस मंजिलों से अधिक के। अब प्रायः सभी मँझोले-बड़े शहरों में इनका चलन बढ़ा है इसलिए अचरज नहीं होना चाहिए था, वह हुआ तो इसीलिए कि भोपाल—जहाँ मैं वर्षों से जाता रहा हूँ—अपेक्षाकृत शान्त, पेड़-पौधों, झील-तालाबों से सम्पन्न एक 'देसी' और साफ-सुथरा शहर रहा है। मैंने यह भी पहचाना कि पहले तो एक पुराना भोपाल था और एक नया भोपाल। अब मानो एमपी नगर उस नए भोपाल के बीच एक 'आधुनिक' या कहें 'उत्तर आधुनिक' इलाका है। पर जब मैं सुबह टहलने निकला तो एक और अचरज हुआ जिसके लिए मैं सचमुच तैयार नहीं था। सभी होटलों, दुकानों, इमारतों के नामपट और बाज़ारों में लगे बड़े-बड़े होर्डिंग्स केवल रोमन अक्षरों में थे—नागरी/हिन्दी के अक्षर सौ में कहीं एक जगह दिखाई पड़ जाएँ तो मैं उत्सुकता से उन्हें देखने लगता था। और इस अंग्रेजी इलाके में सड़कों पर तरह-तरह की गन्दगी थी! इस बार भोपाल, मैं बंगलूर, मैसूर, चेन्नई आदि की यात्रा करते हुए पहुँचा था इसलिए यह दृश्य मुझे कुछ और विचित्र मालूम पड़ रहा था। कर्नाटक और तमिलनाडु के शहरों-बाजारों में भी अब अंग्रेजी पहले की अपेक्षा अधिक दिखाई पड़ती है पर कन्नड़ और तमिल के अक्षर भी बहुतायत से दिखाई पड़ते हैं। लेकिन भोपाल के एमपी नगर ने तो हिन्दी को मानो बिल्कुल ही मेट दिया है—कुछ इस आग्रह (?) के साथ कि अगर कहीं हिन्दी दिखाई पड़ गई तो भारी गड़बड़ हो जाएगी! अब तो मैं एमपी नगर को देखकर सचमुच अचरज करने लगा! और आप समझ ही सकते हैं कि यह अंग्रेजी केवल नाम-पटों, साइन बोर्डों और होर्डिंग्स में 'दिखाई' पड़ रही थी, बोली नहीं जा रही थी। जिस होटल में मैं ठहरा था और जिन दुकानों में गया, जिन एसटीडी, पीसीओ बूथों में देर-रात या सुबह-सबेरे पहुँचा वहाँ हिन्दी ही थी, अंग्रेजी का एकाध वाक्य कहीं कानों में पड़ जाए तो पड़ जाए। सोचने लगा, यहाँ जो लोग ठहरते, रहते या बाजारों में खरीदारी करने आते हैं, उनमें से नब्बे प्रतिशत या हो सकता है कुछ अधिक भी, हिन्दी भाषी ही तो

होंगे। फिर किनके लिए है यह अंग्रेजी? ऐसा भी नहीं था कि नए खुल गए होटलों में विदेशी दिखाई पड़े हों। फिर वास्तव में किसके लिए थी या है, यह अंग्रेजी! और अगर अंग्रेजी है भी तो उसके साथ हिन्दी भी क्यों नहीं है, जो वैसे तो खूब सुन पड़ रही है! 'ग्लोबीकरण' के हल्ले के साथ एक 'अंग्रेजी ग्रंथि' भी खूब बढ़ी है यह बात तो समझ में आती है पर अंग्रेजी का ऐसा आकस्मिक हमला—एक हिन्दी भाषी शहर में—मैं पहली बार झेल रहा था, और थोड़ी देर के लिए सन्न रह गया था। इस अनुभव के कारण और भी कि इस हमले के सामने मैं निहत्था खड़ा हूँ और यह हमला स्वयं उन हिन्दी भाषी नागरिकों ने किया है जो अभी कल तक ऐसा करने की सोचते भी नहीं थे या सोचते भी थे तो इतने बड़े पैमाने पर नहीं!

इसका क्या प्रतिकार हो सकता है? नाम पटों को काली स्याही से पोत दिया जाए? उस आन्दोलन का हश्र हम देख चुके हैं, और मैं व्यक्तिगत रूप में उससे कभी सहमत नहीं रहा—'निज भाषा उन्नति अहै' पर पूरा विश्वास करते हुए भी! काली स्याही पोतने भर से क्या होगा? पोते गए अक्षर फिर उभर आ सकते हैं! उभर आए हैं कि नहीं! वैसे तो समूचे देश में कई नई तरह की व्याधियाँ घर कर गई हैं पर हिन्दी भाषी समाज में व्याप्त हो गई व्याधियों का कोई अन्त नहीं है। विडंबनाओं और विद्रूपताओं का कोई अन्त नहीं है। जिस समाज की प्रायः सभी पीढ़ियाँ हिन्दी फिल्मी गीतों पर दिन भर कान लगाए रहती हैं, हिन्दी के टीवी सीरियलों से अपनी आँखें दुखाती रहती हैं, दिन भर आपसी बातचीत में हिन्दी के शब्दों या 'हिं-अं' (हिन्दी-अंग्रेजी) का ही व्यवहार करती हैं, उन्हें इसकी चिन्ता नहीं है कि उस हिन्दी में ज्ञान-विज्ञान की, सूचना और जानकारी की, साहित्य और भाषा विज्ञान (या शास्त्र) की स्थिति क्या है! उसकी वास्तविक सामाजिक स्थिति क्या है! क्या होनी चाहिए! उन्हें इसकी चिन्ता नहीं है कि भाषाओं का 'दृश्य रूप' अब बदले हुए जमाने में काफी मायने रखता है। वह जमाना तो है नहीं कि चीजें मुद्रित और विज्ञापित रूप में उपलब्ध नहीं हुआ करती थीं। भाषा थी कि बस बोली और सुनी जाती थी। पर अब तो क्या छोटे शहर क्या बड़े शहर, तरह-तरह के विज्ञापनों से लैस हैं, उनसे जगमगाते रहते हैं। और यह न भूलें कि अंग्रेजी अगर देश की मानसिकता में काबिज होती जा रही है तो इस कारण से भी कि वह सार्वजनिक जगहों में खूब 'दीख' पड़ने लगी है!

मध्यप्रदेश का एक नाम एमपी भी खूब प्रचलित है पर अब उसके एमपी नगर की दुकानें अंग्रेजी की जो अक्षरांजलि जोड़े खड़ी हैं, उसका क्या करें? मुस्कराकर अभिवादन का प्रत्युत्तर दें या अफसोस में सिर झुका लें। अभी तो मैंने अफसोस में ही सिर झुकाया हुआ है, उस अक्षरांजलि की आँखों में आँखें डालकर कोई जवाब नहीं दे पा रहा!

काली दिल्ली

दिल्ली के पेड़-पत्तों पर इन दिनों धूल की मोटी परत जमी हुई है। एक हिसाब से यह नई बात नहीं है, बीच में बारिश न हो या कहें बादलों ने माली बनकर उन पर सामान्य-सा छिड़काव न कर दिया हो तो धूल की परत जम ही जाती है। उन सभी जगहों का यही हाल होगा जहाँ बूँदें बहुत दिनों से दिखी न हों। और नवम्बर में बारिश यों भी भला कहाँ होती है! इन पंक्तियों के लिखे जाने तक वह हुई भी नहीं है। इस सिलसिले में नई बात है तो यही कि यह धूल की परत मुझे सचमुच बड़ी मोटी जान पड़ रही है। इस धूल में धुआँ भी मिला हुआ है। दिल्ली का दिनोंदिन गहराता हुआ धुआँ। पेड़-पौधों की ओर नजर डालता हूँ तो मन उदास हो जाता है। उनके स्वाभाविक हरे पर यह कैसी कालिख उभरी हुई है।

आजकल ओस भी पड़ने लगी है। पर उसमें इतना दम कहाँ कि वह इनकी धुलाई कर दे। और सूरज की किरणें उसे सोख भी तो कितना जल्दी लेती हैं। एक दिन टहलकर लौट रहा था तो ओस-भीगी पत्ती को अँगुली से छू दिया। बस, फिर क्या था, उसने अपनी काली परत को मेरी अँगुली पर उतार दिया। उसे देखकर मैं थोड़ी देर के लिए दहल गया। दिल्ली के प्रदूषण को लेकर खबरें छपती ही रहती हैं। चौराहों पर प्रदूषण-मापक भी लगाए गए हैं, जैसे कि आईटीओ के व्यस्ततम चौराहे पर। आँकड़े बताए जाते हैं और उन्हें भी पढ़कर दिल दहलता है। पर ओस-भीगी इस काली परत से बड़ा और प्रमाण भला क्या होगा! बच्चों को साँस और गले की बीमारियाँ हो रही हैं, बड़े भी त्रस्त हैं। चौराहों पर धुएँ से आँखें दिन में भी जलने लगती हैं। सर्दियाँ आ गई हैं, सो स्मॉक—वही 'स्मोक' और 'फॉग' का सम्मिलित संक्षिप्त रूप—अँधेरा होते ही छाने लगता है और रात तक कहीं मोटी, कहीं महीन चादर बनकर तन जाता है। चौंक कर सोचता हूँ, अरे, वह दिल्ली कहाँ गई जहाँ मैं पैंतीस बरस पहले आया था और जहाँ आसमान दिन भर—रात भर नीला ही दिखाई पड़ता था। किसी भी मौसम में पत्तों पर इतनी धूल न चढ़ती थी। पर जानता हूँ कि वह जा चुकी है और अब जो सामने है, वह यही है! वाहनों का अनियंत्रित हुजूम, उनसे निकलता हुआ उतना ही अनयंत्रित धुआँ। प्रगति मैदान में हर साल जो अन्तरराष्ट्रीय व्यापार मेला लगता है, वहाँ भी यही दिखाया गया है कि दिल्ली की किसी भी सड़क पर अब अगर थोड़ा भी बोझ बढ़ जाए तो क्या हालत हो जाती है। आइटीओ या मंडी हाउस के

चौराहे पर जिन्होंने ट्रैफिक जाम भुगता है या धीमी गति से सरकती गाड़ियों का एक सिलिसिला झेला है, वे जानते हैं कि दिल्ली अब उनकी आँखों और कानों को क्या परोस रही है। सभी यही कहते हैं कि आने वाले वर्षों में दिल्ली की हालत और खराब होने वाली है तो यही सोचने लगता हूँ कि अब इससे अधिक खराब जो हालत होगी, वह दरअसल क्या होगी। मेट्रो रेल से कुछ फर्क पड़ेगा?

'हरित दिल्ली' का नारा सतही नहीं था और उसका बाकायदा असर भी हुआ था। आज भी दिल्ली उन शहरों में से है, जहाँ नए-पुराने सब तरह के पेड़-पौधे काफी हैं और घरों में, फ्लैटों में, यहाँ तक कि इमारतों की सीढ़ियों में छोटी-बड़ी फुलवारियों और छोटे-बड़े गमलों की भी कमी नहीं है। दिल्लीवासियों के फुलवारी प्रेम पर प्रश्नचिह्न नहीं लगाया जा सकता। शायद यह भी एक कारण है कि पेड़-पौधों-पत्तों पर धूल-धुएँ की इस परत का रोना मैं रो रहा हूँ। फुलवारी पर तो छिड़काव करके उसे हरा बनाए रखा जा सकता है, पर लम्बे-ऊँचे पेड़ों पर जो इतनी धूल जम रही है वह प्राकृतिक वजहों से जितना जमती है उससे कहीं अधिक हमारी करनी से जम रही है। पर अब तो दिखाई यह भी पड़ रहा है कि 'अपना घर साफ रहे, फिर चाहे बाहर कूड़ा पड़ा हो' वाली मनोवृत्ति के कारण समूचे शहर को देश की चिन्ता व्यापती ही कितनी कम है। ओडीशा की तबाही पर दिल्ली की दिवाली थमी नहीं। दिल्ली की नई चमकती-दमकती गाड़ियों की चमक-दमक में कमी नहीं आई, उनकी धुलाई-पुँछाई रोज होती है पर स्वयं दिल्ली पर काली परत बनी हुई है। यह भी अखबारों में पढ़ा था कि गाड़ियों के खिड़की-काँच इतने रंगीन रखने पर पाबंदी है कि उनका भीतरी दृश्य दिखाई न पड़े। पर व्यवहार में तो अब भी यह पा रहा हूँ कि अपारदर्शी काँच कम नहीं हुए हैं। यानी उनके भीतर बैठा व्यक्ति चाहे तो काँच के अपने मनपसंद रंग से दिल्ली को रंगीन देख सकता है और उन सब दृश्यों से भी थोड़ा-बहुत बच सकता है जो आँखों को ठंडक पहुँचाने वाले न हों।

बहरहाल, बीच-बीच में दिल्ली से बाहर निकलना होता है तो साँसों को कुछ राहत मिलती है, अपने में अधिक चुस्ती-फुर्ती भी पाता हूँ और यह बिल्कुल स्वाभाविक है क्योंकि अब तो यह स्थापित तथ्य है कि दिल्ली जैसा प्रदूषित शहर देश में दूसरा नहीं है। सो, बाहर से दिल्ली लौटने पर दिल्ली की दुर्दशा हर बार और अधिक ध्यान में आती है। पर दिल्ली तो अन्य बहुतों की तरह मेरे लिए भी वह 'जहाज' है, जिस पर 'जहाज के पंछी' को फिर उड़कर आना ही पड़ता है। सो, और कोई उपाय नहीं, सिर्फ इस जहाज की दुर्दशा पर कुछ और रो लेने के। दिल्ली की पत्तियाँ भी तो आज ओस-आँसू ही बहा रही हैं!

पृथ्वी का बाबा

जब भी मुंबई जाना होता है, पृथ्वी थियेटर में जाना होता ही है कोई न कोई नाटक देखने के लिए। पृथ्वी का माहौल मुझे यों भी पसन्द है। काफे में चाय पीजिए, अचानक ।मेल गए मित्रों-परिचितों से चाय-कॉफी पीते हुए बतियाइए, बुक-स्टाल में किताबें उलटिए-पलटिए और अगर प्रेक्षागृह में कोई चित्र-प्रदर्शनी लगी हो तो वह भी देखिए। इस बार त्रिवेंद्रम से लौट रहा था तो सोचा मुम्बई में एक रात रुक जाऊँ। मालूम हुआ था कि अगर दिल्ली से त्रिवेंद्रम हवाई मार्ग से आएँ-जाएँ तो मुंबई में कोई पौन घंटे का पड़ाव करना ही पड़ता है। मुंबई में मैं ठहरता अपने अभिनेता-निर्देशक मित्र दिनेश ठाकुर के साथ ही हूँ। पता था कि उस रात वे पृथ्वी में महेश एलकुंचवार का नाटक 'आत्मकथा' प्रस्तुत कर रहे होंगे। शो रात नौ बजे का था। जाहिर था कि मुझे हवाई अड्डे से सीधा पृथ्वी ही पहुँचना होगा, क्योंकि घर पर तो कोई होगा नहीं, स्वयं दिनेश और उनकी अभिनेत्री पत्नी प्रीता माथुर भी सदल-बल पृथ्वी में ही होंगे। पृथ्वी—जी हाँ, मुम्बई में पृथ्वी माने पृथ्वी थियेटर—में पहुँचा तो पौने आठ हो रहे थे। दिनेश के ड्राइवर जलील भाई बाहर ही मिल गए, उन्होंने अगवानी की, सामान आग्रहपूर्वक मेरे हाथ से लिया, मैं ऊपर ग्रीनरूम में चला गया। दिनेश मेकअप कराते बैठे हुए थे। कुर्सी पर बैठे-बैठे ही उन्होंने हाथ हिलाया। मैं भीतर चला गया। एक कुर्सी खींचकर उनकी बगल में बैठ गया। वे बोले, 'आ गए। तुम्हारा इन्तजार ही हो रहा था। मैंने सत्यदेव त्रिपाठी को बता दिया था कि तुम आने वाले हो। वे भी आते ही होंगे।'

मैं 'आत्मकथा' के बारे में सोचने लगा। महेश एलकुंचवार का यह नाटक मुझे विशेष रूप से प्रिय है। एक लेखक की आत्मकथा के प्रसंग से इस निर्मम तथ्य की कई तरह से जाँच की गई है कि आत्मकथा का सच मानो अधूरा सच होने के लिए अभिशप्त है क्योंकि जिस व्यक्ति की वह आत्मकथा है, उसके आत्मीय, परिजन, मित्र, परिचित आदि किसी वर्णित घटना या प्रसंग को जरूरी नहीं कि लेखक की नजर से ही देखें। बहरहाल, दिनेश के साथ थोड़ी देर रहकर मैं नीचे आ गया। 'अंक' के वार्षिक नाट्योत्सव का आज अन्तिम दिन था। नाट्योत्सव के अवसर पर प्रस्तुतियों की तस्वीरों-पोस्टरों आदि की बाहर ही एक प्रदर्शनी लगी थी, उसे देखने लगा। फिर काफे की ओर मुड़ा तो एक ब्लैकबोर्ड पर खड़िया मिट्टी से लिखी हुई यह सूचना मिली

कि 'हमारा बाबा नहीं रहा—12 अक्टूबर को।' उसके लिए शोकसभा का भी एक अगली तिथि में आयोजन था। मैं थोड़ी देर के लिए सन्न रह गया। बाबा कोई बूढ़ा बाबा नहीं था। नौजवान था। बाबा और पृथ्वी अभिन्न थे। चेहरा आँखों के आगे घूम गया : ठिगना कद चपटी नाक, उभरे गाल, जवानी में ही झरते-सफेद होते बाल। उसकी शक्ल में एक पक्षी पन था।

उस जगह पर निगाह गई जहाँ बाबा बैठा करता था—टिकट खिड़की पर, यानी टिकट मेज पर। मेज पर ही टिकट चार्ट बिछाए, सीढ़ियों के पास और उसी मेज पर टिकटों की गड्डी रखे हुए। उसका जाना अप्रत्याशित नहीं था। वह एक असाध्य रोग से पीड़ित था। पर क्या मजाल कि उसके चेहरे पर कोई शिकन कभी दिखाई पड़ी हो। टिकट बेचना, रंगकर्मियों के सन्देश एक-दूसरे तक पहुँचाना, उनका छोटा-मोटा सामान सहेज कर रखा लेना, फिर वे काफे से या नाटक देखकर जब जाने लगें तो याद के साथ उन्हें लौटाना—यही उसका काम और उसका जीवन था। आँधी हो चाहे पानी, कोई पृथ्वी पहुँचे या नहीं, बाबा जरूर पहुँचता था। यह मैं स्वयं देखता-सुनता रहा हूँ। तभी अभिनेता राजेंद्र गुप्त दिखाई पड़े। आज बाबा की ही चर्चा हुई। बोले, 'कम ही लोग तो ऐसे होते हैं जिनकी जगह उनके जाने के बाद सचमुच खाली लगती है।' कितनी सही बात कही थी उन्होंने। बाबा नौजवान था, उसकी अभी उम्र ही क्या थी! पर अपने काम के प्रति, नाटक की दुनिया के प्रति उसका जो समर्पण भाव था वह तो उनके द्वारा कभी भुलाया न जा सकेगा जो उसे भली भाँति जानते थे, या मेरी तरह कभी-कभार मिले भर थे और उसे प्रेम से बाबा कहकर बुलाते थे। मेरी बड़ी बेटी अंकिता कुछ बरस पहले चार-पाँच महीने मुम्बई में रही थी—वीवर्स सर्विस सेण्टर में एक कोर्स करने के लिए। वह भी पृथ्वी जाती थी, उससे भी बाबा की कितनी ही बातें सुनी थीं।

ठीक ही कहते हैं, 'शो मस्ट गो ऑन'। सो, पृथ्वी पहले की तरह ही आबाद है। और कितना अच्छा है कि आबाद है। काफे में ही भेंट हो गई है पंडित सत्यदेव दुबे से। थोड़ी ही देर बाद नाट्य समीक्षक सत्यदेव त्रिपाठी भी आ गए हैं। मिलते ही उनसे भी बाबा की ही चर्चा होती है। शशि कपूर और जेनिफर ने निश्चय ही मुम्बई और देश के नाट्य जगत को 'पृथ्वी' के रूप में एक अच्छी चीज सौंपी है। बिना इस जगह के बाबा भी शायद बाबा न होता। पृथ्वी का परिवेश भी तो उसे बलि देता रहा होगा।

5 नवम्बर, 1999

सागर के वृक्ष

वह सामने है, आँवले का वृक्ष। फल भी लगे हैं। बहुत दिनों बाद उसे इतने करीब से, या इस प्रकार से देख रहा हूँ। बहुत नन्ही पत्तियों वाली उसकी डालियाँ-टहनियाँ विनम्रतापूर्वक धरती की ओर लटकी हुई हैं, एक ऊर्ध्वमुखी शाखा भी है, पर उसकी पत्तियाँ भी नीचे की ओर देख रही हैं। आम के एक पेड़ के पीछे से सुबह का सूरज चमक रहा है। धूप फैल रही है। सागर (मध्य प्रदेश) में आज दूसरी सुबह है। कुलपति निवास के परिसर के अतिथिगृह में हूँ। और अतिथिगृह के साथ लगी हुई बगीची को सराहकर, अभी-अभी अपनी कुर्सी अतिथिगृह के ठीक सामने जमा ली है। बगीची में अमरूद हैं, केला हैं, अशोक के वृक्ष हैं, नीबू हैं, बेर हैं, गेंदे के कई पौधे हैं, और अन्य फूल और वनस्पतियाँ हैं। सड़क की ओर मेरी पीठ है। वह अब चलने लगी है। स्कूटरों-गाड़ियों की आवाज़ें आ रही हैं। पर, अभी मेरा मन इन्हीं फल-फूलों-वृक्षों पर अटका है। बगीची का एक हिस्सा अतिथिगृह के ठीक पीछे है, एक उधर, जिधर सड़क है। सो दोनों हिस्से मुझे अभी दिख नहीं रहे हैं। सामने का आम-आँवला ही दिख रहे हैं, और उनके पीछे बगीची का वह हिस्सा—तीसरा कहें, जहाँ भाँति-भाँति के फूल हैं, और उनके पीछे परिसर की दीवार के पार वह मैदान, जहाँ लड़के खेल रहे हैं, वही आँखों के सामने हैं। चिड़ियाँ जा चुकी हैं। बस कहीं-कहीं से उनमें से किसी की बोली सुन पड़ रही है। सुबह तो कितनी थीं, अलग-अलग सुरों और रंगों वाली। उनको पहचानने का प्रयत्न करता इससे पहले ही वे उड़ जातीं। उनमें से एक नीली थी। बस तोते ही हैं जो अचूक ढंग से पहचाने जाते हैं। फिर अमरूद और तोते का रिश्ता तो गहरा है। थोड़ी देर पहले भी एक सुग्गा दिखाई पड़ा था—अमरूद के एक पेड़ पर।

मेरी पत्नी ज्योति भी कमरे से बाहर आ गई हैं। आँवले के पेड़ की ओर देखकर कहती हैं, 'आँवले का पेड़ इतना बड़ा भी होता होगा, मैंने सोचा नहीं था।' वह सचमुच बड़ा है—अपने आयतन में बड़ा। और ऊँचा भी। उसे पारदर्शी पेड़ भी कह सकते हैं। उसकी पत्तियाँ और टहनियाँ छितरी हुई हैं। शाखाएँ भी। फिर पत्तियाँ इतनी नन्ही होती हैं कि वे धूप-हवा-हृदय किसी को रोक नहीं पातीं। आप उसके आर-पार देख सकते हैं।

आँवला हम सभी को पसन्द है। दिल्ली की हमारी कालोनी में जो सब्जी

वाले आते हैं, वे उसे लाते भी हैं। यानी और लोग भी खरीदते ही होंगे। आँवले का अचार, मुरब्बा, चटनी—सभी कुछ तो बनते हैं। उसके औषधीय गुण भी बहुतेरे हैं। सोच रहा हूँ जिन फल-फूलों को अब हम महानगरों में बरतते हैं, उनके वृक्षों-शाखाओं और जड़-मूलों को देखे हुए न जाने कितना समय बीत जाता है। वे कहीं दिख भी जाएँ तो उन्हें देखने की फुरसत या इच्छा कहाँ होती है। वह तो सागर में हूँ, आज दिन में कोई विशेष कार्यक्रम भी नहीं है, सो बैठा हुआ धूप का आनन्द ले रहा हूँ, और वृक्षों-पौधों को सराहना भरी दृष्टि से देख पा रहा हूँ। विश्वविद्यालय के संस्कृत विभाग की ओर से 'संस्कृत नाटक, नाट्य शास्त्र और विश्व रंगमंच' पर दो दिवसीय गोष्ठी समाप्त हो चुकी है। कवि-मित्र अशोक वाजपेयी के साथ परसों शाम यहाँ के रवीन्द्र भवन में कविता-पाठ भी कर चुका हूँ। सागर उनका गृह-नगर है, और अभी सागर में काव्य-अनुरागी श्रोताओं की कमी नहीं है, सो तीन-साढ़े तीन सौ श्रोता तो थे ही। कविता-पाठ करके बहुत अच्छा लगा है। धूप में उसकी सुखद स्मृति भी मानों एक बार फिर उतर आई है। कवि-आलोचक गोविन्द द्विवेदी आते हुए दिखाई पड़ रहे हैं। उन्हें देखकर प्रसन्न होता हूँ, कहता हूँ : आपका शहर तो वास्तव में फल-फूलों से लदा हुआ है। आज सुबह टहलने गया था तो आसपास के घरों में भी छोटी-बड़ी बगीचियाँ दिखाई पड़ीं। कहीं मौलसिरी, कहीं अमरूद, कहीं पपीता, कहीं बेर, कहीं केला, और कितने तो फूल पौधे!**...**वे मुस्कराकर कहते हैं, चिड़ियाँ भी बहुत हैं। मैं कहता हूँ, 'हाँ, सुबह तो कितनी ही दिखाई पड़ी थीं।' उनसे तय होता है कि शाम को त्रिलोचन जी से मिलने चलेंगे। सोच रहा हूँ, त्रिलोचन जी से भेंट होने पर, यह फल-फूल चर्चा भी करूँगा। इस प्रसंग में भी उनसे बहुत कुछ जानने-सुनने को मिलेगा।**...**विश्वविद्यालय परिसर में तो खूब हरियाली है ही। हर प्राध्यापक-निवास के इर्द-गिर्द भी तो कितने ही वृक्ष-फल-फूल लगे हुए हैं। कल इसकी चर्चा राधावल्लभ त्रिपाठी से की थी तो उन्होंने कहा था हम लोगों को यह वातावरण भी सागर से बाँधे हुए है।**...**जिधर भी नज़र दौड़ायी थी, विश्वविद्यालये परिसर में, हरे के साथ ही फूलों-पत्तियों के कई प्रकार के रंग दृष्टि पटल पर उभर आये थे।

बस, एक चीज़ खल रही है। अन्य शहरों की तरह ही सागर में भी पॉलीथीनिय कचरे के साथ ही, कूड़े के छोटे-बड़े ढेर नजर आते हैं। सिविल लाइन्स भी पहले जैसी साफ-सुथरी नहीं रही।**...**पर, अभी उस पहलू को हावी नहीं होने देना चाहता। सच पूछें तो सौ तरह के वृक्षों-वनस्पतियों को धारे हुए शहर में, अभी वह उतना हावी हो भी नहीं पाता।**...**कल कुलपति श्री शिवकुमार श्रीवास्तव ने बताया था कि विश्वविद्यालय परिसर में कुछ महीनों पहले दो तेंदुए आ गए थे**...**यानी सागर के आसपास के वन्य-इलाके अभी समाप्त नहीं हो गए हैं। और स्वयं परिसर भी अपनी समूची हरियाली के साथ, पहाड़ियों से घिरा हुआ, एक रमणीक स्थान ही

लगता है।

जाड़े की धूप अच्छी लग रही है। ...कारंत जी (ब. व. कारंत) आज सुबह ही वापस चले गए हैं। वे होते तो इस धूप में गप-शप का और भी आनन्द आता। ...कुलपति-निवास का 'बहादुर' फिर चाय लेकर हाज़िर है। उसकी तत्परता, और मीठी बानी प्रसन्न करती है। आँखें फिर आँवले के वृक्ष पर ठहर जाती हैं।...

राहतगढ़

सबसे पहले तो इस नाम ने ही आकर्षित किया—राहतगढ़। ऐसा गढ़ या स्थान जो राहत दे। राहतगढ़ में जल-प्रपात है। मालूम हुआ सागर शहर से वह कोई चालीस किलोमीटर दूर है। 'वहाँ कैसे जा सकते हैं?' मैंने सागर के साहित्य-संगीत-अनुरागी मुन्ना शुक्ला से पूछा। उन्होंने सहज भाव से उत्तर दिया, 'जीप से।' मैंने सोचा किसी स्थान से वह मिलती होगी, हो सकता है सवारियों के साझे वाली भी। पूछा, 'कहाँ से मिलेगी?' उन्होंने उत्तर दिया, 'कब चलना चाहेंगे?' मैंने कहा, 'क्या कल सुबह चल सकते हैं?' वे बोले, 'चल सकते हैं?' मैंने फिर पूछा, 'जीप कहाँ से मिलेगी?' 'यहीं मिलेगी।' उन्होंने फिर बड़ी सरलता से कहा। मुझे हँसी आ गई। हम उन्हीं की जीप में बैठे थे। राधावल्लभ त्रिपाठी के घर से रात्रि-भोजन करके लौट रहे थे। और मुन्ना शुक्ला ही हमें अपनी जीप से अतिथि निवास तक छोड़ने जा रहे थे। इस वार्तालाप की याद मैं मुन्ना को बाद में भी दिलाता रहा। वे मंद-मंद मुस्कराते रहे। बुंदेली अंचल के विट-ह्यूमर में जो सरलता पगी चाशनी चढ़ी होती है, वह आपको अनन्तर भी देर तक गुदगुदाती है। कई वर्ष पहले की बात है। मैं कविता-पाठ के लिए सागर गया था। एक शाम, बल्कि रात को, अशोक (वाजपेयी) के छोटे भाई अनिल वाजपेयी, जो वहाँ विश्वविद्यालय में प्राध्यापक हैं, कुछ अन्य मित्रों के साथ मुझे विश्वविद्यालय परिसर की ऊँचाई से शहर की झाँकी दिखाने ले चले एक खास प्वाइंट से। नीचे शहर की बत्तियाँ झिलमिला रही थीं और झील के जल की लहरियों पर भी रोशनियाँ चमक रही थीं। दृश्य में एक सम्मोहन था। मैं उसे चुपचाप खड़ा हुआ कोई दस मिनट तक देखता रहा। इस बीच कोई कुछ बोला भी नहीं। तभी पीछे से अनिल की आवाज आई, 'प्रयागजी, अब यहाँ से चलिए, यह दृश्य बहुत देर तक ऐसा ही रहने वाला है।' मुझे बरबस हँसी आ गई। पीछे की ओर पलटा। जब भी सागर जाना होता है या अनिल से मिलना होता है, इस प्रसंग की याद आ जाती है। और उसे याद कर मैं मुस्कराने लगता हूँ। इस बार भी इस प्रसंग की याद मैंने अनिल कौ दिलाई। बराबर की तरह वे धीमे से मुस्कराए। **...**बहरहाल, अभी तो राहतगढ़ की ओर बढ़ें।

सुबह ठीक नौ बजे मुन्ना जीप लेकर आ गए। उन्होंने बताया कि कवि-साहित्यिक रमेशदत्त दुबे और दिनेश अत्रि भी साथ चल रहे हैं। उन्हें रास्ते में लेना है। मैंने कहा, 'अच्छा है।' हम तैयार थे ही, जीप में बैठे। जीप मुन्ना का ड्राइवर सुनील चला रहा था।

मैंने पुराना शहर भी देखते चलने की इच्छा प्रकट की तो जीप भीड़ भरे सँकरे रास्तों से गुजरी। पर जल्दी ही खुले में आ गई। शहर पीछे छोड़ते ही जो दृश्य खुला, वह बहुत मनमोहक लगा। चारों ओर हरियाली और शान्ति थी। सड़क पर ट्रैफिक भी ज्यादा न था। फिर दिखे तेंदू के पत्ते, जिनसे बीड़ी बनती है। आगे उनका जंगल और घना होता गया। तेंदू के पेड़ों की छाया भी घनी होती है। राहतगढ़ अभी से राहत देने लगा था। गपशप करते, रास्ते की सुन्दरता निहारते समय कैसे बीत गया, पता ही न चला। हम भोपाल तिराहे के पास पहुँच गए। भोपाल तिराहा इसलिए कि यहीं से भोपाल की ओर रास्ता मुड़ता है। राहतगढ अब केवल दो-तीन किलोमीटर की दूरी पर था। तिराहे पर चाय पी गई, समोसे और पकौड़े खाए गए। कई दुकानें हैं। हमने पाया कि नाश्ते का काफी प्रबन्ध मुन्ना सागर से ही करके चले हैं। स्टील की प्लेटें तक साथ हैं। पानी और फल-बिस्कुट भी हैं। मुन्ना ने बताया यह सब प्रबन्ध उनकी बेटी (शांभवी) ने करके दिया है। हमने मन ही मन उसे धन्यवाद दिया।

जीप राहतगढ़ के गेट पर पहुँची तो वहाँ और कोई गाड़ियाँ—लोग न थे। शान्ति ही शान्ति थी। हरे गेट के पीछे चौकीदार था—टिकटें उसकी जेब में थीं और रजिस्टर हाथ में। हमें यह चलता-फिरता काउंटर अच्छा लगा। मालूम हुआ, कोई प्रवेश शुल्क नहीं है, बस वाहनों के लिए शुल्क देना पड़ता है। जीप का आठ या दस रुपए था। हमने दरवाजे के भीतर प्रवेश किया। दोनों ओर हरियाली थी, कुछ पेड़ वे भी थे, जिनके पत्ते झर चुके थे। वन्य-वृक्षों के सब नाम हमें न मालूम थे। कुछ नाम मुन्ना ने बताए। कई रंग बिखेरने वाली वनस्पतियाँ थीं—सूखी-हरी घास समेत। फिर वह दिखाई पड़ा—राहतगढ़ का जल प्रताप। मालूम हुआ कुछ वर्षों पहले एक विस्फोट करके उसकी दो धाराएँ बना दी गई हैं। प्रपात की धारें अभी मोटी नहीं थीं। वे बारिश में होती हैं। पर उनके गिरने की आवाज़ तो थी ही। केवल प्रपात नहीं था—उसके पीछे एक चट्टानी विस्तार था। और नीचे नदी बह रही थी—बीना। उसके दोनों ओर चट्टानी कगार थे। ऊँचे। एक ओर किला था। चट्टानी कगार पेड़ों-वनस्पतियों को धारे थे। ऊपर निर्मल आकाश था। धूप थी। चिड़ियाँ भी बोल रही थीं। रमेशदत्त दुबे तो इस स्थान पर पहुँचकर मानो साठ की उम्र में भी किशोरावस्था में पहुँच गए। इस चट्टान से उस चट्टान, इस रास्ते से उस रास्ते बढ़ने लगे। हमने निवेदन किया, कृपया ऐसा न करें। बोले, यहाँ बीसियों बार आ चुका हूँ। वे अंततः माने। मेरी पत्नी ज्योति भी चट्टानों के 'मैदान' में दूर तक टहल आई। मैं एक जगह मंत्रमुग्ध-सा बैठा पूरे दृश्य को, नदी के मंद नीले-हरे जल को देखता रहा। मालूम हुआ त्रिलोचनजी जब यहाँ पहली बार आए थे तो आधा घंटा तक बिना कुछ कहे इस स्थान को विस्मय से अपनी आँखों में भरते रहे थे। मैं समझ सकता था, ऐसा क्यों हुआ होगा। राहतगढ़ सचमुच राहत देने वाला है। पर्यटन की दुनिया में भले यह बहुत प्रचारित न हो पर, ऐसी जगहें मैंने कम देखी हैं। 'राहत' (गढ़) की ऐसी कल्पना मैंने न की थी।

कवि त्रिलोचन

शाम के कोई साढ़े छह बजे थे। अँधेरा हो चुका था और बत्तियाँ जल चुकी थीं। पर सागर (मध्यप्रदेश) में त्रिलोचन जी के निवास की बगीची में क्या-क्या है, इसका कोई अनुमान मैं ठीक से लगा न सका—वहाँ अँधेरा ही था। फिर उनसे भेंट की उतावली में मैं वहाँ ठहरा भी नहीं, सीधे सामने वाले कमरे में चला गया। देखा, वे कुर्सी पर बैठे हैं। एक मेज है और मेज को घेरे हुए कुछ कुर्सियाँ और भी हैं। सिर्फ एक पर कवि-आलोचक गोविंद द्विवेदी बैठे हैं। निश्चय ही मेरे चेहरे पर हर्ष दमका होगा—कवि की 'छवि' देखते ही। त्रिलोचन जी ने एक शॉल ओढ़ रखा था—लाल रंग का, बीच-बीच में काली धारियाँ थीं। पहचानने में देर न लगी कि वह नगालैंड का होगा या फिर पूर्वोत्तर के ही किसी प्रदेश का। वही सफेद दाढ़ी और चेहरे पर सरलता-पगी आभा। शॉल उन पर फब रहा था। मैंने झुककर प्रणाम किया—उनके बहुत निकट जाकर। वे सहज आशीर्वादी हँसी हँसे। जब हम कुर्सियों पर बैठ गए तो बोले, 'मैं था आपके कविता-पाठ में कल।' मैंने कहा, 'मुझे तो बाद में मालूम हुआ। पाठ के बाद शायद आप जल्दी चले आए थे। पर आप आए थे यह जानकर बड़ी खुशी हुई थी।' त्रिलोचन जी से मुझे हर बार यह कहने की इच्छा होती है कि मुझे 'आप' न कहें, 'तुम' ही कहें, पर उनके 'अजस्र प्रवाह' में कहीं व्यवधान न पड़े, यही सोचकर यह प्रसंग उठाता नहीं हूँ। सो, वे बोल रहे थे और हम सुन रहे थे।

उनके बोले हुए में से सब कुछ याद नहीं रह जाता क्योंकि बातचीत के वक्त वे स्वयं एक 'यात्रा' पर निकल पड़ते हैं और आपको साथ ले चलते हैं। इस यात्रा के मोड़-घुमाव और 'रेफेरेंस प्वाइंट्स' अनेक होते हैं, कई नाम-धाम आते हैं, कई रोचक प्रसंग। 'विट' और 'ह्यूमर' के कई पल। और कई बीहड़ मार्गों और पगडंडियों से होते हुए वे पीछे छूटे हुए को और तत्काल सामने आ गए को एक अजब ढंग से मिला देते हैं। 'भाषा' पर बातचीत उनके अजस्र प्रवाह का प्रस्थान बिंदु है—और 'शब्द चर्चा' भी उन्हें प्रिय है, सो न जाने कब किस भाषा या बोली का 'नया-पुराना' शब्द आकर अपनी उपस्थिति दर्ज कराता रहता है और लगता यही है कि त्रिलोचन जी उससे व्यवहार कुछ इसी तरह का करते हैं जैसे अचानक कोई परिचित-अपरिचित व्यक्ति मिल गया हो। बोले, 'जानते हैं, जब कई बरस पहले मैंने बनारस में पहली बार किसी के नाम की तख्ती के आगे 'अधिशासी अभियंता' लिखा हुआ देखा था, तो उसका

अर्थ किया था—'वह व्यक्ति जो अपनी पत्नी को डाँटता हो।' इस अर्थ तक पहुँचने की शब्द-व्युत्पत्तियों और युक्तियों का खुलासा करते हुए वे बड़ी उन्मुक्त हँसी हँसे थे। मैं समझ गया था, यह निरा उनका शब्द-विनोद है। पर इससे वे भी आनन्दित हुए थे और हम भी। भाषा-चर्चा में कितनी जीवनी शक्ति होती है, यह त्रिलोचन जी के साथ बैठकर ही जाना जा सकता है। इस बार उन्होंने एक और बड़ी मार्के की बात कही। कहने लगे, 'अगर कोई अपनी भाषा के साथ लगातार प्रेमपूर्वक नहीं रहता, उसे शुद्ध और सही तरीके से नहीं बरतता, शब्दों का उच्चारण अच्छी तरह नहीं करता तो इस बात का पूरा खतरा रहता है कि कोई उसे उस भाषा का व्यक्ति न मानकर यह मान बैठे कि यह भाषा उसने 'सीखी' है, उसकी है नहीं।' फिर बोले, 'कई बरस पहले की बात है, मैं बनारस आ चुका था, उसके बाद की...। एक बुजुर्गवार मेरे मुँह से अवधी सुनकर बोले, हमारी भाषा तुमने कहाँ सीखी। उन्हें उच्चारण में फर्क लगा होगा।' इस प्रसंग पर हम सब हँसे। मैं सोचने लगा, अगर यह घटना त्रिलोचन जी की कल्पनाशक्ति की उपज है तो भी कितनी यथार्थ और अर्थपूर्ण है। उनके यहाँ काल्पनिक और यथार्थ का भेद वैसे भी मिट जाता है। चीजें मानो कोई 'मिथकीय' स्वरूप ग्रहण कर लेती हैं।

'वाक्य पूरा लिखने का' जो आग्रह त्रिलोचन जी का रहा है, उसकी चर्चा चली तो कहने लगे, 'नहीं, अगर वाक्य को नाटकीय भंगी के लिए तोड़ा जाए या अधूरा छोड़ा जाए, तो कोई हर्ज नहीं। 'अज्ञेय' ने यह काम अपनी कविता में कितनी अच्छी तरह किया है।'

चाय आई। इस बीच त्रिलोचन जी के बड़े बेटे और बहू भी आकर कुर्सियों पर बैठ गए थे। वे शिलांग में रहते हैं। पर कुछ दिनों के लिए सागर आए हुए थे। मैं यह सोचकर भी प्रसन्न हो रहा था कि नए वर्ष की शुरुआत होते ही त्रिलोचन जी से भेंट हुई। फिर दीवार पर ऊपर के हिस्से में खड़िया-रंगों से बने उस चित्र की ओर देखने लगा, जिसमें 'तीसरा नेत्र', सर्प और पहाड़-पुंज आदि अंकित थे। इस पर आते ही नजर पड़ी थी। गोविंद द्विवेदी ने बताया कि यह त्रिलोचन जी के भृत्य का बनाया हुआ है। त्रिलोचन जी बोले, 'ये और यह चित्र के नीचे जो 'हस्ताक्षर' हैं मेरे नाम के, यह भी उसी के हैं...' मैं हँसा। वे भी हँसे। त्रिलोचन जी जिस प्रकार अपना नाम लिखते हैं, कुछ उसी तरह उसकी नकल की गई थी।

त्रिलोचन जी से पिछली भेंट यहीं सागर में अप्रैल 97 में हुई थी। तीन वर्ष बाद उन्हें देख रहा था। अस्सी पार कर चुके कवि में युवकोचित ऊर्जा देखकर अपार खुशी हो रही थी। मालूम हुआ, वे अब भी किताबें-पत्रिकाएँ खरीदते-पढ़ते हैं। उनके लिए साथ में 'रंग प्रसंग' के नए अंक की प्रति ले गया था। 'जनसत्ता' वे नियमित रूप से पढ़ते हैं। कई टिप्पणियों की चर्चा उन्होंने की। मैं धन्य हुआ।

19 फ़रवरी, 2000

अम्बाह की राह पर

यह मुरेना से भिंड की ओर जाने वाली सड़क है। वही भिंड-मुरेना जिसका नाम सुनते ही लोगों की आँखों के आगे दस्युदलों की तस्वीर घूम जाती है। पर, फिलहाल जो सामने है, वह तो कुछ और ही है। सड़क के दोनों ओर सरसों फूली है, दूर-दूर तक; और सरसों के खेतों के आसपास ही लहरा रहे हैं, सरपत के पौधे, जिनमें बादामी-कत्थई-रजत रंग के उसी आकार-प्रकार के फूल हैं, जैसे कि काँस के होते हैं। पहले तो मैं भी इन्हें काँस ही समझ बैठा था। और वैसा मान लेने के साथ ही 'पथेर पांचाली' का वह दृश्य भी याद आ गया था, जिसमें काँस के पौधों के पीछे से अपू और दुर्गा रेलगाड़ी को पहली बार अवाक होकर देखते हैं। और एक रोमांचित कर देने वाला जगत-विस्मय मानों काँस के लहराते पौधों के ऊपर भी फैल जाता है। जो भी हो, न सही काँस, सरपत ही सही। मुझ दिल्लीवासी के लिए यह दृश्य भी आज की तारीख में कम विस्मित करने वाला नहीं है। कहाँ, दिल्ली का धूल-धुआँ और कहाँ मुरेना-भिंड की इस सड़क के ऊपर तना अत्यंत नीला आसमान, और नीचे धरती पर फैली हुई सरसों-फूलों और सरपत-फूलों की लड़ियाँ। हवा भी साफ-स्वच्छ है। सो, जब भागती.हुई जीप में, ड्राइवर के साथ अगली सीट पर बैठे हुए सज्जन मेरी भ्रांति दूर करते हुए कहते हैं, नहीं, नहीं यह काँस नहीं है, सरपत है, इससे छप्पर भी छाये जाते हैं, चटाइयाँ आदि भी बनती हैं। और रस्सियाँ भी। तो मैं कृतज्ञ होकर सरपत के गुण सुन लेता हूँ, जिनसे मैं अनजान तो नहीं था, पर, ये सरपत साक्षात न दिखते तो आम तौर पर दिल्ली में मुझे ये गुण कहाँ याद आते। आकस्मिक नहीं कि दिल्ली लौटने पर काँस, सरपत, कुश, सरकंडा आदि के भेदाभेद पर पर्याप्त चर्चा हुई थीं, मित्रों से। और रामचरितमानस की ये पंक्तियां भी याद की गयी थीं—'फूले काँस सकल महि छाई/ जनु वर्षा ऋतु प्रकट बुढ़ाई।' तुलसी ने इस देश की प्रकृति, और ऋतुओं-वनस्पतियों-जीव-जंतुओं-पंछियों में से कुछ भी छोड़ा कहाँ है। दिल्ली लौटने पर याद इसकी भी हुई थी कि हमारे बचपन में सरपत/सरकंडे की कलम को दवात में डुबाकर ही लिखा जाता था। बहरहाल, सरपत-सरसों चर्चा में डूबकर आपको यह बताना ही भूल गया हूँ कि भिंड-मुरेना की इस सड़क पर आखिर मैं क्यों हूँ और जा कहाँ रहा हूँ। सो, जा रहा हूँ मैं अम्बाह नाम के छोटे से शहर में जिसकी आबादी तीस हज़ार है, और जो मुहेना स्टेशन से लगभग तीस किलोमीटर की दूरी पर है। इस

छोटे-से शहर में इस अंचल का एक ख्यात नाम शांतिप्रिय पोस्ट ग्रेजुएट कालेज है, जो जीवाजी विश्वविद्यालय, ग्वालियर से सम्बद्ध है और जिसमें अम्बाह शहर के और आस-पास के गाँवों के युवक-युवतियाँ पढ़ने के लिए आते हैं। इसी के हिन्दी विभाग की एक त्रिदिवसीय संगोष्ठी में भाग लेने में आमंत्रित हूँ। साथ में हैं हिन्दी विभाग के प्राध्यापक लक्ष्मण सहाय, जिन्होंने अन्य कई पुस्तकों के साथ निराला पर 'मरुथल का यात्री' शीर्षक से एक पुस्तक लिखी है, और जिसे ग्वालियर के एक प्रकाशक ने छापा है। श्री सहाय, हमें लेने के लिए कृपापूर्वक स्वयं मुरेना आ गए थे। मैं उनसे कहता हूँ, यह अंचल मुझे इतना भाया है कि यहाँ तो यों भी ठहरने का मन हो सकता है, पर, मेरी मजबूरी कुछ ऐसी है कि आज शाम को ही ताज (एक्सप्रेस) से लौट जाना है। चर्चा यह भी चल पड़ी है कि भिंड-मुरेना केवल दस्युओं की ही भूमि नहीं रही है, संतों और क्रांतिकारियों की भी रही है, रामप्रसाद 'बिस्मिल' का गाँव भी यहाँ से कोई ज़्यादा दूर नहीं है, जहाँ से हम गुजर रहे हैं। 'बिस्मिल' का नाम आते ही जीप में कोई 'सरफरोशी की तमन्ना अब हमारे दिल में है', गुनगुनाने भी लगा है।**...**

दिन कब समाप्त हुआ, पता भी नहीं चला, और शाम से पहले ही कोई चार बजे वापस लौटने की बारी भी आ गई है, उसी जीप से! लौटते हुए भी दृश्य उतना ही मनमोहक है। सरसों-चर्चा से यह जानकारी भी मिलती है कि इस कमाऊ फसल के कारण इलाके के कई किसान-परिवार काफ़ी सम्पन्न ही कहे जाएँगे।**...**'ताज', मुरेना से शाम सवा पाँच के करीब आगरा-दिल्ली के लिए चलती है, आती पीछे ग्वालियर से है। अभी इतना समय है कि हम रास्ते में किसी चाय की दुकान में चाय पी लें। जहाँ रुकते हैं, उस जगह का नाम दिमनी है; चाय की दुकान के ठीक पीछे दिमनी का पुलिस थाना है—काफ़ी बड़ा परिसर है, थाने की सफेद रंग की बड़ी सुन्दर इमारत है, एक मंजिली! बाहर सफेद पट पर नीले रंग से पुलिस थाना—दिमनी लिखा हुआ है। भिंड-मुरेना सड़क पर मुझे इतने शान्त-आकर्षक-संभ्रांत थाने की कल्पना न थी! मालूम हुआ इस राह पर राहजनी भी नहीं होती है। यही शान्ति, यही सुन्दरता, फसलों की यही समृद्धि वहाँ विराजती रहे जैसी मुझे देखने-सुनने को मिली!

नाच री कठपुतली गोरी

पुतली मंच पर थिरक रही थी। उस पर से आँख हटती नहीं थी। वह जिधर मुड़ती, उछलती, देखती, हटती, बढ़ती, लचकती, मटकती, थिर होती—आँखें भी उसी ओर हो जाती थीं। उसके हाव-भाव मन में पुलक भरते थे, कौतूहल और विस्मय! हम मानो थोड़ी देर के लिए एक और ही लोक में पहुँच गए थे। उस छोटे-से सभागार में और भी लोग थे। और इसका अहसास लगातार हो रहा था कि वे भी हमारी ही तरह चकित और विस्मित हैं। पुतली 'गा' भी रही थी। नाक और गले के मिले-जुले स्वर में। उसके लिए यही स्वर तो तजवीज किया गया है। वह रिकार्डेड आवाज भले ही किसी और की रही हो, पर इस वक्त तो पुतली की ही थी। और उसके हाथ-पैरों को भी भले ही कोई और नचा रहा हो, पर इस वक्त तो पुतली ही थी जो नाच रही थी। जब तक वह नाचे, वही नाचती-गाती दिखाई पड़े, यही तो पुतली कला का जादू है। यह भी कम अचरज की बात नहीं कि कार्यक्रम समाप्त होने के बाद जब उदयपुर के भारतीय लोक कला मंडल के कीर्तिकुमार ने हमें पुतली स्वयं नचाकर दिखाई, और उसे नचाने की विधि बताई, तब भी हमारी आँखें पुतली पर ही अधिक टिकी रहीं—उन 'अदृश्य' बारीक से तारों पर कम, जो उनके हाथों में थे—यानी उनकी उँगलियों में फँसे थे। और फिर वही मुस्कान हमारे चेहरों पर थी, वही पुलक जो पुतली (पुतलियाँ) ही ला सकती हैं। और आँख की पुतलियों को थिरका सकती हैं। अनन्तर जब कीर्तिकुमार ने विजिटर्स बुक में कुछ लिख देने का आग्रह किया तो मैंने उस पर यही लिखा कि : सामर जी (देवीलाल सामर) की रचनाशीलता के साक्ष्य देखने की इच्छा आज पूरी हुई। ...उनकी स्मृति को प्रणाम।...निश्चय ही वे विलक्षण व्यक्तियों में थे, उनके नाम और काम की अनुगूँजें साठ और सत्तर के दशक में खूब सुन पड़ती थीं। और यह भी याद है कि पुतली-कला को जो जादुई स्पर्श उन्होंने दिया, उसके चर्चे भी जहाँ-तहाँ सुनने को मिल जाते थे। पर, मैं लोककला मंडल के परिसर में पहुँचकर और वहाँ लगी उनकी मूर्ति को देखकर यह सोचे बिना भी नहीं रह सका कि उनको जितना याद किया जाना चाहिए, उतना याद हम नहीं करते रहे हैं।...

सामर जी ने भारतीय लोककला मंडल की स्थापना उन्नीस सौ बावन में की थी। उनका जन्म उदयपुर में ही तीस जुलाई उन्नीस सौ ग्यारह को हुआ था, और उनका देहान्त हुआ उन्नीस सौ बयासी में। यह संस्थान उनके जीवन-काल में और उसके बाद

भी, फलता-फूलता रहा है। यहीं से 'रंगायन' नाम की पत्रिका भी प्रकाशित होती है, जिसके युवा सम्पादक पीयूष दईया संयोगवश उस वक्त हमारे साथ थे, जब हम यह संस्थान देख रहे थे। इसे देखने के दौरान आपस में यह चर्चा भी चलती रही कि सम्भवतः देश में यही ऐसा कठपुतली-केन्द्र है जहाँ नियमित रूप से पुतली-कला के प्रदर्शन होते हैं—जिस तरह लोग टिकट खरीद कर किसी सिनेमा घर में फिल्में देखने पहुँचते हैं—नून, मैटिनी या नाइट शो देखने, उसी तरह यहाँ टिकट खरीद कर, घंटे-आध घंटे वाले पुतली-शो देखने आ सकते हैं। फर्क इतना ही है कि पुतली-प्रस्तुतियाँ कमोबेश वही होती हैं, जिन्हें यदि आपने आज देख लिया है, तो कल भी प्रायः वही देखने को मिलेंगी। पर, इतना मैं अनुमानपूर्वक जरूर कह सकता हूँ कि दुबारा या तिबारा देखने पर भी, वे निश्चय ही ताजा लगती होंगी, बासी नहीं...

संस्थान की अपनी एक दुकान भी है, जिसमें हस्तशिल्प की चीजें बेची जाती हैं और लोककला मंडल के प्रकाशन भी यहाँ सुलभ हैं। सामर जी ने कठपुतली कला पर हिन्दी में काफी कुछ लिखा भी है, इसका भान मुझे था पर, जब उनके प्रकाशनों पर नजर गई तो मेरे अचरज का ठिकाना न रहा। 'कठपुतली कला और शिक्षा', 'कठपुतली : परम्परा और प्रयोग', 'कठपुतलियाँ और मानसिक रोगोपचार' तथा 'बच्चों के लिए पुतलियाँ' शीर्षक से उनकी चार किताबें हैं।... 'लोकधर्मी प्रदर्शनकारी कलाएँ', 'भारतीय लोकनाट्य : वस्तु और शिल्प', 'भारतीय लोकनृत्य' जैसे विषयों पर पुस्तकों की एक कड़ी और भी है। लगभग सौ पृष्ठों वाली ये पुस्तकें सत्तर के दशक में प्रकाशित हुई थीं—दस-पन्द्रह रुपए की कीमतों के साथ। अब इनका परिवर्द्धित मूल्य मात्र बीस रुपए है। और इनमें से ज्यादातर का पहला ही संस्करण आज भी उपलब्ध है। मैंने कुछ खरीदीं और दिल्ली लौटकर जब पढ़नी शुरू कीं तो सामर जी के सहज-बोधी, सरल-सरस, अनूठे गद्य से भी प्रभावित हुए बिना न रहा। हिन्दी में कई तरह के काम हुए हैं, और उन्हें अपने कामकाज के प्रति पूरी तरह समर्पित व्यक्तियों ने किया है, पर वे बहुतेरे कारणों से हमारी आँख से अब ओझल रहते हैं...मैं ही अगर संयोगवश उदयपुर न पहुँचा होता तो इन पुस्तकों से वंचित ही रहा आता।...

लोककला मंडल के सभागार में जो पुतली (पुतलियाँ) आज भी थिरक रही हैं, उनकी रचना के पीछे भी सामर जी का ही हाथ रहा है, और उस संग्रहालय का भी, जिसमें देश-विदेश की कठपुतलियाँ प्रदर्शित हैं, और प्रदर्शित हैं, लोकनाट्य रूपों के कई नमूने आदि।...तो, थिरकती रहे पुतली!

हिम्मत की हिम्मत

गैलरी के भीतर प्रवेश करते ही लगा, मानो वह एक बाग हो : मूर्तिशिल्पों का बाग। लकड़ी की पीठिकाओं पर रखे थे 'चेहरे' और तरह-तरह के रूपाकार। कतारों में। किसी तरतीब से। मूर्तिशिल्प सब माटी में थे जिन्हें आँवे में पका लिया गया था। वे सचमुच तपे हुए थे। पकी हुई माटी के रंग दमक रहे थे। कुछ पर मढ़ा हुआ था सुनहरा वर्क। यह बाग कलाकार हिम्मत शाह (जन्म 1933) के मूर्तिशिल्पों का था, जो पिछले तीस-चालीस वर्षों से माटी से ही 'खेल' रहे हैं। पहले वे स्वयं कच्ची मिट्टी को बहुत दिनों तक बारिश में भीगने देते हैं—बारी-बारी से। वे करते यह हैं कि मिट्टी के कई लोंदे बनाते हैं—गोल, गेंदों जैसे, फिर लोंदों को कई बारिशों का पानी अपने भीतर जज्ब करने देते हैं। इस प्रक्रिया में वे मिट्टी को 'फेंटते' भी रहते हैं, ठीक लस्सी की तरह। अगर इस माटी में कोई कंकड़-पत्थर आ मिला हो तो उसे 'छानकर' अलग कर देते हैं। यह प्रक्रिया वर्षों तक ज़ारी रह सकती है। जब माटी तैयार हो जाती है तो बारी आती है आकारों की। हिम्मत के निमित्त से उभरने लगते हैं 'चेहरे'—विरूप, अपरूप, पतली या मोटी गरदन वाले, खल्वाट, विस्मय और करुणा से भरी हुई आँखों के। अपनी देह-सतह पर बहुत कुछ धारे हुए—मसलन किसी कपड़े या चमड़े की सिलाई जैसी रेखाएँ, बिन्दु धारियाँ, सूराख आदि धारे हुए। ये कभी ध्यानस्थ लगते हैं, कभी बेचैन, कभी प्रशान्त, कभी एक जगह स्थिर रहते हुए भी हल्के से गरदन मोड़कर किसी और दिशा में देखने का 'उपक्रम' करते हुए। ज़ाहिर है कि ये सारे बोध, भ्रम, छलावे, हमारे अपने ही 'देखने' की उपज होते हैं, पर, इसमें सन्देह नहीं कि इन मूर्तिशिल्पों की रचना में ही ऐसा बहुत कुछ शामिल होता गया है, जो हमें इन्हें कई तरह से देखने को उत्सुक करता है, उकसाता है। कई मूर्तिशिल्पों को हिम्मत ने रंग भी दिया है।

क्या ये चेहरे किन्हीं विशेष सन्दर्भों के प्रतिनिधि या प्रतीक हैं? जी नहीं। वे अपने आप में अपनी और समय की, वास्तविकता हैं। हिम्मत ने तो हँसकर कहा, एकदम 'भूत' जैसे लगते हैं न? पर, ये 'भूत' नहीं हैं। भूत, वर्तमान, भविष्य की बहुत सारी पीड़ाएँ, आहटें, अनुगूँजें ज़रूर साथ लिए हुए हैं। और ऐसा 'स्पेस' रचते हैं, ऐसी तरंगें, कि सचमुच 'जाकी रही भावना जैसी, प्रभु मूरत देखी तिन तैसी' वाली बात इनके साथ चरितार्थ होने लगती है। पर, ज़रा ठहरें। एक बात तो निश्चित है कि

सबसे पहले तो हमें इनका सौन्दर्य ही अपनी ओर खींचता है। रूपाकारों की यह खोज हमें विस्मित करती है। चकित! चमत्कृत। और किसी मूर्तिशिल्प का 'वास्तुशिल्पीय' रूप किसी किले के हिस्से जैसा लग सकता है, और किसी का स्तम्भ जैसा। किसी का कुएँ, और किसी का मन्दिर जैसा। फिर जब हम इनमें झाँकते हैं तो दिखती हैं, वे अनन्त गहराइयाँ, झाइयाँ, रंगतें जो स्वयं जीवन और काल की हैं। हिम्मत हमें रोज़मर्रा जीवन के महत्त्व को 'छोटा' करके, परे करके, अपने इस बाग में नहीं लाए, उल्टे सच यह है कि वे रोज़मर्रा जीवन की बहुविध छवियों की 'गरिमा' एक नए सिरे से स्थापित करते हैं, तभी तो चेहरों के अलावा, शीशियों, कुप्पियों, टायरों आदि-आदि के माटी में 'कास्ट' किए हुए कई रूप भी यहाँ हैं। कुछ ऐसे भी मूर्तिशिल्प हैं जो काँस्य में ढाले गए हैं। हमारे मन में न जाने किन-किन स्मृतियों को कुरेदते, जगाते हुए। और परिचित 'छवियों' में से ही अपरिचित छवियों की ओर ले जाते हुए। तिरस्कृत, उपेक्षित, 'बेकार', खण्डित वस्तुओं में भी झाँककर, वे हमारे लिए जो कुछ लाते हैं, वे ही तो इस बाग के फल हैं।

हिम्मत की यह प्रदर्शनी पिछले दिनों त्रिवेणी कला संगम, दिल्ली की श्रीधरणी गैलरी में लगी थी—आर्ट हेरिटेज गैलरी की ओर से, जिसे इब्राहिम अलकाज़ी और उनकी पत्नी रोशन अलकाज़ी चलाते हैं। अलकाज़ी साहब कलाकृतियों के प्रदर्शन-पक्ष पर स्वयं ध्यान देते हैं। हिम्मत के काम के प्रशंसक हैं। बड़े मनोयोग से उन्होंने हर मूर्तिशिल्प पर पड़ने वाली रोशनी के बारे में भी सोचा-विचारा था, और फिर उसके लिए प्रकाश-परिकल्पना की थी। हिम्मत शाह की कृतियों का नाटकीय तत्त्व इससे और उभर आया था।

प्रदर्शनी में मैं चार बार गया। हर बार कोई एक नयी चीज़ दिखती थी। एक दिन एक मूर्तिशिल्प में एक 'सूराख' दिखाई दिया : पिछले हिस्से में। मैं उसमें से झाँकने लगा। झाँकते ही दिखाई पड़ा कि उसके ठीक बराबर में अगले हिस्से में भी सूराख है : 'की होल' के आकार का। एक आँख दबाकर, दो सूराखों में से झाँकते हुए, सामने रखे हुए मूर्तिशिल्पों के कुछ आकार-खंड दिखाई पड़े : एक नई ही रोशनी, और नए ही अनुभव में। कला-बाज़ार से विमुख अपनी मनचाही सामग्री में, मनचाहे ढंग से हिम्मत ने जो आकारों का 'ब्रह्मांड' रचा है, उसके बीच जाकर, जल्दी से वापस आने का मन न होता था। हर आकार अलग एक विचार है, जो कि वह है, तो यहाँ विचारों की कमी भी न थी।

सुमित्रानंदन पंत

बीस मई, पंत जी—यानी कवि सुमित्रानंदन पंत—की जन्मतिथि है; यह बात मुझे हर वर्ष ध्यान में नहीं रहती। साहित्य-समाज में भी उन्हें पिछले कोई तीन दशकों में कम ही याद किया जाता रहा है, और यों भी अब हिन्दी के लेखकों-कवियों को उनके जन्म-दिन पर याद करने का चलन नहीं रहा—पत्र-पत्रिकाओं को भी इन जन्म-तिथियों की सुधि अब जरा कम ही आती है। यह वर्ष सुमित्रानंदन पंत की जन्मशती का वर्ष है, और नियचय ही अब वर्ष भर उन्हें लेकर कुछ आयोजन और प्रकाशन होते रहेंगे। अच्छी बात है। इसी बहाने हम उन्हें कुछ और अधिक याद तो करेंगे। पर, किसी बहुत अच्छे संयोग से मैं पंत जी को पिछले कोई दो-तीन वर्षों में फिर से पढ़ता रहा हूँ। उनकी जन्मशती भी आ गई है, यह तो मैंने भी कुछ ही दिन पहले कुछ चौंककर पहचाना। प्रयाग संग्रहालय की ओर से, इलाहाबाद के साहित्यकार-प्राध्यापक डॉ. सत्यप्रकाश मिश्र कोई महीना भर पहले दिल्ली में आए थे, यह बताने कि बीस मई को संग्रहालय पंत जी के जन्मदिवस पर एक आयोजन कर रहा है कि इस बार, इस तिथि को, उनके जन्मशती वर्ष का प्रारम्भ ही हो रहा है, और इस दृष्टि से इस आयोजन का और अधिक महत्त्व है। उन्होंने आग्रह किया कि इस अवसर पर मैं पंत जी के योगदान पर एक परचा पढ़ूँ। मैं पंत जी पर बहुत दिनों से लिखना चाहता था—उनसे कुछ उऋण होने के लिए।

गर्मी की छुट्टियों में जब हम कलकत्ता से अपने गाँव हुसेनगंज जाते थे (जो उत्तर प्रदेश के फतेहपुर जिले में है) तो मेरा न जाने कितना समय पंत जी को पढ़ते-गुनगुनाते-याद करते हुए भी बीतता था। खास तौर पर चौवन-पचपन की गर्मियों में—तब मैं चौदह-पन्द्रह वर्ष का था। 'छाया', 'मौन-निमन्त्रण' आदि कविताओं के साथ जो कविता मुझे विशेष रूप से प्रिय थी वह है, 'संध्या तारा'। 'नीरव संध्या में प्रशांत/डूबा है सारा ग्राम प्रांत...पत्रों के आनत अधरों पर सो गया निखिल वन का मर्मर, ज्यों वीणा के तारों में स्वर' और फिर वह कविता 'बाँधों का झुरमुट...चिड़ियाँ टीवी टुट टुट', इसी तरह 'ग्राम्या' की कई कविताएँ—ऐसा लगता था, जिस परिवेश में मैं हूँ, प्रकृति को जिस रूप में मैं देख और अनुभव कर रहा हूँ, उसी रूप में ये कविताएँ मुझे मेरा ही हाल बता रही हैं और साथ ही किसी एक और 'लोक' में ले जा रही हैं दृष्टि विस्तार कर रही हैं। और ऐसी मधुरिमा...कोमल स्वरों और ध्वनियों

का ऐसा मधुर अक्षर-संप्रजन, इससे पहले जाना कहाँ था—फिर कुछ ही वर्षों बाद जब रेणु के 'मैला आँचल, की प्रति हाथ में आई थी—उसकी बेहद चर्चा पहले ही जहाँ-तहाँ से कानों में पहुँच चुकी थी—तो यह देखकर रोमांच-सा हुआ था कि उसके शुरुआती पृष्ठों में पंत जी की ये पंक्तियाँ भी थीं जो बाद के संस्करणों में जाने किन कारणों से हटा दी गईं : खेतों में फैला है श्यामल धूल भरा मैला-सा आँचल...

और यह बात मन में सहसा-सी कौंधी थी कि उपन्यास का नाम इन्हीं पक्तियों में से निकला है...

पर, बाद के वर्षों में तो मेरा यह विश्वास और दृढ़ होता चला गया कि रेणु ने पंत जी की काव्य-पंक्तियों से 'मैला आँचल' नाम तो लिया ही था, पर जिस 'भारतमाता ग्रामवासिनी' का सुख-दुख रेणु भी लिख रहे थे, उस सुख-दुख को व्यक्त करने के लिए, उन्होंने पंत जी से वह मधुरता, कोमलता भी ली ही थी, जिसके लिए दोनों ही जाने और सराहे जाते हैं...और फिर 'चिड़ियाँ टीवी टुट टुट' और 'धोबियों का नृत्य' जैसी कविता की ये पंक्तियाँ... 'उड़ रहा ढोल धाधिन, धातिन, ओ हुडुक घुडुकता ढिम-ढिम-ढिन। मंजीर खनकते खिन-खिन-खिन। मदमस्त रजक होली, का दिन,/ लो, छन छन, छन छन,/ छन छन, छन छन,/ थिरक गुजरिया हरती मन...

क्या रेणु को पंत जी की ऐसी बहुतेरी पंक्तियों ने भी झंकृत नहीं किया होगा?

सो बीस मई को प्रयाग संग्रहालय वाली गोष्ठी में अपने परचे में मैंने कहा कि आम तौर पर कवियों की काव्य-भाषा तो परवर्ती पीढ़ियों को प्रभावित करती ही है, पर, कम ही कवि ऐसे होते हैं जो गद्यकारों को भी प्रभावित करते हैं। पंत जी उन्हीं कम कवियों में हैं...पंत जी से रेणु के लेन-देन को और क्या कहेंगे! मुझे खुशी हुई कि मेरे इस वक्तव्य पर उपस्थित श्रोताओं का ध्यान खास तौर पर गया।

पंत जी के प्रति आकर्षण-विकर्षण, स्मरण-विस्मरण के बहुतेरे दौर आए हैं, यह बात प्रायः सभी वक्ताओं ने कही, और माना कि उनकी कविता की बहुत बड़ी रेंज को नए सिरे से पहचाने जाने की जरूरत है। हिन्दी को—उसके गद्य-पद्य को—उनका योगदान भुला देने की चीज तो बिल्कुल ही नहीं है...जैसा कि रमेशचन्द्र शाह ने कहा, वह 'स्वप्नदर्शी कवि थे, और केवल अपने युग के कवि नहीं थे...भविष्य में भी झाँक सकते थे...' वह 'भविष्य' अब उपस्थित है। मेरा मानना है कि उन्हें निश्चय ही एक 'नई दृष्टि' से फिर से जाना-परखा जाएगा। पिछले वर्षों में स्वयं मैंने उनकी रेंज को कई स्तरों पर नए सिरे से पहचाना है।

यह देखकर अच्छा लगा था कि बीस मई को इलाहाबाद शहर में उन्हें लेकर तीन आयोजन थे—प्रयाग संग्रहालय में, हिन्दुस्तानी एकेडेमी में, और 'पंत निकुंज' में, जहाँ कथाकार अमरकांत ने उनकी प्रतिमा का अनावरण भी किया...

देखें, जन्मशती वर्ष में उनके कृतित्व पर से भी कहाँ-कहाँ से परदा उठता है...।

26 मई, 1999

ध्वनियों का संसार

पार्क की जिस बेंच पर बैठा हूँ, उसके नीचे चींटियों की कई कतारें चल रही हैं। कुछ कतारें घास की ओर से आ रही हैं और कुछ घास में जाकर छिपी जा रही है। यह वर्षा-ऋतु की घास है, सो खूब हरी-ताजी है और कुछ ऊँची भी तो हैं! चींटियों को देखकर मैं चौंकन्ना हो उठा हूँ। मेरे पैरों के बिल्कुल करीब ही तो हैं ये कतारें। सोच रहा हूँ कि चींटी उन बिरले जीवों में से है जो बिना किसी आहट के, बिना किसी 'शब्द' के, अपना कामकाज करती रहती है। और जब तक वह आपको काट ही न ले या दिख ही न जाए, तब तक आपको उसकी उपस्थिति का भान ही नहीं होता। विडम्बना देखिए कि बिना 'शब्द' वाली चींटी के प्रसंग से कान उन ध्वनियों की ओर 'सजग' होकर चले गए हैं, जिन्हें सुनते-सुनते वे पक गए हैं या जिन्हें सुनने की ऐसी आदत पड़ गई है कि उनकी ओर अलग से ध्यान देने की बात ही मन में नहीं उठती। मसलन, पार्क के पेड़ों की कतार के पीछे जो सड़क चल रही है, उससे आती हॉर्न-ध्वनियों और बसों-गाड़ियों की 'सन्नाहट' को मैं पहले इस तरह कहाँ सुन रहा था! और मोरों की बोली—उसका 'आनन्द' भी कहाँ उठा रहा था! और यह गिलहरी, जो गिलहरी के घास पर दौड़ने वाला 'शब्द' करती हुई चली गई है, उसकी ओर पहले क्या मेरा ध्यान इसी तरह जाता जैसे कि अब चला गया है! यह याद भी साधारणतः कहाँ आती कि बांग्ला में आज भी रोज़मर्रा जीवन के वाणी-व्यवहार में ध्वनि के लिए जो शब्द प्रचलित है, वह 'शब्द' ही है। और क्या मैं शाम की आखिरी चिड़ियों की बोली को इस तरह सुनने-बूझने का उपक्रम करने लगता जैसे कि अब कर रहा हूँ। वे कई हैं और कई प्रकार की हैं, कुछ ओझल हैं, कुछ प्रत्यक्ष! पर हैं बहुतेरी। यह उनकी बोली—नहीं बोलियाँ—बता रही हैं। सुनो! सुनो!!...'रेणु' याद आ गए हैं और ध्वनि प्रसंग में भला वे याद नहीं आएँगे, तो और कौन याद आएगा। 'परती परिकथा' के शुरू के पन्ने खास तौर पर मानो आँखों के आगे तैर आए हैं...सुनो! सुनो!!... 'धूसर, वीरान, अंतहीन प्रांतर।...सफेद बालूचरों में चरने वाली हंसा-चकेवा की जोड़ी रात्रि की निस्तब्धता को भंग कर किलक उठती है कभी-कभी... केंकू-केंकू-कें-एं-एं-गां-आं-केंकू...' शब्द ही शब्द' हैं, ध्वनियाँ ही ध्वनियाँ! एक से बढ़कर एक मीठी, कुछ कर्णकटु भी, पर ध्वनियाँ ही! हमारे देखने-सुनने का 'विस्तार' करती हुई।

और 'असाध्य वीणा' अज्ञेय की 'असाध्यवीणा' कविता में तो क्रमबद्ध-लयबद्ध ढंग से ध्वनियों का पूरा एक संसार ही पिरोया हुआ है। उन सबको गिनाने का तो यहाँ अवकाश नहीं है; पर कुछ को तो सुनिए : 'बदली-कौंध-पत्तियों पर वर्षा-बूँदों की पट-पट/ घनी रात में महुए का चुपचाप टपकना/चौंके खग-शावक की चिहुंक/... पर्वती गाँव के उत्सव ढोलक की थाप/...भरे शरद के ताल, लहरियों की सर सर-ध्वनि/ कूँचों का क्रेंकार/काँद लम्बी टिट्टिभ की...बँधे समय वन-पशुओं की नानाविध आतुर-तृप्त पुकारें :/गर्जन, घुर्घुर, चीख, मूँक, हुक्का, चिचियाहट/ कमल-कुमुद-पत्रों पर चोर-पैर द्रुत धावित/जलपंछी की चाप/थाप दादुर की चकित छलाँगों की।'...

एक हूक-सी उठ रही है। कहाँ देख पाया हूँ, हाल के वर्षों में 'कमल-कुमुद-पत्रों पर चोर-पैर द्रुत धावित/जलपंछी की चाप।' हाँ, दादुर की चकित छलाँग जरूर दिख जाती है–इन दिनों, इसी पार्क में कभी-कभी। ...ऊपर से एक हवाई जहाज जा रहा है, उसकी आवाज पर भी ध्यान चला गया है। और उसके गुजर जाने के बाद उन घंटियों की ध्वनि पर, जो कॉलोनी के पूजा-घर से तैर कर आ रही हैं...महिलाएँ यहाँ एकत्र होकर भजन-कीर्तन-आरती करती हैं...हाथ-ताली, मँजीरे और ढोलक के साथ। पीछे मुड़कर देखता हूँ तो एक पैरांबुलेटर की घर्र-घर्र की आवाज सुन पड़ती है...शिशु-गाड़ी के पहियों की आवाज! बजरी पर...। आया, उस शिशु-गाड़ी को खींच रही है, और अचम्भों का अचम्भा–ठीक इसी वक्त शिशु ने न जाने किस बात पर किलकारी भरी है।... और आया भी उसे सम्बोधित कर मुदित मन हँसी है...

युवक पार्क के मैदान में फुटबाल खेल रहे हैं...और जो गेंद मुझे पहले बस उछलती या मैदान में भागती दिखाई पड़ रही थी, वह अब जमीन पर अपने गिरने का 'शब्द' कर रही है...या खिलाड़ियों के पैरों से उसके टकराने पर 'ठक्-ठक्' का जोरदार 'शब्द' हो रहा है...और हवा, वह अब कुछ जोर से डोली है, और उसके डोलने पर पत्तों का सरसराना लाजिमी है...

याद आ रही है कि ऋत्विक घटक ने तो सिनेमा में ध्वनियों के महत्त्व पर पूरा एक लेख ही लिखा है जो उनकी पुस्तक–'सिनेमा एंड आई' (सिनेमा और मैं) में संकलित है...आहटों पर 'प्रतिक्रिया' का कितना अच्छा विश्लेषण उन्होंने किया है।...सच ही तो है, स्वयं ऋत्विक घटक, सत्यजित राय, कुरोसावा और तारकोव्स्की जैसे फिल्मकारों ने वर्षा, आँधी और ट्रेन के पटरियों पर दौड़ने, हवा के चलने, नदी-ताल में लहरियों के उठने, भौंरों के गुंजार करने, चिड़ियों के बोलने और किसी पगचाप की आहट तक को अपनी फिल्मों में जिस तरह उकेरा है, वह अद्भुत है। उनकी फिल्मों की ध्वनियों ने हमें कितना ध्वनि-सजग भी बनाया है...। और कोई भी ध्वनि अपने आप में 'अकेली' तो होती नहीं है। वह अपने साथ लाती है, एक परिवेश, मनुष्य या प्रकृति का कोई सच, कोई भाव-स्थिति, कोई जीवन-स्थिति, जीवन का कोई

मर्म...

साहित्य, सिनेमा और रंगमंच में तो तरह-तरह की ध्वनियों के साथ स्वयं भाषा के 'शब्द' का बड़ा महत्त्व है। और देखिए न, जीवन से उठाई गई ध्वनियों, 'शब्दों', का व्यवहार ही तो ये माध्यम भी करते हैं, पर पलटकर हमें जीवन को, ध्वनियों को एक नई तरह से देखने-सुनने-समझने का कितना बड़ा और अर्थवान अवसर प्रदान करते हैं...जीवन और कला के सम्बन्ध की यही तो खूबी है।..

12 अगस्त, 2000

रात आधी

सोच रहा हूँ आज से कोई आधी सदी पहले, आधी रात को काफी सन्नाटा छा जाया करता था—गाँव में हों या शहर में या सफर में, आकाश में सर्वत्र तारे छिटके हुए दिखाई पड़ते थे, चाँदनी रात हो तो उसका जादू चारों ओर बिखर जाता था। और कृष्ण पक्ष की रातों में अँधेरा घना हो उठता था। पर अब क्या तो महानगरों में, क्या छोटे शहरों में टीवी और बिजली के चमत्कार से (अगर उसकी सप्लाई ठीक हो तो) आधी रात को भी ऐसा नहीं लगता कि 'रात बहुत हो गई है'। कई घरों में तो खा-पीकर सोते हुए ग्यारह-बारह बज जाना आम बात है। और हो सकता है कि इतनी रात गए भी घर का कोई सदस्य जाग ही रहा हो—एक खास वर्ग के परिवारों में कम्प्यूटर या टीवी के सामने। महानगरों में तो कई दफ्तरों में रात आठ-नौ बजे तक काम ही होता रहता है। फिर खाने-पीने के होटल-रेस्तराँ, 'फास्ट-फूड' वाले ठिकाने, वे तो काफी रात तक आबाद रहने लगे हैं। दिन-रात चलने वाली रेलों-बसों-ट्रकों-वायुयानों और अन्य वाहनों की संख्या भी तो बहुत बढ़ गई है। आज से चार-पाँच दशक पहले की मेरे किशोर और युवा दिनों की रातें, सचमुच ही न जाने कहाँ बिला गई हैं! देखिए न, कभी 'निशा निमंत्रण' में 'बच्चन' ने लिखा था : 'रात आधी हो गई है!/जागता मैं आँख फाड़े, हाय सुधियों के सहारे, जबकि दुनिया स्वप्न के जादू भवन में खो गई है।' और 'निशा निमन्त्रण' में ही तो ये पंक्तियाँ भी दर्ज हैं न! 'न्याय-न्यायाधीश भू पर,/पास पर, इनके न जाकर,/कौन तारों की सभा में दुख अपना रो रहा है!'

नहीं जानता कि 'तारों की सभा में' कोई अब भी अपना दुख रोता है या नहीं, पर इतना जरूर लगता है कि बदली हुई परिस्थितियों में भी 'रात आधी' एक अलग तरह की स्थिति—कई मामलों में—अब भी बनी हुई है। आप सोने चले गए हों और अगर आपकी नींद बारह-साढ़े बारह या एक बजे टूट जाए तो कैसा लगता है! यही न, कि रात अब भी काफी पड़ी हुई है—सबेरा होने में देर है। यह चिन्ता भी सताती ही है कि अगर जल्दी ही फिर से नींद न आ गई तो पता नहीं कितनी देर तक करवटें बदलनी पड़ें, पर, अगर यही नींद कोई चार के आसपास टूटे तो, कैसा तो एक आश्वस्ति-भाव रहता है। कितनी तसल्ली होती है यह सोचकर कि बस घंटे-डेढ़ घंटे का ही तो मामला है; चिड़ियों की आवाज सुनाई पड़ने लगेगी, और अगर आपकी महानगरीय या शहरी खिड़की चारों ओर मकानों-दीवारों से बहुत ज्यादा घिरी हुई नहीं

है, और उस कमरे में जहाँ आप सो रहे हैं, दिन में भी बत्ती नहीं जलानी पड़ती, तो सुबह उजाला या उसका आभास शीघ्र ही आपके कमरे में प्रवेश कर जाएगा। अगर आप सुबह टहलने जाते हैं तो टहलने जा सकेंगे; सुबह-सबेरे चाय पीना भाता है तो उठकर अपने लिए चाय बना लेंगे; और अखबार के आने में भी कितनी देर रह जाएगी! सो 'रात आधी' और सुबह की ओर सरकी हुई घड़ी में अभी भी काफी फर्क है!

पर नहीं, बहुत सारी चीजें, उलट-पलट भी तो गई हैं। जो लोग रात की ड्यूटी बजाकर देर से सोते हैं या सोते ही बारह-एक बजे हैं, उसकी नींद भला कैसे उचट जाएगी। वे कवि के शब्दों में ही भला यह क्यों कहेंगे : 'साथी, सो न, कर कुछ बात!/बोलते उडुगण परस्पर,/तरु दलों में मंद मरमर/बात करतीं सरि-लहरियाँ कूल से जल-स्त!/..बात करते सो गया तू,/स्वप्न में फिर खो गया तू,/रह गया मैं और आधी बात, आधी रात!/साथी, सो न, कर कुछ बात।' ...हो सकता है वे सबेरे देर तक सोते रहें और जब उठें तो दिन चढ़ आया हो या काफी चढ़ आया हो।

यह अकारण ही तो नहीं है कि बड़े-मँझोले शहरों में समझदार लोग जब तक बहुत जरूरी न हो, सुबह-सबेरे किसी को फोन नहीं करते हैं। और सुबह आठ बजे करने पर भी, यह पूछना नहीं भूलते (अगर फोन उठाने में दूसरी ओर से थोड़ी देर हो गई हो) कि 'हमने कहीं आपको सोते से तो नहीं उठा दिया!' बहरहाल, सोने-जागने की नई-पुरानी स्थितियाँ चाहे जो भी हों और रात और दिन भी चाहे जितना बदल गए हों और उनके 'खेल' भी—भला किसने सोचा था कि एक दिन, एक दिवसीय क्रिकेट रात-दिन का भी बन जाएगा—पर, रात अँधेरी होती है और दिन उजला, यह प्रकृति नहीं बदली! (यूरोप की 'व्हाइट नाइट्स' को छोड़ दें तो!)

और 'रात आधी' की गणना भी कहाँ बदली है। यानी 'रात आधी' अपनी ही जगह बनी हुई है। यह अलग बात है कि 'बच्चन' के संग्रह 'निशा निमन्त्रण' या पंत की कविता 'मौन निमन्त्रण' (न जाने नक्षत्रों से कौन, निमन्त्रण देता मुझको मौन!) जैसी भाव-भूमि पर रचना करना अब कवियों के लिए कुछ कठिन हो गया हो, और कथा-कविता में रात के बहुतेरे सन्दर्भ बदल गए हों। और यह भी तो है ही कि आकाश भी अपनी जगह है, और असंख्य तारे भी। यह अलग बात है कि महानगरों और शहरों की नई चमक-दमक में; या घने प्रदूषण में, हम उनसे बहुत दूर हो गए हों और 'तारों की सभा' की ओर अब हमारा ध्यान पहले की तरह न जाता हो, या तभी जाता हो जब हम किसी प्रदूषण रहित वन्य-भूमि में होते हों या किसी निर्मल पहाड़ी आकाश के तले!

हाँ, तारों की सभा आज भी जुड़ती है, आधी रात को!

हुसेन के साथ

जब हम मुम्बई के महबूब स्टूडियोज में दाखिल हुए तो शाम के साढ़े सात बज रहे थे। अहाते में कहीं नीम अँधेरा था, कहीं रोशनी। सोच ही रहे थे कि किधर बढ़ें, तभी रोशनी वाले घेरे में आठ-दस लोगों के साथ हुसेन साहब यानी मकबूल फिदा हुसेन दीख पड़े—सफेद दाढ़ी वाली अपनी चिर-परिचित मुखाकृति के साथ। तीन-चार मेजें थीं और उन्हीं को घेरे हुए सब बैठे थे। हुसेत साहब किनारे की एक कुर्सी में थे और किसी से बातचीत में मशगूल थे। मैं और मेरी पत्नी ज्योति, उधर ही बढ़े और उनके करीब जाकर खड़े हो गए। पास बैठी एक युवती ने उनका ध्यान हमारी ओर खींचा तो उन्होंने हमें देखा। बड़े तपाक और गर्मजोशी से मिले, बराबर की तरह। हम निश्िंचत हुए कि उन्हें यहाँ आकर 'खोजना' नहीं पड़ा और अब हम उनके साथ हैं। चाय-कॉफी के प्याले थे और नाश्ते का कुछ सामान रखा था। हुसेन साहब ने आग्रह किया कि हम दही-बड़े जरूर चखें, बहुत स्वादिष्ट हैं। वे थे भी। मैंने उन्हें बताया कि हम दो-तीन दिनों के लिए मुम्बई में हैं, शमशाद (हुसेन साहब के बेटे) से मालूम हुआ था कि आप इन दिनों 'गजगामिनी' की शूटिंग कर रहे हैं। आपसे मिलने और शूटिंग देखने चले आए हैं। वे बोले, 'हाँ, यह बस आखिरी दौर है। कुछ दृश्यों की शूटिंग बाकी है। कल रात चार बजे तक होती रही। आज सांय फिर शुरू की है—चाय-नाश्ते के लिए यह ब्रेक हुआ है—नौ-दस बजे तक फिर शुरू करेंगे, जरूर देखिएगा।' गपशप होती रही। वे गजगामिनी के बारे में बताते रहे। मैंने पाया कि उसकी कमेंटरी, उसके संवाद और उसके दृश्य—सब उन्हें याद हैं। उन्हीं के लिखे हुए हैं। कुछ ही दूरी पर शाहरुख खान भी दिखे। कुछ लोगों से घिरे हुए वे खड़े-खड़े बतिया रहे थे। मालूम हुआ माधुरी दीक्षित भी मौजूद हैं—उस वैन के भीतर, जो हमारे सामने ही खड़ी हुई थी। यह वैन मेकअप के लिए, और सितारों के आराम फरमाने के लिए इस्तेमाल होती है।

मुझे दिल्ली की एक दोपहर याद हो आई—कोई साल भर पहले की। हुसेन साहब गाड़ी चला रहे थे और मैं उनकी बगल वाली सीट पर बैठा था। एक चौराहे पर लाल बत्ती पर गाड़ी रुकी तो मैंने देखा कि आसपास की गाड़ियों-स्कूटरों से कई निगाहें हुसेन की ओर उठ रही हैं। मैंने उनसे कहा, 'देखिए, अब बहुतेरे लोग आपको पहचानने लगे हैं।' वे बोले, 'हाँ, माधुरी पर भी मैंने चित्र बनाए हैं न,

इसीलिए।' मैंने प्रतिवाद किया, यह तो आपकी विनम्रता है। हुसेन साहब मुस्कराए। पर, थोड़ी दूर जाकर उन्होंने एक बात कही और मैंने पाया कि वे गम्भीर हैं, 'दरअसल हमारा भारतीय समाज, शहरी और ग्रामीण दोनों, आज भी लोकमानस या लोक संस्कृति वाला ही समाज है। मैं यूरोप-अमेरिका में किसी के यहाँ अब तक बिना अपाइंटमेंट के नहीं पहुँच सकता। यहाँ अभी यह हालत नहीं हुई। हमारी अन्य बहुतेरी आदतें भी लोक-जीवन वाली ही हैं। और हम जो 'लोक' बने हुए हैं, उसमें हमारी फिल्मों का भी बड़ा योगदान है। जैसे लोकजीवन में सब किसी नौटंकी-तमाशे को साथ बैठकर देखते थे, उसमें साझा करते थे, वैसा ही साझा समूचा भारतीय समाज हिन्दी फिल्मों का करता है। वे सबके बीच लोकप्रिय हैं। मैं सचमुच उनकी लोकप्रियता से अपने को, अपने काम को जोड़ना चाहता हूँ। इसमें मुझे लोगों से जुड़ने का आनन्द मिलता है।' उनके शब्द ठीक यही नहीं थे पर आशय यही था। हम उनसे सहमत-असहमत हो सकते हैं। उनके किसी काम को कम या ज्यादा पसन्द कर सकते हैं, पर उनके 'प्रयाही' रूप को समझे बिना नहीं रह सकते। सोचने लगा था हुसेन का स्वभाव लोगों से जुड़ने का तो बराबर ही रहा है। उन्होंने सबसे पहले ईजल/कैनवस पेंटिंग को कागज बरतने की 'सरलता' के साथ बरता—और एक अजनबी विदेशी माध्यम को 'देसी' बना दिया। कहीं भी कैनवस बिछाकर काम करने लगे। इस माध्यम से जुड़े हर 'मिथ' को उन्होंने तोड़ दिया। आज बिना किसी हिचक और डर के युवतर पीढ़ियाँ भी कैनवस को हाथ में इस तरह उठाती हैं जैसे वह उनकी 'नोटबुक' हो!

दिल्ली की जिस दोपहर का मैंने जिक्र किया है, उस दिन हुसेन साहब मुझे अपनी आत्मकथा के पन्ने दिखाने के लिए ले गए थे। यह उन्होंने उर्दू में लिखी है और इसका नागरी रूपान्तर भी तैयार हो गया है। उनके सुलेख के कई सौ पन्ने थे, जिनमें बीच-बीच में रेखांकन भी थे। उन्होंने बताया देश-विदेश में जब भी, जहाँ मौका मिलता रहा है, वे इसे लिखते रहे हैं—पिछले कुछ वर्षों से। कुछ अंश उन्होंने पढ़कर सुनाए भी थे। इनमें भी तो लोग ही लोग थे—बचपन से लेकर अब तक जिनके सम्पर्क में वे आए। उनकी यह आत्मकथा खासी दिलचस्प है। उनकी कथन शैली और उनका गद्य, दोनों अनूठे हैं। यह किसी तरतीब में नहीं लिखी गई, बाद के हिस्से पहले हो सकते हैं और शुरू के बाद में!

उनसे मेरा परिचय उन्नीस सौ तिरसठ में हुआ था, हैदराबाद में। मैं तब तेईस वर्ष का था, हुसेन लगभग पचास के थे। मैं 'कल्पना' में काम करता था और वे वहाँ आया करते थे। 'कल्पना' के संचालक बदरीविशाल पित्ती के पास। ठहरते भी उन्हीं के साथ थे। और जितने दिन हैदराबाद में रहते थे, चित्र-रेखांकन करते ही थे। वे सब बदरीविशालजी के संग्रह में देखे थे। बाद में, 'रामायण' चित्र शृंखला के चित्र भी उन्होंने हैदराबाद में ही बनाए।

मुम्बई में उस शाम हम गजगामिनी की शूटिंग तो नहीं देख पाए, हमें रात्रि-भोजन के लिए शायर-मित्र निदा फाज़ली के यहाँ जाना था। पर, बयासी वर्ष के हुसेन के साथ गजगामिनी का सेट जरूर देखा था, जिनमें लगभग वैसी ही फुर्ती-चुस्ती बनी हुई है, जब पहली बार उनसे मिला था। क्या इसीलिए नहीं कि लगातार कुछ करते रहना, और लोगों के बीच रहना ही उन्हें प्रिय रहा है। उनसे भेंट कोई साल भर बाद हो, या छह महीने बाद उन्हें किसी न किसी चीज में सक्रिय ही तो पाया है।

मई, 1999

खजुराहो में नया-पुराना

ठीक एक वर्ष बाद वहीं हूँ, खजुराहो में। वही ऋतु है, आम्र-मंजरियों वाली। वही नन्ही पहाड़ियाँ हैं जिनके पीछे से सूर्य का बड़ा गोला धीरे-धीरे ऊपर उठ रहा है। वही सड़क है, जो हवाई अड्डे की ओर जाती है और जिस पर सुबह-सुबह होटल के कमरे से निकलकर टहलने के लिए जाता था। संयोग से उसी होटल में इस वर्ष भी ठहरा हूँ और उसी से निकलकर फिर इस ओर टहलने आ निकला हूँ। उसी दृश्य के बीच वापसी में, लेकिन बहुत कुछ नया भी है। आम्र मंजरियाँ बिल्कुल नई हैं और उनसे जो फल आएँगे वे भी बिल्कुल नए ही होंगे। सड़क के दोनों ओर के गेहूँ के खेतों की हरियाली भी तो नई है। पिछली फसलें कब की कट चुकीं। और सूर्य का यह गोला--यह भी तो बिल्कुल नया है। आज नए सिरे से उदित हुआ है। भले ही पृथ्वी इसकी परिक्रमा करती हो और यह अपनी जगह स्थिर-स्थित रहता हो, पर हमारे लिए तो हर दिन नया होता है। वह धीरे-धीरे और ऊपर उठ आया है। मैं सड़क की सीध में देखता हुआ चलता हूँ तो भी आँखों पर उसका अक्स भासित होता है। ऐसा लगता है जैसे मैं सूर्य के किनारे चल रहा हूँ, ठीक उसी तरह जैसे हम नदी किनारे चलते हैं और नदी के जल की ओर न भी देखें तो भी वह 'दिखती' रहती है, आँखों की कोर से। फिर तुरन्त यह ध्यान आता है कि सूर्य का यह गोला बस देखते-देखते ही ऊपर चढ़ जाएगा और उसके किनारे टहलने का यह आनन्द जाता रहेगा।

बहरहाल, कुछ आगे जाने पर एक विद्यालय का नाम-पट दिखाई पड़ता है। उसके पते में लिखा हुआ है—पवन नगर। तो सूर्य किनारे से होता हुआ पवन नगर में आ पहुँचा हूँ। वैसे भी सुबह का पवन तो होटल के कमरे से निकलते ही साथ हो लिया था और अपनी ठंडक का एहसास उसने सहज ही करा दिया था। देखता हूँ, पवन नगर एक छोटी-सी बस्ती है। इसे देखा तो निश्चय ही पिछले वर्ष भी होगा ही, पर यह कुछ बिसरी हुई थी। और इसके नाम पर सम्भवतः इस तरह ध्यान गया नहीं था। विद्यालय से कुछ ही दूरी पर सड़क किनारे झोंपड़ीनुमा कुछ कच्चे घर हैं। उनकी सामने की जगह लिपी हुई। और यह लिपाई भी नई है। उसका गीलापन यही बता रहा है और उसी के बीच आंके नए कुछ रूप-क्रम (अल्पना नहीं) भी यही ता रहे हैं। इस लिपाई को ठिठका-सा कुछ देर तक देखता रहता हूँ। फिर नवन नगर से पवनपुत्र भी ध्यान में सहज ही आ जाते हैं। कल शाम खजुराहो नृत्य-समारोह की अपनी

कथकलि-प्रस्तुति में केरल के कलामंडलम रामनकुट्टी नायर ने पवनपुत्र और लव-कुश के प्रसंग से लवणासुर का जो प्रसंग अभिनीत किया-कराया था वह कितना मनोहारी था। वे स्वयं तो पवनपुत्र की भूमिका में थे और खूब हँसा-गुदगुदा रहे थे। कथा में यही तो है कि लव-कुश पहले पवनपुत्र को नहीं पहचानते पर पवनपुत्र उन्हें पहचान लेते हैं और उनके ध्यानाकर्षण के लिए 'खों-खों' करते हैं या पेड़ की कोई डाल ही उनकी ओर फेंक देते हैं। इस पर नाराजगी में लव-कुश उनकी ओर बाणों की वर्षा कर देते हैं। पवनपुत्र को ये बाण चुभने की बजाय सुहा रहे हैं। उनका वात्सल्य रस छलका पड़ रहा है। कलामंडल ने खिझाने-रिझाने के और लव-कुश पर अपनी पलकें मात्र झपकाकर जो कई भाव व्यंजित किए वे अविस्मरणयी ही थे। और लव-कुश भी पीछे कहाँ थे, वे भी तो उस 'वानर' को अत्यन्त कौतुक से देख रहे थे, उसके चिढ़ाने को उचित दंड देकर निर्विकार भाव से फिर 'मूर्तिवत' हो जाते थे। अनन्तर जब सीता उनको हनुमान का परिचय देती हैं तो वे हनुमान से क्षमा माँगते हैं। हर प्रसंग, हर दृश्य यह भी बता रहा था कि मुखौटे जैसी मुख-सज्जा के बावजूद या उसी के कारण कथकलि का 'अभिनय' पक्ष भी कितना सशक्त है। दरअसल हमारे प्रायः सभी नृत्यों में इस पक्ष की बड़ी प्रधानता और महत्ता है।

टहलकर लौटते वक्त तक सूर्य ऊपर जा चुके हैं। अब उनके किनारे चलने का नहीं उनके आकाश पर और धरती पर भी छा जाने का भान प्रमुख हो उठा है। संयोग देखिए कि दोपहर को जब मैं खजुराहो का 'लोक और आदिवासी संग्रहालय' देखने के लिए गया, तो वहाँ भी सूर्य-देव के दर्शन एक चित्र में हुए। काफी बड़े आकार में यह चित्र 'सुरैती' आदिवासी शैली का है और सागर मध्यप्रदेश का है। इसमें ऊपर को एक ओर अंकित हैं अर्ध आकार में चन्द्र और दूसरी ओर मानव-मुखाकृति में सूर्य-गोल मुँह वाले। बीच में पृथ्वी है, स्त्री मुखाकृति में और फिर वेश-वृक्ष वाली शैली में समूचे चित्र में पृथ्वी की सन्तानें चित्रित हैं—शैलीबद्ध मुखाकृतियों में। और भले ही वे सौ-पचास हों, पर अनगिनती होने का आभास देती हैं। इस अद्‌भुत, ऊर्जावान और अर्थवान चित्र को मैं बहुत देर तक निहारता रहा। पिछले वर्ष इस संग्रहालय के उद्‌घाटन पर भी मैं उपस्थिति था। तो यह संग्रहालय भी एक वर्ष पुराना हो गया! पर देखिए, कुछ चीजें पुरानी होकर भी 'नई' बनी रहती हैं या पुरानी होने के साथ-साथ और मूल्यवान होती जाती हैं। पुरानी कलाकृतियों पर 'नई दृष्टि' का अवतरण क्या उन्हें नया भी नहीं करता जाता! खजुराहो के मन्दिरों को ही लें, वे भी तो हजार साल पुराने होकर हम सबके लिए 'नए' ही बने हुए हैं। और उन्हें देखने के बाद हम कुछ 'नए' होकर ही तो लौटते हैं।

प्रकृति-पथ

हम जहाँ खड़े थे उससे कुछ ही दूरी पर नीचे एक बहुत गहरी और चौड़ी खाई थी—यह थी रनहे प्रपात की जलधारा जो जगह-जगह जल को धारे हुई थी। एक ओर तो काफी जल इकट्ठा था—जलकुंड के आकार का। हाँ, प्रपात स्वयं इस समय निष्क्रिय था। खाई गहरी और चौड़ी ही नहीं, लम्बी भी थी। हमने अनुमान लगाया, वर्षा में यह निश्चय ही किसी नदी की शक्ल में उफनती-उमड़ती होगी। खाई के तल में और उसकी दीवारों में कई रंगों की चट्टानें थीं। कई आकार-प्रकारों में। आकारों को नाम देने की, उन्हें किसी पहचानी हुई शक्ल में ही पहचानने की जो सहज प्रवृत्ति है, उसी के कारण हमने एक चट्टान की पहचान शेर के रूप में की। थोड़ी देर में वह शेर—चट्टानी शेर—सचमुच के शेर की तरह दिखने लगा। हमको यानी मुझे, मेरी पत्नी ज्योति को, विनोद भारद्वाज और उनकी पत्नी देवप्रिया को। सलीम जरूर हमारे इस खेल में शामिल न था। वही खजुराहो से रनहे प्रपात तक वह एंबेसेडर गाड़ी चलाकर लाया था जिसमें बैठकर हम यहाँ पहुँचे थे। सलीम प्रपात की बगल से होता हुआ खाई के उस पार चला गया था, उछलता-कूदता हुआ। खजुराहो का ही बीस-बाईस साल का यह लड़का जाहिर है कि इस जगह से भली भाँति परिचित था। थोड़ी देर में जब वह लौटा तो उसने पेपरवेट की शक्ल वाले कई पत्थर हमें दिए—इन्हीं की खोज में वह गया भी था। हमें यह तोहफा सौंपकर जरूर ही उसे सन्तोष हुआ होगा। पत्थरों को हमने हाथों में तोलकर, उलट-पुलट कर कई तरह से परखा-सराहा। ये पत्थर भी कई रंगों के थे। इनमें से कुछ तो लघु-लघु आकारों में थे—किसी चिड़िया के अंडों सरीखे। हमारी नजरें चारों ओर घूम रही थीं। खाई के उस पार काफी बड़ा चट्टानी विस्तार था। इस विस्तार में बहुतेरे छोटे-बड़े पेड़ थे, जो आगे का दृश्य कुछ ढँक भी लेते थे। यह विस्तार बिल्कुल निर्जन था। बस, चिड़ियाँ थीं जो उड़कर और अपनी बोली में कुछ बोलकर इस निर्जनता को भंग कर रही थीं। खाई के इस पार भी संयोगवश हमारे अलावा कोई और न था।

सलीम बार-बार यह कहता जा रहा था कि बारिश में यहाँ खूब पानी रहता है। तब बड़ा अच्छा लगता है। मैंने उससे कहा, मुझे तो अब भी यह जगह बहुत सुन्दर लग रही है। फिर उससे पूछा, आसपास कोई गाँव है? उसने बताया एक है तो छोटा-सा, यहाँ से कोई तीन-चार किलोमीटर दूर है। मैंने फिर सवाल किया, क्या

आदिवासी गाँव है? उसने कहा, नहीं, आदिवासियों का नहीं है।

'गाँव के लोग क्या करते हैं?'

'कुछ खेती-किसानी का काम है। गाय-भैंसें पालने का।'

'इलाके में जंगल भी तो हैं।'

'हाँ, सागौन के। और दूसरे पेड़ भी बहुतेरे हैं।'

जहाँ हम खड़े थे, वहीं से हमारी टैक्सी कोई एक फलांग की दूरी पर पीछे की ओर खड़ी थी। आते हुए मैंने दो-तीन जगह प्रकृति-पथ के संकेत-पट देखे थे। अंग्रेजी में लिखा था—नेचर-ट्रेल और हिन्दी में प्रकृति-पथ। यह अनुवाद मुझे अच्छा लगता है। हम लोग सलीम के यह कहने पर कि एक दूसरे प्वाइंट से सीन और अच्छा है, उधर की ओर आ गए थे। कार से ही। पर वहाँ पहुँचकर मैं मुड़ा प्रकृति-पथ की ओर। लकड़ी की वे दस-बारह सीढ़ियाँ उतरकर नीचे आया जिन पर चढ़कर हम ऊपर गए थे। ये सीढ़ियाँ कुछ वर्ष पहले ही बनाई गई हैं—पर्यटकों की सुविधा के लिए। प्रकृति-पथ यानी पेड़-पत्तों की छाया में से होता हुआ पेड़-पौधों-वनस्पतियों की निर्जनता में ही खो जाता हुआ पथ। मैं कुछ दूर जाकर वापस लौटा। झरे हुए, सूखे पत्ते भी बहुतेरे थे। धूप निकली हुई थी सो पेड़-पौधों के बीच धूप-छाँह भी कम न थी। कोयल बोल रही थी। आम के पेड़ भी थे।

रनहे प्रपात खजुराहो से मात्र बाईस किलोमीटर की दूरी पर है। और आराम से कार से कोई आधा घंटा चालीस मिनट में ही वहाँ पहुँचा जा सकता है। रास्ते में गाँव आते हैं। फसलों की हरियाली दिखती है। पेड़-पौधे-पशु दिखते हैं। लोग भी दिखते ही हैं। पर एक बार जहाँ टैक्स-चौकी का बेरियर पार कर आपने रनहे प्रपात या रनहे फॉल की सीमा में प्रवेश किया तो आप वास्तव में प्रकृति-पथों में पहुँच जाते हैं। गाड़ी या और जो भी वाहन आपके पास हो—स्कूटर, मोटर बाइक—वह आपको प्रपात के पास तक पहुँचा तो देता है, और वह भी जरूरी है क्योंकि बैरियर से कोई तीन-चार किलोमीटर और भीतर आना पड़ता है पर यह भी सच है कि प्रकृति-पथ पर आपका वाहन अनपेक्षित मेहमान की तरह लगता है। खैर, एक मजबूरी के रूप में ही उसका उपयोग करना अच्छा है, शान्त, विनम्र तरीके से।

हम सभी को यह अचरज हो रहा था कि खजुराहो जैसी अपने आप में शान्त, पर अब आधुनिक सुविधाओं से लैस होटलों वाली जगह के करीब ही एक और शान्त बल्कि निर्जन जगह है। और वह बहुत सुन्दर भी है। हमने यहाँ तक की यात्रा का कार्यक्रम बनाने के लिए अपनी पीठ ठोंकी।

हाँ, वे प्रकृति-पथ याद आते हैं और वे संकेत-पट भी जिनमें हरी पृष्ठभूमि में सफेद अक्षरों में लिखा हुआ है : प्रकृति-पथ।

मास्को में 'चाइ'

मास्को में सुबह के सात बजे हैं, पर सड़कों-इमारतों की बत्तियाँ जली हुई हैं। बादल हैं, कुछ बारिश भी हो चुकी है। सूरज बादलों के पीछे ही छिपा है। होटल रशा या रुशिया की छठी मंजिल के कमरे में हूँ। कमरे के आकार की बन्द ही काँच-खिड़कियों के पास आकर खड़ा होता हूँ। रेड स्क्वायर और क्रेमलिन की इमारतें यहाँ से दीख रही हैं। चर्च भी। और दीख रही हैं, जहाँ तक निगाह जाती है, मास्को शहर की जगमगाती हुई अन्य बत्तियाँ। बारह बरस बाद मास्को आया हूँ। इस बार शहर में अधिक रोशनी है। तरह-तरह के जलबुझ विज्ञापन बढ़े हैं। दुकानों की साज-सज्जा में भी बढ़ोतरी है। और इस बढ़ोतरी में भी बिजली के भाँति-भाँति के लट्टुओं, लैंपों, साइनबोर्डों आदि का ही तो योगदान है। पुरानी-नई इमारतें बाहर से भी रोशन रहें, इसके लिए दूधिया बल्बों की व्यवस्था है। स्वयं होटल रुशिया में, जिसमें तीन हजार दो सौ कमरे हैं, अधिक रोशनी रहती है। लॉबी में एक नई जगमगाहट आई है। यूरोप-अमेरिका के होटलों की तरह की दुकानें और सजावट है। उसी के बराबर में बार है। इस नई चमक के पीछे असली जिन्दगी की हालत क्या है, कहना कठिन है। उससे अभी मेरा परिचय ही कहाँ हुआ है? अभी तो निगाह नई जगमगाहट और नई चाल के कपड़ों आदि पर ही अटकी है।

चाय पीने की इच्छा हो रही है। हर मंजिल में, चौबीसों घंटे यह व्यवस्था है कि जिस डेस्क/काउंटर पर आप कमरे से बाहर जाते वक्त चाभी जमा करते हैं, उसी काउंटर पर बैठी स्त्री/परिचारिका से आपको चाय मिल सकती है। कल शाम को 'चाइ' कहने पर कमरे में वह स्वयं आकर चाइ दे गई थी। रूसी में भी चाय, चाय ही है, उच्चारण-भेद जरूर उस चाइ बना देता है। काउंटर पर पहुँचता हूँ। काउंटर पर बैठी स्त्री की आँखों में अभी नींद की छाया है। डेस्क का लैंप भी उसने बुझा रखा है। और वह कम्प्यूटर भी अभी नहीं चमक रहा जो दिन में और रात में भी सक्रिय दिखता है और जिस पर अक्सर काउंटर की स्त्री झुकी हुई दिखाई पड़ती है। साथ का मॉस्को-पोस्टर भी अँधेरे में गुम है। 'चाइ' कहता हूँ। प्रत्युत्तर में वह अपनी सीट के पीछे की ओर इशारा करती है और फुसफुसाते हुए कहती है, 'हॉट वाटर'। गमलों के साथ एक ओर दीवार से सटाकर रखी गई इलेक्ट्रिक केटल दीख जाती है। पिछली बार के समोवार अब नहीं हैं। केवल उबले हुए पानी से तो मेरा काम बनेगा नहीं। मेरे पास

टी बैग नहीं है। इशारों और टूटी-फूटी अंग्रेजी से प्रकट हो जाता है कि टी बैग फिलहाल उसके पास भी नहीं है। गलियारे में सुबह की शान्ति विराज रही है। वह धीरे से काफे जैसा कुछ कहती है। मैं उसी ओर बढ़ता हूँ। मेरे कमरे से ज्यादा दूर नहीं है। वहाँ एक बहुत मोटी स्त्री, डंडीदार बुहारनी से पोंछा लगा रही है। सुबह की शान्ति यहाँ भी है, पर रोशनियों की जगमगाहट के साथ। काउंटर की युवती स्मार्ट कपड़ों में पूरी चुस्ती के साथ मौजूद है। हर मंजिल पर ऐसा ही बार/काफे चौबीसों घंटे खुला रहता है। पिछली बार की यात्रा में यहाँ केवल सीमित मेनू वाला नाश्ता मिलता था, इस बार भाँति-भाँति के पेय, नमकीन, फल, जूस, सॉफ्ट ड्रिंक्स, आदि हैं। वोद्का, बियर, जिन आदि की बोतलें तो प्रमुखता से प्रदर्शित हैं ही, सिगरेट, लाइटर आदि भी हैं (यह भी सुन रहा हूँ कि दुकानों में सामान तो खूब है, पर लोगों की जेबें भरी हुई नहीं हैं)। बहरहाल, मैं कहता हूँ, 'चाइ'। युवती स्वागत और 'हाँ' में सिर हिलाती है। मैं एक मेज पर बैठ जाता हूँ। थोड़ी देर में वह चाय मेरे सामने रख जाती है। कप के साथ वाली तश्तरी में ही दो शुगर क्यूब हैं—'शाखर'। रूसी में शक्कर को शाखर ही तो कहते हैं। नीबू की सुघड़ता से काटी गई एक फाँक है।

जानता हूँ थोड़ी देर में चाय पीने की इच्छा फिर होगी। बाहर का मौसम इस इच्छा को और तीव्र कर देगा। वह अभी वैसा ही है भीगा हुआ। बादलों से ढँका, गीली सड़कों वाला। पर सुबह तो सुबह होती है। एक कौवा दिखाई पड़ता है। हल्की उजास और रोशनियों के बीच ही मस्क्वा नदी भी दिखाई पड़ रही है। गर्म कपड़ों में—ओवर कोट और अन्य लबादों-दस्तानों-टोपियों में, स्त्री-पुरुष आकृतियाँ विभिन्न आयु वर्गों की—सड़कों-फुटपाथों पर नजर आने लगी हैं। छतरियाँ भी हैं। प्रायः सबके हाथों में कोई बैग या पर्स है। दिन के कामकाज पर निकल पड़े हैं लोग। कारें, ट्रॉली, बसें तो सर्रा ही रही हैं। यह दृश्य कितना परिचित और 'टिपिकल' है। सदियाँ गुजर गईं, पर टोपी, लबादे और दस्ताने भला कहाँ बदले हैं! रूसी साहित्य, रूसी कला और रूसी फिल्मों में प्रकट होकर इन्होंने दुनिया भर में अपने को पहचनवा लिया है। बदले भी तो हैं बस इनके फैशन।

कमरे में ही बैठा हूँ। मेरी दुभाषिया नात्श्या नौ बजे आएगी। नाश्ता करके उसके साथ 'माली मनेष' जाऊँगा, यानी यहाँ के 'राज्य प्रदर्शनी हॉल' में, जहाँ 'कलाकारों की नजर में दिल्ली' शीर्षक से प्रदर्शनी लगेगी। इसका चयन मेरा ही है। अवसर है, 'मास्को में दिल्ली दिवस' का। चाय की इच्छा है, फिर। चाभी-काउंटर की तरफ जाता हूँ। इस बार थोड़ी ही देर में करीने के साथ 'चाइ-सामग्री' कमरे में आ जाती है। यह निःशुल्क है। सोच रहा हूँ पिछली बार जुलाई के महीने में आया था। तब मास्को की सफेद रातें देखी थीं। बारह बजे रात तक उजाला रहता था, इस बार देखी हैं सुबह के अँधेरे में जली हुई बत्तियाँ।

11 नवम्बर, 1999

अरबात का इलाका

मास्को के अरबात बाजार को हम चौरंगी या चौपाटी जैसी जगह कह सकते हैं। इसमें वैसी ही रौनक और चहल-पहल रहती है और कोलकाता की चौरंगी की तरह ही यहाँ बड़ी दुकानें भी हैं, फेरीवाले भी और एक जमाने के फुटपाथिए स्टॉल भी। इसे देखकर दिल्ली के जनपथ या दिल्ली हाट की भी याद आ सकती है, पर दिल्ली हाट का मजमा नया है जबकि अरबात का बहुत पुराना। कभी इसी इलाके में रूस के महान लेखक-कवि पुश्किन भी रहा करते थे। यह मास्को का मध्य-स्थल है और क्रेमलिन के निकट है, सैर-सपाटे की जगह है, किंचित 'पॉश' भी और हस्तशिल्पों तथा एंटीक वस्तुओं की खरीद की जगह भी। 'गुड़िया के भीतर गुड़िया' वाली लकड़ी की चित्रित रूसी गुड़िया तो यहाँ मिलती ही हैं—अपने बीसियों नमूनों में; छोटी-बड़ी, लम्बी-ठिगनी और गोल-मटोल भी। इसके अलावा रोज़मर्रा व्यवहार की भी ढेरों चीजें मिलती हैं—चाभी के छल्ले, बेल्ट, लाइटर और हाथ की बनी-बुनी बहुतेरी वस्तुएँ। एंटीक की पुरानी दुकानें काफी बड़ी और महँगी हैं पर ज्यादा बड़े आकर्षण का केन्द्र तो वे 'छोटी' दुकानें ही हैं, तो राजमार्ग जितने चौड़े-खुले स्थान के बीचोंबीच लगी रहती हैं और जिनके दोनों ओर खड़े रहते हैं फेरी वाले/वालियाँ। अंगोरा ऊनी शालों, टोपियों, स्वेटरों आदि से लेकर इन फेरी वालों/वालियों के पास आपको कैनवास पर बने चित्र या स्केच-रेखांकन भी मिल सकते हैं और वे कलाकार तो यहाँ खड़े भी रहते हैं जो कुछ ही मिनटों में आपका पार्ट्रेट पेन्सिल या पेन से बना कर आपके हाथ में थमा दे सकते हैं। ऐसे कलाकार मास्को मेट्रो के स्टेशनों में या स्टेशनों के बाहर आते ही किसी कोने में भी मिल सकते हैं।

अरबात के इलाके में दो बार जाना हुआ। एक बार मैं दुभाषिया लड़की नात्स्या के साथ गया और दूसरी बार कवि-पत्रकार मित्र अनिल जनविजय के साथ जो अब रूस में ही 'बस' गए हैं और पिछले सत्रह वर्षों से यहीं हैं। साथ में कवि केदारनाथ सिंह भी थे जो मेरी ही तरह 'मास्को में दिल्ली के दिन' के सिलसिले में मास्को गए थे—अक्तूबर के अन्तिम सप्ताह में। जब मैं नात्स्या के साथ गया था तो शाम थी और जब अनिल के साथ गया था तो दोपहर। ठंड नात्स्या और अनिल के लिए भले न रही हो, पर हमारे लिए थी। तापमान माइनस एक-दो डिग्री वाला था, बूँदाबाँदी होने पर या कुछ हवा (तेज) चलने पर मुझे ठंड कुछ ज्यादा ही लगने

लगती थी। गर्म कपड़ों से लैस अरबात वाले इलाके में मेरे कदम जाहिर है कि बहुत जल्दी-जल्दी नहीं पड़ रहे थे। फिर दुकानों और फेरीवालों की दुनिया भर की आँखें बार-बार अटकती थीं। एक स्त्री को हाथों में एक बैनर लिए देख कर मैंने नात्स्या से पूछा था, यह औरत क्या बेच रही है (या कर रही है) क्योंकि उसके हाथों में कोई सामान नहीं था। नात्स्या ने बताया कि 'यह बिल्लियाँ बेच रही हैं।' मैंने पूछा, 'पर बिल्लियाँ हैं कहाँ? 'यहीं कहीं इमारतों के किसी कोने-गलियारों में रखी होंगी। आपको पता है मास्कोवासी बिल्लियों के पीछे पागल हैं। उन्हें बिल्लियाँ पालने का बेहद शौक है।' इक्कीस वर्षीया नात्स्या जो विदेशी भाषा विभाग में फ्रांसीसी और अंग्रेजी सीख रही थी, हर बात इतने कोमल और शान्त स्वर में कहती थी और उसकी प्रखर आँखें, थोड़ी देर के लिए कुछ इस तरह चमकने लगती थीं और होंठ एक साथ मुस्कान और करुणा से इस तरह भर उठते थे कि सामान्य-सी बात कुछ और गहरे अर्थों और आशयों वाली लगने लगती थी। लगता था मानो वह स्वयं जीवन का कोई गहरा भेद प्रकट कर रही हो। जब हम एंटीक की एक दुकान में घुसे थे और वह उसके हर विभाग को मुझे दिखाने-बताने लगी थी तो उसकी आँखें एकबारगी विस्मय और कुतूहल से भर उठी थीं और उसके मुँह से निकला था, 'क्या-क्या तो बेचते हैं ये लोग!' 'क्या तुम यहाँ अक्सर आती हो?' मैंने पूछा था। 'नहीं, बस कभी-कभी। बस देखने, किसी के साथ। बहुत महँगी हैं ये।'

मुझे याद है स्टॉल-जैसी जब पहली ही दुकान में हम रुके थे तो मैंने पूछा था, 'क्या यहाँ मोल-भाव भी होता है?' 'होता है, और जब लोग कोई चीज संख्या में एक से अधिक खरीदते हैं तो मोल-भाव करते ही हैं।' मैं और नात्स्या बहुत देर तक रूसी गुड़ियों को उठा कर कई तरह से जाँचते-परखते रहे थे। 'सभी सुन्दर हैं, कौन-सी लूँ, समझ नहीं पा रहा।' मैंने कहा था और साथ ही जोड़ा था 'अब आज तो नहीं, कुछ खरीदने के लिए तो कल भी आऊँगा।' मेरी दिलचस्पी देखकर चलते वक्त दुकानदार ने मुझे एक छोटा-सा चाभी का गुच्छा भेंट किया, जिस पर एक बहुत हल्की-सी रूसी गुड़िया टँकी थी। मैं कुछ देर तक असमंजस में रहा कि लूँ या नहीं, क्योंकि मैंने कुछ खरीदा तो था नहीं। मैंने कीमत चुकानी चाही तो दुकानदार ने मना कर दिया। नात्स्या मुस्कराई, बोली—'ले लीजिए, कोई हर्ज नहीं। यह तो इसका बिजनेस है। वह अपना ग्राहक कल के लिए पक्का कर रहा है।' मैं भी मुस्कराया।

दोनों ही दिन अरबात में टहलना और दूसरे दिन कुछ खरीदना भी अच्छा लगा था। बूढ़ी-बुजुर्ग फेरीवालियों की मनुहार बिल्कुल अलग लगती थी—वे अपने व्यतीत वर्षों में कहीं गुम-सी भी लगती थीं और आज की कमाई को लेकर चिन्तित-चौकन्नी भी। वृद्धों के साथ क्या सभी समाजों में ऐसा ही नहीं होता!

नात्स्या ने मुझसे पूछा था, 'क्या यहाँ आकर आपको अच्छा लगा?' मैंने कहा

था, 'बहुत।' पिछली बार बारह बरस पहले जब मास्को आया था तो यहाँ आ भी नहीं पाया था। औपचारिक जगहों और सजी-धजी दुकानों की बनिस्बत मुझे ऐसी जगहों और बाजारों में ज्यादा अच्छा लगता है। जीवन यहाँ कई-कई रूपों-चेहरों में उपस्थित मिलता है।

अपनी करुणा भरी मुस्कान से नात्स्या ने मानो अपनी सहमति जताई थी।

मीठा पेड़

स्वाभाविक उत्सुकता हुई कि उस मझोले आकार के–और मेरे अचीन्हे–पेड़ के नीचे जो स्त्री-पुरुष और किशोर इकट्ठा हैं वे आखिरकार उसमें से क्या चुन रहे हैं। वे संख्या में पाँच-सात थे। निकट जाने पर देखा कि उनमें से दो-तीन के हाथों में प्लास्टिक की थैलियाँ भी हैं और वे डालों में और जमीन पर भी कुछ ढूँढ़ रहे हैं। एकदम नजदीक पहुँचने पर ही माजरा समझ में आया : यह ढुँढाई रसीले शहतूतों की थी। एक सज्जन से, जिनसे मेरा 'मुखचीना' है, मैंने कुछ अचरज से कहा, 'मुझे तो मालूम ही न था कि कॉलोनी के इस पार्क में शहतूत भी हैं।' बांग्ला का यह शब्द मुखचीना भी कितना अच्छा शब्द है : मुखचीना (मुखचीन्हा) यानी जिससे औपचारिक-अनौपचारिक परिचय न हो पर जो अक्सर दिखने के कारण सहज ही पहचान में आता हो। बहरहाल, मुखचीना के कारण सहज भाव से और कुछ उल्लसित होकर उन्होंने बताया कि 'शहतूत के कुछ पेड़ और भी हैं, कॉलोनी के इस पार्क में पर यह सबसे मीठा है।' कहकर उन्होंने तीन-चार शहतूत मेरी ओर बढ़ा दिए। मुँह में पड़ते ही लगा जैसे ऐसी मिठास घुल रही हो, जिसमें तृप्तिदायक ठंडक भी शामिल है। 'मुखचीना' वाले सज्जन की पत्नी ने एक ओर हाथ से इशारा करते हुए कहा, 'वह पेड़ भी बहुत मीठा है, उधर।' मैंने उनके वाक्य पर गौर किया जो उन्होंने सहज भाव से ही रचा था और उसमें 'मीठा पेड़' जैसा प्रयोग बहुत अच्छा लगा।

जो पेड़ मीठे फल देता हो, स्वयं उसे मीठा क्यों न कहें! मैं उस दूसरे पेड़ को भी, कुछ दूर से ही सही, पहचानने का यत्न करने लगा। उसके नीचे भी कुछ बच्चों की आकृतियाँ दिखाई पड़ीं। शहतूत के सामान्य-मझोले आकार के पेड़ से वह कुछ बड़ा लगा। ज्यादा सघन भी। सोचा, पार्क के अगले चक्कर में उसके पास भी रुकूँगा। और लाल बजरी के उस गोल घेरे पर चलने लगा, जिसके पाँच-छह चक्कर रोज लगाता हूँ। 'अपने' पार्क की ओर अब जैसे कुछ और प्रशंसा भरी नजरों से देखा। कोयल यहाँ कानों में मिसरी घोलती है। आज शहतूत ने जीभ पर घोल दी है। पार्क में मोर-मोरनियाँ भी अक्सर दिखाई पड़ते हैं। कारण यही कि सीरी फोर्ट का जंगल और जहाँपनाह जंगल यहाँ से बिल्कुल करीब हैं। और साथ का कृषि विहार और दूरसंचार कॉलोनी से लगा हुआ वह 'अभयारण्य' भी तो है जो तारों की कँटीली बाड़ से घिरा है और जिसमें न जाने कितने जंगली पेड़-पौधे हैं और जहाँ पक्षियों को भी

अपने उड़ने-बैठने-चुगने को आसानी से बहुत कुछ मिल जाता होगा। लेकिन इस पार्क-प्रशंसा के बीच ध्यान इस ओर भी तो गया कि पार्क में फूल तो बहुतेरे हैं, पर सुगन्ध वाला कोई नहीं है। पेड़ भी बहुतेरे हैं, पर फल वाला तो आज यह एक ही निकला है—शहतूत। और उसकी ओर भी ध्यान गया है तो इसीलिए कि उसके फलने की खबर मिली है। जिन पेड़ों पर फल दूर से ही न दिखते हों और जिनकी छाया घनी न हो, उनकी ओर हमारा ध्यान जाता भी तो कम है। और यह भी तो आज ही पहचाना है कि बहुत नन्हे गोल दानों वाला लच्छेदार शहतूत दूर से क्या पास से भी थोड़ा ढूँढ़ने पर ही तो डालों-पत्तों के बीच दिखाई पड़ता है। उन पत्तों के पीछे वह कहीं छुपा-सा रहता है जिनकी शक्ल पीपल के पत्तों से मिलती है, पर जो पीपल के पत्तों से भी अधिक चिकने, महीन और गाढ़े हरे होते हैं।

संयोग देखिए। कुछ दिनों पहले ही मित्रों से यह चर्चा हो रही थी कि शहतूत, फालसा, खिरनी आदि फल अब कम दिखते हैं। और फालसे का शरबत पिए हुए तो शायद एक अरसा हो गया है। 'फालसई' की जगह तो अब 'पेप्सई' रंग ने ले ली है (पेप्सी से पेप्सई ही तो बनेगा न!)। हो सकता है, किन्हीं इलाकों में खिरनी, फालसा और शहतूत अब भी हों बहुयातत से, पर मुझ दिल्लीवासी को तो वे कभी-कभार ही दिखते हैं। और हम तो इसी से प्रसन्न रहते हैं कि सड़क-पटरी पर हरे नारियल, तरबूज और आम आदि के ढेर हर साल बढ़ते ही जाते हैं। गनीमत है। केरल-बंगाल-गोवा-कर्नाटक-कोंकण का नारियल आज से पाँच बरस पहले तो दिल्ली में दुर्लभ ही था। लीची के मौसम में लीची खूब आती है और चेरी के मौसम में चेरी के डिब्बे फेरीवालों के पास सजे रहते हैं—उनकी हाथगाड़ियों में। फलों को देखते ही आँखें जुड़ाती हैं। वंचितों के इस समाज में कुछ न कुछ तो सबके हिस्से में भी आ ही जाते हैं।

जिस दिन पार्क में शहतूत दिखे उसके दो-चार दिन बाद ही वे यमुना पुल की पटरी पर भी दिखे। महीने-दो महीने में जब भी उस पुल पर से गुजरता हूँ, ध्यान उसकी पटरी पर बिकते फलों-सब्जियों पर भी जरूर जाता है। टोकरियों में जो 'फेरीवाले' उन्हें लिए बैठे थे, वे संख्या में थोड़े ही थे। और उनके सामने का फल-असबाब भी थोड़ा ही था। समझने में देर न लगी कि ये दिल्ली के ही पेड़ों से उतारे हुए शहतूत हैं। थोड़े ही सही, शहतूत हैं, तो दिल्ली में!

निंबा के गणेश

उदयपुर सिटी पैलेस के उस प्रवेश-द्वार से, जो जगदीश चौक की ओर खुलता है, बाहर आते ही नजर पड़ी निंबाराम और उनके सामने बिछी गणेश की नन्ही मूर्तियों पर। वे सड़क की पटरी की एक ओर जमीन पर ही बैठे हुए थे और मूर्तियाँ भी इसी तरह विराज रही थीं। शाम ढलने को हो आई थी पर अभी अँधेरा हुआ नहीं था। हाँ, इस बात की 'आहट' मानो चारों ओर थी कि थोड़ी ही देर में दिन का कामकाज समेट लिया जाने वाला है और दुकानदारी भी, आज के दिन की। जगदीश चौक की इस पैलेस रोड की दुकानें—चित्रों की हैंडमेड पेपर के सामान वाली पुतलियों की—चलती भी उन पर्यटकों के बल पर हैं जो सिटी पैलेस और उसका संग्रहालय देखने आते हैं। संग्रहालय बन्द होने में भी तो अब बस थोड़ा-सा समय रह गया था। उदयपुर के सिटी पैलेस में, और इस इलाके में इसी वर्ष जून के महीने में भी आना हुआ था, और अब लगभग ढाई महीने बाद मैं फिर वहीं खड़ा था, सो माहौल परिचित लग रहा था और चित्त भी प्रसन्न ही था। सिटी पैलेस का संग्रह या इसकी भव्य इमारत को तो देखना अच्छा लगता ही है, पर मुझे विशेष रूप से अच्छा लगता है इसके किसी छज्जे या कक्ष से पिछौला झील की ओर देखना, जिसके ऐन बीच स्थित है लेक सिटी पैलेस। इस बार बारिश न होने की वजह से झील में ज्यादा पानी नहीं था, फिर भी वह जल दृश्य अपनी ओर खींचता तो है ही। और उदयपुर की सुन्दरता तो है ही उसकी पहाड़ियों, झीलों, सरोवरों के कारण। उसकी सुन्दरता की यही 'छाप' मुझ पर कुछ इस तरह पड़ी है कि सँकरी गलियों, बाजारों आदि से गुजरने का अनुभव भी आकर्षण-रहित नहीं लगता। कुछ रस लेकर ही मैं उन्हें भी देखता हूँ।

निंबाराम की दुकान के सामने भी ठिठक कर खड़ा हो गया जहाँ पहले से ही सुपरिचित रंगकर्मी उषा गाँगुली, जिनकी कलकत्ता की रंगमंडली का नाम भी 'रंगकर्मी' ही है, गणेश की एक नन्ही मूर्ति को हाथ में लिये हुए सराह रही थीं। इस बार उदयपुर आना एक थिएटर सेमिनार के सिलसिले में हुआ था और उषा जी के अलावा बंसी कौल, एमके रैना आदि कई रंगकर्मी मित्र फिलवक्त नगर दर्शन में साथ थे और सिटी पैलेस से निकलते समय आगे-पीछे हो गए थे। उषा जी ने मेरी ओर देखा और बोलीं, 'भेंट में देने के लिए भी कितनी अच्छी हैं, आप भी ले लीजिए।' उन्होंने बीस रुपए निकाल कर निंबाराम की ओर बढ़ाए और सॉफ्ट स्टोन में तराशी गई उस हरे-से रंग

की मूर्ति को लेकर आगे बढ़ गईं—मेरे लिए निंबाराम की दुकान में जगह बनाती हुईं। मैंने एक-एक कर वे नन्ही मूर्तियाँ हाथ में उठाईं, उन्हें देखा-परखा और उनमें से एक का चयन अपने लिए करने लगा। कीमत उषा जी ने पहले भी बता दी थी।

पास ही खड़े एक ऑटो रिक्शा के ड्राइवर, मूर्तियों के गुणों का बखान करने लगे निंबाराम की ओर से। बाद में मालूम हुआ वे भी इसी इलाके में रहते हैं और जब कभी सवारी लेकर सिटी पैलेस की ओर आना होता है, कुछ समय निंबाराम के साथ इसी तरह बिताते हैं और अगर कोई विदेशी पर्यटक निंबाराम के पास आकर खड़ा होता है तो अपनी अंग्रेजी से भी वे निंबाराम की मदद करते हैं। मैंने उन्हें दिलचस्पी से देखा और कहा, 'बड़ा अच्छा करते हैं आप।' फिर मैं निंबाराम की ओर मुखातिब हुआ। पूछा, 'यह सॉफ्ट स्टोन है कहाँ का?' बोले, 'डूंगरपुर का है पर यहीं मिल जाता है।' 'क्या बस नन्ही मूर्तियाँ ही बनाते हैं?' 'नहीं, कोई आर्डर मिल जाए तो एक-डेढ़ फुट की भी तराश देता हूँ। पर ज्यादा तो ऐसी ही बनाता हूँ।' कहकर वे एक डिबिया में रखी हुई 'पॉलिश' से मूर्तियों को चमकाने लगे। मैंने पूछा, 'यह कैसी पॉलिश है।' अब वे कुछ मुस्कराए। बोले, 'नहीं, कोई पॉलिश नहीं है, मूँगफली का तेल है। इसे रंग के साथ मिलाकर मूर्ति को एक-रंगी कर देता हूँ। असली पत्थर तो यह है।' उन्होंने पत्थर का एक टुकड़ा दिखाया जो कुछ चित्तियों वाला था। मूर्तियाँ वे वहीं बैठे-बैठे भी तराशते हैं, सो उनके औजार भी सामने ही पड़े थे। स्क्रू-ड्राइवर के आकार के, लोहे के, जिनका एक सिरा धारदार था। मैंने पूछा, 'क्या कहते हैं इन्हें?' बोले, 'टांकी।' 'कब से बना रहे हैं मूर्तियाँ?' 'जब छोटे थे तभी से।' 'घर में कितने लोग हैं?' 'हैं, चार-पांच बच्चे।' वे भी बनाते हैं मूर्तियाँ? 'बनाते हैं।' हर सवाल का निंबा नपा-तुला जवाब ही दे रहे थे। उनके गणेश नन्हे तो थे ही, सूँड में, आकार, रेखाओं में, कुछ दुबले-पतले थे। गणेश की 'छवि' है ही ऐसी कि उसे किसी भी तरह अंकित करिए, तराशिए, वह भाने लगती है। मैंने भी ली गणेश की एक मूर्ति। निंबा की ओर फिर देखा, बस एक साधारण, सफेद बिनबाँही कमीज पहने हुए थे और साधारण सफेद धोती जो इस वक्त घुटनों के ऊपर चढ़ी हुई थी—निंबा के उघरे हुए साँवले हाथ-पैर बता रहे थे कि वे गठीले नहीं हैं और अपनी पैंतालीस की उम्र से वे कुछ बड़े ही लग रहे हैं। बाल कुछ खड़े और बिखरे हुए थे। चेहरे पर न किसी चीज के लिए उत्साह था, न अनुत्साह। एक समभाव था। पर आँखों में जरूर एक चमक थी।...और महल के विशाल दरवाजे के बाहर बैठे हुए निंबाराम में, उनकी मूर्तियों, उनकी टांकियों में निश्चय ही कुछ ऐसा था जिसे विशाल दरवाजा और इमारत भी ओझल नहीं कर पा रहे थे। सॉफ्ट स्टोन की 'मोमी' मूर्ति निंबाराम ने जब मेरी ओर बढ़ाई तो ऑटोरिक्शा वाले सज्जन बोले, 'अरे, आज कागज नहीं है क्या? कागज में लपेट कर दो।' वे बोले, 'आज नहीं है, थोड़े से थे, खत्म हो गए।' 'कोई बात नहीं, ऐसे भी ठीक है।' कह कर मूर्ति मैंने झोले में रखी।

कलकत्ता से कल्याणी

एक-एक कर कई स्टेशन पार हो रहे हैं : विधान नगर, दमदम, बेलघरिया, आगरपाड़ा, सोदपुर, टीटागढ़, बेरकपुर आदि। और कई अभी कल्याणी के रास्ते में और आएँगे : पलता, इच्छापुर, श्यामनगर, काँकीनाड़ा, नैहीटी, हालीशहर, काँचरापाड़ा आदि। बचपन से लेकर अब तक इन सबके नाम न जाने कितने प्रसंगों में सुन चुका हूँ। इनमें से कुछ से गया भी हूँ। पिता के साथ, बचपन या किशोरावस्था में। पर वे स्मृतियाँ अब धुँधली पड़ चुकी हैं। सो, देख रहा हूँ खुली आँखों से इन सबका रूप-स्वरूप। देख रहा हूँ जल में या उसके इर्द-गिर्द उग आई वनस्पतियाँ। देख रहा हूँ केले, नारियल, आम आदि के पेड़। आँखें जुड़ा रही हैं। देख रहा हूँ रिहायशी मकान, फ्लैट, झोंपड़ियाँ, मिलों, फैक्टरियों की इमारतें, परिसर, आँगन, ईंटों की दीवारें। बारिशों और गर्द से बदरंग हुई बस्तियाँ। पर यह 'देखना' डिब्बे में इस वक्त शायद मेरे लिए ही है। शेष सब तो दैनिक यात्री हैं। अधिकतर अपने में लीन हैं। आवाजें हैं तो फेरीवालों की ही हैं। लेडीज पर्स, प्लास्टिक के थैले, लेमनचूस, चना-चुरमुरा आदि बेचनेवालों की आवाजें। तभी प्रकट होता है एक और फेरीवाला : एक हैंगर में पारदर्शी सफेद पॉलिथीन की थैलियों में न जाने क्या-क्या लटकाए-सजाए हुए। बारी-बारी से वह हर वस्तु का नाम-दाम गिना रहा है जो उसकी इस चलती-फिरती दुकान में उपलब्ध है। मैं विस्मय और कुतूहल से उसकी इस दुकान की ओर देखता रहता हूँ, जब तक वह आगे नहीं बढ़ जाता। डिब्बे में भीड़ नहीं है। वह तो होगी पाँच बजे के बाद वाली गाड़ियों में। यह बताती हैं, काँचरापाड़ा के मेरे युवा-मित्र संजय की पत्नी यमुना। यमुना सप्ताह के पाँच दिन रोज कलकत्ता के एक स्कूल में पढ़ाने जाती हैं—सुबह छह बजे की ट्रेन से। लौटती हैं दिन के ढाई बजे वाली ट्रेन से। आज उन्होंने मेरे कारण तीन बजकर बाईस मिनट वाली ट्रेन पकड़ी है। मुझे रविवार को काँचरापाड़ा भी जाना है, जहाँ संजय के परिवार ने 'रोशनाई' नाम की पुस्तकों की दुकान खोली है। मैं यह सुनकर ही बहुत उत्साहित हुआ था और जब संजय ने यह प्रस्ताव रखा कि कल्याणी पहुँचकर मैं कुछ समय के लिए रविवार के दिन काँचरापाड़ा भी आऊँ तो मैं तुरन्त तैयार हो गया था। मेरे कल्याणी जाने का कार्यक्रम—किस ट्रेन से जा रहा हूँ सियालदह से कल्याणी—यह भी संजय-यमुना को मालूम था, सो यमुना ने सियालदह से यही ट्रेन पकड़ी थी—यही सोचकर कि रास्ते में मुझे कहीं कोई असुविधा न हो। मैं उनका इसके लिए सचमुच

कृतज्ञ हुआ हूँ।

वे पूछती हैं, 'आप कल्याणी पहले भी कभी गए हैं?' मैं कहता हूँ, 'हाँ', और एक बार और कल्याणी जाने की धुँधली स्मृतियों में खो जाता हूँ। तेरह-चौदह का रहा होऊँगा जब पचास के दशक में पहली बार कल्याणी गया था। पिता को घूमने का, नई-नई जगहें देखने-दिखाने का शौक था। सो वे हमें भी ले गए थे कल्याणी—बंगाल के ख्यातिनाम मुख्यमंत्री विधान चंद्र राय की 'परिकल्पना' वाले शहर कल्याणी में जो तब बनना-बसना शुरू ही हुआ था। बने-अधबने मकानों की निर्जन-सी पड़ी सड़कों की ही कुछ-कुछ याद है। यमुना कहती हैं, 'अब तो पूरी तरह बस गया है कल्याणी।' निश्चय ही उसे देखने को उत्सुक हूँ। मेरे ठहरने की व्यवस्था वहाँ कल्याणी विश्वविद्यालय के विश्रामगृह में हुई है। आयोजकों ने कल्याणी की बनिस्बत मुझे घोषपाड़ा स्टेशन में उतरने की हिदायत दी है : विश्रामगृह वहीं से पास पड़ेगा। कल्याणी जा रहा हूँ—बांग्ला नाटकों का एक तीन दिवसीय नाट्य समारोह देखने के लिए। तीन दिन में पाँच नाटक होंगे। इन सभी के निर्देशक राष्ट्रीय नाट्य विद्यालय के पाँच पूर्व स्नातक हैं : सभी युवा हैं और उनकी मंडलियों के अभिनेता-अभिनेत्रियाँ भी युवा ही हैं। इन्हीं निर्देशकों में हैं शांतनु दास। वे कल्याणी के ही हैं और उन्हीं के प्रयत्नों से यह समारोह आयोजित हुआ है। शांतनु दो वर्ष पहले तक तो दिल्ली में ही थे। विद्यालय में अन्तिम वर्ष के छात्र थे, जब उनसे भेंट हुई थी। उनके आग्रह और उनके प्रति सहज स्नेह के कारण भी यह गाड़ी मुझे कल्याणी खींचे लिए जा रही है। इस आयोजन में ख्यातिनाम निर्देशक, मंच परिकल्पक और अध्यापक रॉबिन दास भी आने वाले हैं। हाल ही में राष्ट्रीय नाट्य विद्यालय के द्वितीय वर्ष के छात्रों के साथ छऊ शैली के 'सहयोग' से उन्होंने जो अद्भुत नाटक 'शिला-शृंगार' प्रस्तुत किया था, उसके बारे में यहाँ कुछ फुरसत में उनसे बातें करने का मन है!

काँचरापाड़ा स्टेशन आ गया है, यमुना कह रही हैं—मैं झाँककर देखती हूँ, शायद संजय यहाँ होंगे। देख रहा हूँ, संजय के साथ ही भोला बाबू भी आ रहे हैं। वे भी काँचरापाड़ा ही रहते हैं। साहित्य अनुरागी हैं। एक समय 'कण' नामक पत्रिका भी वे निकालते थे। वर्षों बाद उनसे भेंट करके अच्छा लग रहा है...गाड़ी चल पड़ी है...ओ हो! तो ये सब कल्याणी तक मेरे साथ ही चल रहे हैं...मुझे वहाँ तक पहुँचाकर ही वापस काँचरापाड़ा लौटेंगे। यह कष्ट वे क्यों उठा रहे हैं! मन ही मन कहीं उनके साथ से और अपने प्रति उनकी 'चिन्ता' से खुश भी हूँ।

घोषपाड़ा पहुँचकर और मेरे साथ 'ऋत्विक सदन' तक आकर, जहाँ नाट्य समारोह आज शाम से ही प्रारम्भ हो रहा, संजय-यमुना कांचरापाड़ा लौअना चाह रहे हैं। हमन साथ-साथ चाय पी ली है। संजय-यमुना को लौटने में कुछ संकोच करता देखकर मैं यगुना से कहता हूँ...'आप लोग अब लौटिए। सुबह की निकली हुई हैं, आपका बेटा भी तो आपका इन्तजार कर रहा होगा।' वह दो बरस का है।

संजय-यमुना ने 'पथेर पांचाली' के अपू की तर्ज पर उसका यही नाम रखा है। बेटे के नाम पर युवती-माँ के चेहरे पर जो चमक आई, वह शाम के उतरते अँधेरे में भी मुझसे छिपी न रही। मन प्रसन्न हुआ। यह स्मरण भी एकबार फिर हो आया है कल्याणी में कि विधान बाबू की 'मदद' से ही तो पूरी हो पाई थी 'पथेर पांचाली' फिल्म। भोला बाबू रुक रहे हैं। वे नाटक देखकर ही लौटेंगे। फिर आयोजक सब उनके परिचित निकल आए हैं। वे बातों में मशगूल हैं। संजय-यमुना को विदा कर मैं 'ऋत्विक सदन' के परिसर में एक नजर डालता हूँ—चारों ओर देखता हूँ। कल्याणी के पेड़-पौधे भी सब बड़े हो गए हैं। बस तो वह गया ही है। कल सुबह करूँगा कल्याणी की सैर भी।

5 मार्च, 2000

ब्रह्मपुत्र के किनारे

ब्रह्मपुत्र को पहली बार साक्षात देख रहा हूँ। इससे पहले तो उसे फिल्मों, टीवी और तस्वीरों में ही देखा है। गुवाहाटी के सर्किट हाउस की पहली मंजिल के बरामदे से उसे दूर तक देख सकता हूँ। प्रसन्न हुआ हूँ कि मुझे पहली मंजिल में कमरा मिला है। ब्रह्मपुत्र की जल-लहरियाँ इस वक्त बहुत हौले से उठ-गिर रही हैं। उनकी कोई आवाज भी इस वक्त नहीं है। वह बारिश और बाढ़ के दिनों में होती होगी। बरामदे से, जहाँ से ब्रह्मपुत्र दिख रहा है, उसके आगे कुछ पेड़ हैं अशोक के, नारियल के, कुछ अन्य। उनकी टहनियों-डालियों-पत्तियों से छनकर दिख रही हैं ये जल-लहरियाँ। दिख रहा है वह छोटा-सा द्वीप—नद का द्वीप—जहाँ उमानंद का मन्दिर है और बहुत सारे पेड़ हैं, मन्दिर को भी आच्छादित किए हुए। मन्दिर तक मोटरबोट से ही पहुँचा जा सकता है। दिख रही हैं उस पार के तट के भी पीछे की पर्वत-श्रेणियाँ। आती हुई दिख रही है लम्बी नाव के आकार की मोटरबोट जो सवारियों से भरी हुई है। ब्रह्मपुत्र नद है, सो उसे पुल्लिंग में ही पुकारा जाता है। असमिया नाम 'लुहत' भी है, जो 'लोहित' का अपभ्रंश है। यह सब पहले से मालूम है। पर अब वास्तव में देख-समझ-मान रहा हूँ कि सागर के विस्तार-सरीखा यह नद कितना गरिमामय और विशाल है। चिड़ियों की आवाजों के अलावा इस समय यहाँ सर्वत्र शान्ति है। नद के ऊपर की यह शान्ति और भली लग रही है। पानी की रंगतें दूर से हरी-नीली-निर्मल दिख रही हैं—निकट जाने पर भी वे वैसी भी लगेंगी, इसका भरोसा है। कुछ दुख के साथ नोट करता हूँ कि जमुना-गंगा जैसी बड़ी नदियों की तो कैसी दुर्दशा हो गई है। ब्रह्मपुत्र नद को देखकर यह राहत भी होती है कि चौड़े पाट के बीच का जल अपनी गहराई का भी बोध करा रहा है।

वेला अपराह्न की है। नीचे उतर आता हूँ। 'पूर्वांचल प्रहरी' के युवा पत्रकार रत्नेश कुमार थोड़ी देर में आएँगे। प्रतीक्षा कर रहा हूँ कि वे आएँ तो चलूँ, रंगकर्मियों-लेखकों-कवियों से मिलूँ। प्रतीक्षा करते हुए फिर सर्किट हाउस के पिछवाड़े से नद को देखने लगता हूँ। सोचता हूँ यहीं खड़ा हुआ बहुत देर तक इसे निहारता रह सकता हूँ। जल का अपना एक सम्मोहन होता है। फिर ऐसी विपुल जल-राशि का सौन्दर्य तो अपनी ओर कुछ ज्यादा ही खींचता है।

शाम को कमरे में युवा असमिया कवि अनुपम कुमार और अनुभव तुलसी आते

हैं। मैं रत्नेश कुमार के साथ रवींद्र भवन जाकर असमिया के सुप्रसिद्ध रंगकर्मी और राष्ट्रीय नाट्य विद्यालय के 1966 बैच के पुराने स्नातक दुलाल राय से मिल आया हूँ। वहीं कुछ और लोगों से भी भेंट हो गई है। मिलने-जुलने का यह सिलसिला बना हुआ है, इससे मन प्रसन्न है। कुछ महीनों पहले जब साहित्य अकादेमी के एक काव्यपाठ में अनुपम और अनुभव दिल्ली आए थे तो उनसे भेंट हुई थी। कुछ ही महीनों बाद अब उनकी नगरी गुवाहाटी में उनसे भेंट करके बहुत अच्छा लग रहा है। ब्रह्मपुत्र की भी चर्चा चल पड़ी है। मैं अनुभव से पूछता हूँ कि असमिया साहित्य और कविता में ब्रह्मपुत्र को कितना स्थान मिला है। वे कुछ सोचते हुए कहते हैं, बहुत ज्यादा तो नहीं। फिर नीलमणि फूकन की कविता 'ब्रह्मपुत्र पर सूर्यास्त' की याद करते हैं और कहते हैं, याद करने पर कुछ चीजें और याद आ सकती हैं। मैं समझ सकता हूँ ब्रह्मपुत्र जैसे विशाल नद का 'प्रवेश' साहित्य में सहज-सरल तो नहीं ही हो सकता। फिर अचानक ध्यान जाता है कि गंगा-यमुना-नर्मदा आदि के प्रसंग से हिन्दी में भी कविताएँ, आधुनिक काल में, कुछ कम ही तो लिखी गई हैं। क्या कारण हो सकते हैं? 'निराला' की कविता 'यमुना के प्रति' का स्मरण अवश्य तत्काल हो आता है। और प्रसाद की कविता 'अरी वरुणा की शांत कछार' का भी। अनुभव यह भी जोड़ते हैं कि ब्रह्मपुत्र के प्रसंग से लोकगीत भी ज्यादा नहीं हैं। भूपेन हजारिका के ब्रह्मपुत्र वाले गीत की याद की जाती है और उनके टीवी सीरियल 'लोहित किनारे' की भी। ब्रह्मपुत्र को देखने के अपने 'अनुभव' का साझा जब मैं अनुभव से करता हूँ तो वे कहते हैं, ब्रह्मपुत्र का वास्तव में चौड़ा पाट तो आपको अन्यत्र देखने को मिलेगा, यहाँ गुवाहाटी में तो उसके दोनों तट पर्वत श्रेणियों ने 'बाँध' रखे हैं। मैं कहता हूँ, 'पर इससे यहाँ उसकी सुन्दरता कुछ और बढ़ नहीं जाती क्या?' वे सम्मति में सिर हिलाते हैं। लेकिन यह जोड़ना नहीं भूलते कि इस 'सुन्दरता' का लाभ हम पूरी तरह नहीं उठा पा रहे। शहर में गन्दगी बढ़ रही है। और नई इमारतें आदि भी इस सोच के साथ तो नहीं ही बनाई जा रहीं कि वे इस सौन्दर्य का अंग बनें। क्या नदियों के तट पर बसे हमारे तमाम शहरों के साथ धीरे-धीरे यही नहीं हुआ?

फरवरी, 2000

मनोरम मिजोरम में

दौल के पत्ते से आनन-फानन बना लिए गए दोने में झरने का निर्मल पानी कभी इधर तो कभी उधर लुढ़क रहा था। मैं उसे पीने से पहले थोड़ी देर तक मुग्ध भाव से निहारता रहा। पत्ते की चिकनाई में उसका 'रूप' पारदर्शी हो उठा था। सोचने लगा था इसकी तुलना किससे की जाए। अभी-अभी पिघली बर्फ वाले पानी से, स्फटिक से, दर्पण की उजली सतह से? किससे? फिर लगा था, फिलहाल तुलना की बात भुला देना ही बेहतर है। वह कंठ के नीचे उतरा तो तृप्त कर देने वाली शीतलता का एहसास हुआ। देखा, बारी-बारी से दौल को दोना बनाकर सभी तो उसे पी रहे हैं : सिद्धार्थ चक्रवर्ती, संदीप भट्टाचार्य, नलिनी रघुनाथन, रविजीता गोगोई—राष्ट्रीय नाट्य विद्यालय के युवा स्नातकों की यह टोली आइजॉल शहर (मिजोरम) के रास्ते पर है। वहाँ मिजोरम के कला और संस्कृति विभाग के लिए राष्ट्रीय नाट्य विद्यालय एक कार्यशाला का आयोजन कर रहा है—उसे संचालित करने के लिए ही सब जा रहे हैं। हवाई अड्डे से जीपों में चले हुए हमें आधे घंटे से कुछ अधिक हो चुका है, अभी आइजॉल तक कोई डेढ़ घंटा और लगेगा। असम की रविजीता मुझसे पूछती हैं, 'सर, और पानी लेंगे?' मैं प्रसन्नतापूर्वक 'हाँ' में सिर हिला देता हूँ। दूसरे दोनों को भी पीने से पहले फिर निहारता हूँ, इस बार कमल के पत्तों पर बिछलती हुई बूँदों का ध्यान आता है। दौल के पौधे ठीक झरने के पास हैं और उनमें हम पानी पी सकते हैं, यह सूझ थी मिजोरम के कला और संस्कृति विभाग के अधिकारी मुआना की।

दौल हरा है, चिकना है, मुलायम है और उसके पत्ते को सिर्फ मोड़कर दोना बनाया गया है, सो उसे सावधानीपूर्वक थामे रखना पड़ता है। इस 'जल-पान' के बाद भी एकदम से वहाँ से टलने का मन नहीं हो रहा है, झरने वाले पहाड़ के ऊपर में, जहाँ तक नजर जाती है, वह वनस्पतियों से लदा है। तरह-तरह के पेड़-पौधों-लताओं की शीतल छाया उसे प्राप्त है, इधर या उधर दिखने वाले शेष पहाड़ों का भी यही हाल है। रास्ते में बाँस और काँस विपुल मात्रा में हैं। आकाश इतना निर्मल और नीला है कि उसका नीलापन मानो धरती पर भी उतरकर हरे की रंगत बदले दे रहा है। धूप भी उजली है। ठंड नहीं है। मौसम सुहावना है। पर आगे बढ़ना तो होगा : कार्यशाला का उद्‌घाटन आज तीन बजे ही है, जिसमें हमें उपस्थित रहना है। उद्‌घाटन में आइजॉल के नाट्य प्रेमी, गण्यमान्य नागरिक, छात्र-छात्राएँ भी आएँगे। कलकत्ता के

दमदम हवाई अड्डे से प्लेन चला भी कुछ देर से था और आइजॉल के हवाई अड्डे पर पहुँचकर हमने पाया कि नलिनी का बैग भी नहीं मिल रहा है। वह सम्भवतः किसी भूलवश इंफाल वाले सामान के साथ चला गया है। अब जहाज जब फिर इंफाल से लौटेगा तो वह मिलेगा। सो हवाई अड्डे से निकलने में भी कुछ देर हो गई थी। हवाई अड्डे के बाहर एक सब्जी बाजार लगा था : सेम की बड़ी फलियाँ, छोटी (तीखी) लाल मिर्च के गुच्छे, इमली के ढेर, टमाटर, कई तरह के साग आदि वहाँ थे। मुआना ने जल्दी-जल्दी कुछ सब्जी खरीदी और कुछ सब्जियों को लेकर हमारी जिज्ञासा भी शान्त की। सब्जियाँ इतनी हरी और ताजा थीं कि हमारे मन-आँखों में भी वे एक ताजगी भर गईं।

मिजोरम आना पहली बार हुआ है। प्रकृति का कोई 'आदि-राग' मानों यहाँ आज भी बसा है। नलिनी और सिद्धार्थ यहाँ पिछले साल नवम्बर में भी आ चुके हैं जब पहली कार्यशाला लगी थी। वे यहाँ महीना भर रहे थे। सो वे मिजोरम से परिचित हैं और हमें कुछ-कुछ बातें बताते भी जा रहे हैं। राष्ट्रीय नाट्य विद्यालय के लेखा विभाग के रवींद्र बिष्ट को मिजोरम में अपने गढ़वाल की याद आ रही है। मैं आग्रहपूर्वक जीप की अगली सीट पर बैठा था : रास्ते के दृश्यों को आँखों में भरने के लिए। यह देखकर अच्छा लगता है कि रास्ते में कोई बैनर-विज्ञापन पट नहीं हैं, वरना अब वे कहाँ नहीं मिल जाते! लोहे के एक पुल पर से हम गुजरते हैं। यह त्लोंग नदी का पुल है, नदी की ओर देखता हूँ। आँखें जुड़ाती हैं। उपत्यकाओं के बीच बहती हुई वह आँख से ओझल हो जाती है। सहसा किसी ने नलिनी के 'खोए' हुए बैग का जिक्र कर दिया है। पर नलिनी हैं कि प्रसन्न हैं। हँस रही हैं। मुझे उनका यह 'दृष्टिकोण' अच्छा लगता है। वे कहती हैं, 'मैंने सोचकर देखा कि उस बैग में ऐसा क्या है, जिसके बिना मेरा काम नहीं चलेगा। हिसाब लगाने पर पाया कि काम तो चल जाएगा। मिलेगा तो ठीक, नहीं मिलेगा तो ठीक, मिजोरम आकर अपना मूड क्यों खराब करूँ' (यहाँ यह जोड़ना जरूरी है कि अनन्तर इंफाल होकर उनका बैग लौट आया था और उन्हें उसी दिन शाम तक मिल भी गया था)!

अब हम साइरंग पहुँच गए हैं। यह आइजॉल के रास्ते में एक बड़ा कस्बा है। चाय तो पीनी पड़ेगी। जिधर भी, जिस दुकान पर भी नजर जाती है, उसे स्त्रियाँ ही चलाती हुई दिखती हैं।...घनघोर प्राकृतिक वातावरण के बाद 'बस्ती' में आना एक और तरह का अनुभव है, पर प्रकृति-रस भी मानव-बस्ती के बिना कहाँ आता है! सो, पहचान रहा हूँ मिजोरम के शहर-दृश्य को भी, जहाँ पारम्परिक के साथ आधुनिक का एक मेल नजर आ रहा है।

गर्वोन्नत रिक्शा

वह जोधपुर में दिखा। ऊपर की ओर उठती हुई छत वाला। माथे पर कई प्रकार की, कई रंगों वाली बत्तियाँ धारे हुए, वैसी ही जैसी कि उत्खनन करने वाले इंजीनियरों और अँधेरे के बीच खतरों से खेलने वाले कारीगरों और मैकेनिकों के टोप में सजी रहती हैं। वह यों भी पूरी तरह सजा हुआ था। पहियों से लेकर अपनी समूची देह तक। भीतर की गद्दियों और पैर रखने की जगह के आसपास की छड़ों से लेकर ड्राइवर की सीट के सामने वाली जगह तक। शरीर का बाहरी हिस्सा काला और पीला था। छड़ें रुपहली चमकती हुईं। गद्दियों के आवरण प्लास्टिकीय चमक वाले। वह सहज ही आकर्षित कर लेता है। जरूरी नहीं कि सबको यह सज्जा भाए ही। यों भी उसके कुल रुचि-बोध को आप 'पॉप' की ही संज्ञा देंगे और पाएँगे कि बाजार को जो रंग भाते हैं, तड़क-भड़क वाले, वही इस ऑटो-रिक्शा को भी भा रहे हैं जो जोधपुर में चलता है और जैसा कि एक नुक्कड़ की चाय की दुकान वाले ने सुबह-सुबह बताया, 'जो केवल जोधपुर में मिलता है।' उसका 'सर' किसी अश्व की गर्दन जैसा भी लग सकता है और जब वह कहीं खड़ा हुआ होता है तो भी चलने को सन्नद्ध-सा मालूम देता है। चाय की दुकान के पास ही ऑटो-रिक्शा का जो स्टैंड था, वहाँ चार-पाँच ऑटो-रिक्शा खड़े थे और उन्हें चलाने वाले सुबह की चाय पी रहे थे और अखबार पढ़ रहे थे। मैं उन गर्वोन्नत रिक्शों की ओर सराहना भरी दृष्टि से देखने लगा। चाय वाले ने ही बताया कि ये ऑटो-रिक्शा यहाँ सन् साठ से चल रहे हैं। पहले पेट्रोल से चलते थे। उन्नीस सौ नब्बे से इनके इंजिन डीजल वाले हुए हैं। यह बजाज का नहीं है, लैंब्रेटा है। सारे पार्ट्स केरल से आते हैं। 'बॉडी कहाँ बनती है?' इसके जवाब में जानने को मिला कि 'यहीं, जोधपुर में। सब कुछ यहीं होता है। इसकी रंगाई-पुताई से लेकर इसको सजाने का हर तरह का काम...।' मैंने फिर रिक्शों की ओर देखा, प्रशंसात्मक दृष्टि से ही। एक के सर पर उसके चालक ने बड़े प्यार से मोरपंख फँसा दिया था। वह पंख हवा में, दिसम्बर के अन्तिम दिनों की सुबह की ठंडी हवा में 'सिहर' रहा था! एक के पीछे लिखा हुआ था : 'झलक'। एक चीज और नोट की : सवारी के पैर रखने वाली जगह कुछ विस्तृत ही है, खुली-खुली। दिल्ली या कई अन्य शहरों के ऑटो-रिक्शा में तो बैठते ही मानो आप सिमट-सिकुड़ जाते हैं। हम यानी मैं और मेरी पत्नी ज्योति कल रात जोधपुर के इस रिक्शे में जब बैठे थे तो निश्चय ही सीट भी आरामदायक

लगी थी। पर इसके अंग-प्रत्यंग पर नजर पूरी तरह गई कहाँ थी! अब सुबह के उजाले में उसकी शोभा या छटा निराली लग रही है। सोचने लगा, भूपेन खक्खर के चित्र या रघुराय के छायाचित्र में यह क्या खूब जमेगा!

चाय की दुकान वाले ने ही यह बताया कि जोधपुर में साइकिल रिक्शे नहीं हैं। सवारी है तो बस यही। उसके बताने से पहले इस ओर भी कहाँ ध्यान गया था। सोचने लगा कोई किसी शहर में साइकिल-रिक्शे की डिजाइन को भी कुछ बदल क्यों नहीं देता! उसे हमने इतना अनाकर्षक और फँसा हुआ-सा क्यों बना रखा है? रघुवीर सहाय की कविता याद आई, 'साइकिल-रिक्शा' और उसकी ये पंक्तियाँ : 'आओ इक्कीसवीं सदी के इन्जीनियर/ईजाद साइकिल रिक्शा ऐसी करें/जिसके सवारी और घोड़ा अगल-बगल तफरीहन बैठे हों।'

हाँ, जोधपुर के इस ऑटो-रिक्शा की आवाज मधुर-मद्धिम नहीं है। एक लड़खड़ाती हुई घर्र-घर्र-साँ-साँय-साँय-घर्र-घर्र की ध्वनि इसके साथ लिपटी हुई चलती है। इस तरह यह अपनी दुंदुभि कुछ दूर से ही बजाता हुआ आता है। पर इस 'दुंदुभि' का इसके गर्वोन्नत सर से कोई मेल नहीं है। काश, इसमें या तो कोई आवाज होती नहीं, या होती तो कुछ शालीन-सी। बहरहाल, उसके इस एक पक्ष को छोड़ दें तो जोधपुर के रिक्शे से आपको कोई अन्य शिकायत शायद होगी नहीं।

हमारे छोटे-मझोले शहरों की परिवहन-व्यवस्था अब साइकिल रिक्शों-ऑटो-रिक्शा-टेंपुओं से ही संचालित होती है। इसीलिए इनकी डिजाइन और सज्जा की ओर ध्यान जाना ही चाहिए। ये अपने ध्वनि-प्रसारण से ध्वनि प्रदूषण फैलाएँगे या अपने धुएँ से वायु-प्रदूषण तो जल्दी ही छोटे-मझोले शहरों का आकाश और वायुमंडल वैसा ही हो जाएगा, जैसा कि महानगरों का हो चुका है।

जोधपुर में राजस्थान साहित्य अकादेमी और शाह गोवर्धनलाल काबरा ज्ञानपीठ द्वारा आयोजित तीन दिवसीय 'कविता शिविर' में भाग लेने के लिए पहुँचा था। शिविर की समाप्ति पर मेरी पत्नी और मैं जोधपुर का किला देखने के लिए जा रहे थे। होटल के बाहर निकले तो आयोजन-प्रबंधकों में से किसी ने आवाज लगाई—''टैक्सी'। जोधपुर के ऑटो-रिक्शा के लिए यह सम्बोधन मुझे अच्छा लगा। मालूम हुआ उसे टैक्सी और ऑटो दोनों ही नामों से पुकारा जाता है। जो टैक्सी आई उसे एक युवक चला रहा था। टैक्सी बिल्कुल नई लगी। बेहद सुसज्जित। चित्त प्रसन्न हुआ। किले पर पहुँचे तो चालक से विदा लेते वक्त मैंने कहा, 'शुक्रिया'।

का बरखा

सुबह से ही झींसी पड़ रही है। आकाश मेघाच्छन्न है। हवा चल रही है और सामने के पेड़ों की डालियाँ-पत्तियाँ इस हवा में झूम रही हैं। बरामदे के फूल-पौधे भी मुदित हैं। चिड़ियों की बोली सुन पड़ रही है। कुछ कबूतर सामने के फ्लैट की एक खिड़की-छाया में बैठे हैं। निश्चल। मैं भी बरामदे की ओर खुलने वाले दरवाजे को खोल कर एक कुर्सी पर बैठा चाय पी रहा हूँ। आँखें तृप्त हैं। मन तृप्त है। और वह तन, जो दिल्ली का निदाघ झेल चुका है, वह भी तो पुलकित ही है। जैसे-जैसे मेघ-छाया गहरी हो रही है, इस बात की उम्मीद बढ़ रही है कि झीसी फुहारों में बदलेगी और फिर फुहारें धुआँधार बारिश में बदल जाएँगी। दृश्य पर पानी का हिलता हुआ विराट परदा तन जाएगा। गलियों-सड़कों पर पानी चलने लगेगा। और इसी में चलने लगेंगे वे लोग, जिन्हें अपने काम पर निकलना बहुत जरूरी होगा...। पर मैं नीचे के इस दृश्य की बात क्यों सोचने बैठ गया, मैं तो जोरदार बारिश को 'देखने' की तैयारी करके बैठा हुआ हूँ। उसे देखने का सुख ही कुछ और है, फिर वह चाहे घर के किसी बरामदे, खिड़की-दरवाजे, छज्जे, झरोखे से दिख रही हो या छत के किसी टीन-सीमेंट के शेड से, ट्रेन की खिड़की से, किसी होटल या विश्राम गृह से...। बस, शर्त यही है कि वह बरस रही हो और आप 'सूखे' में बैठे हों। ज्यादा से ज्यादा हो यह रहा हो कि बारिश की बूँदें-फुहारें छिटक कर आपके पास तक चली आ रही हों, आपके इर्द-गिर्द की जमीन यानी फर्श को भिगो रही हों और अगर आपका स्पर्श कर भी रही हों तो बड़े बेमालूम तरीके से! फिर, आप देखते बैठे रहिए बारिश! उठाइए उसका सुख!

पर क्या करें कि बारिश को देखते रहने के सुख में अब बारिश के पड़ने का 'दुख' भी आकर शामिल हो गया है। बचपन के वे दिन तो रहे नहीं कि सब कुछ से बेखबर हम बारिश में भीगने का सुख उठाते रहें, कागज की नावें तैराते रहें और गली-सड़क-बाग-बगीचे-अहाते में भर गए पानी को 'छप-छप' करते हुए उछालते रहें।...अखबार आकर बता जाता है कि अमुक जगह बारिश से कोई पुल बह गया, नदी में कोई नाव उलट गई, घनघोर बारिश को कोई पुरानी इमारत झेल नहीं पाई, इतने लोग मर गए...। किसी उमड़ आए नाले-दी में कोई बच्ची या बच्चा बह गए। कोई किसी 'मैन होल' में गिर गया। और टीवी दिखा जाता है घनघोर बारिश में

मुम्बई, अहमदाबाद और अन्य शहरों में हुई तबाही, पानी में डूबी हुई ट्रेनें, बसें, कारें, साइकिलें...पानी में फँसे हुए बच्चे, महिलाएँ...किसी 'डूबे' हुए-से बस-स्टॉप पर घंटों का इन्तजार...। झुग्गी-झोंपड़ियों का और भी असह्य हो उठा असहनीय जीवन!

पहले हमारे शहरों की इतनी आबादी भी कहाँ थी और एक बस्ती से दूसरी में पहुँचने के लिए इतनी दूरियाँ कहाँ थीं, इतना कूड़ा-कचरा कहाँ था, जो नाले-नालियों को जाम कर दे, इतना पॉलिथीन कहाँ था, जो कहीं बह कर जाता नहीं और जहाँ बह कर जाता है, वहाँ भी एक मुसीबत खड़ी कर देता है।...गाड़ियाँ, एक-से-एक चमचमाती, लम्बी-लघु गाड़ियाँ बढ़ गई हैं, पर सड़कों के गड्ढे कम नहीं हुए, वे भी और बढ़ गए हैं...। कल ही तो दक्षिण दिल्ली के एक अत्याधुनिक (या उत्तर आधुनिक!) चमकीले रेस्तराँ के सामने की उस टूटी-गहरी सड़क को देख रहा था, जिसे देख कर लगता था मानो वह किसी पुराने कुंड, किसी पुरानी बावड़ी का भग्नावशेष हो, सड़क नहीं! पर विशाल काँच की दीवारों से भीतर का दृश्य देखने पर लगता नहीं था कि वहाँ मौजूद किसी को यह 'भग्नावशेष' कोई विशेष परेशान कर रहा हो। खासी चहल-पहल थी फैशनेबुल लिबासों की। खरीदारी की, खाने-पीने की! पित्जा, बर्गर, कोला आदि-आदि के सम्मोहन के आगे तो अब ये क्षुद्र कठिनाइयाँ ही हैं, एक खास वर्ग के लिए...।

तुलसी ने लिखा था, 'का बरखा जब कृषी सुखानी...' और वह सिंचाई के नए साधनों और फसलों के उलट-फेर के बावजूद आज तक काफी सच है! पर आज हम क्या करें! क्षमा करेंगे तुलसी बाबा, हम तो यही कहने को मजबूर हैं, हम नगरवासी, कि 'का बरखा जब गली भरानी।' हाँ, जब महानगरों-शहरों-कस्बों की गलियाँ वर्षा के पानी से भर जाती हैं, उतराने लगती हैं तो उनमें तरह-तरह की गन्दगी ही तो उतरा आती है। महामारी फैलने का खतरा पैदा हो जाता है। पीने के साफ पानी की किल्लत और बढ़ जाती है। 'रोज कुआँ खोद कर पानी पीने वालों' के लिए बारिश और बाढ़ का पानी महा-संकट उत्पन्न कर देता है। उनकी नैया तो यों ही डूबने लगती है...और उनकी नैया को पार लगाने की बात तो अब मल्टीनेशनल की बाढ़ के आगे बहुत कम लोगों को ही सूझ रही है...सूखे की विभीषिका के बाद बाढ़ की विभीषिका को सबसे ज्यादा झेलने के लिए भी वे ही तो मजबूर हैं! और इन विभीषिकाओं का सिलसिला तो बना ही हुआ है...प्रमाण हैं, इसी वर्ष के गुजरात-राजस्थान और अन्य प्रदेश!

देख रहा हूँ कि यह टिप्पणी पूरी हो गई, पर थोड़ी-सी बारिश के बावजूद सामने का दृश्य पूर्ववत है। धुआँधार बारिश आज नहीं देखने को मिली, सो नहीं मिली।

इस पर हर्ष मनाऊँ या शोक?

ढाका में मेघ

जवा फूल और गुलाब हैं। आम, कटहल, केला और नारियल हैं और उन सबमें फल हैं। कुछ घरों के भीतर-बाहर पपीता भी है। 'उत्तरा' की गलियों में घूम रहा हूँ। यह नया ढाका है—उत्तरा। दो-तीन-चार मंजिलों वाली इमारतें हैं, कुछ नए चाल की भी हैं। और इन सबके भीतर-बाहर जो पेड़-पौधे हैं वे नए मकानों के साथ ही उगे हैं। कुछ पुराने भी होंगे। वर्षा से यह भूभाग वनस्पतियों के मामले में बहुत उर्वर रहा है। नए पेड़-पौधे भी उसी का प्रमाण हैं। जो प्लॉट अभी खाली पड़े हैं या बने-अनबने हैं, उनमें भी जहाँ-तहाँ घास लहलहा रही है। कल रात बारिश हुई थी। होटल के कमरे से उसकी आवाज तब तक आती रही थी जब तक नींद नहीं आ गई थी। पेड़-पौधे, वनस्पतियाँ, सब धुल गए हैं। गलियों में कहीं-कहीं पानी भी भर गया है। उसमें वृक्ष, डालियाँ, बिजली के खंभे, मेघ—सब प्रतिबिंबित हैं। पर जहाँ ज्यादा पानी देखता हूँ, लौट पड़ता हूँ और किसी दूसरी गली-सड़क की ओर मुड़ जाता हूँ। अब आकाश इतना मेघाच्छन्न नहीं है कि सुबह की रोशनी को 'रोक' ले, सो दृष्टि परिधि में सब कुछ आ रहा है। एक दीवार पर बिल्ली बैठी है, अपने को सिकोड़े-समेटे, पर उसके बदन के रोए फूले हुए हैं। बहुत मैली से फ्राक पहने दस-बारह साल की एक लड़की एक घर के बाहर से फूल तोड़ रही है। किसकी बेटी है वह, किसी महरी की, मजूर की? गलियों में इक्का-दुक्का लोग और भी दिख जाते हैं, पर घरों के भीतर अभी सन्नाटा है—सुबह के साढ़े पाँच ही तो बजे हैं। 'उत्तरा' में सड़कों-गलियों के नाम नहीं हैं, रोड नं. और सेक्टर नम्बर हैं। हाउस नम्बर हैं। 'गृहस्थों' ने घरों को कुछ नाम जरूर दे दिए हैं। देसी-विदेशी दोनों तरह के नाम हैं। मसलन एक घर के बाहर लिखा है, 'ल नम्बर', एक के 'रोजी विला' 'त्रिवेणी' और 'स्नेहनीड़' के नाम-पटों की लिपि बांग्ला ही है। बांग्ला भाषा ही तो बांग्लादेश की आधार भित्ति रही है। सभी वाहनों की नम्बर प्लेटें बांग्ला में ही हैं...कारों में, टैक्सियों में, बसों में और बेबी-टैक्सियों में साइकिल रिक्शों में ऑटो-रिक्शा का नाम ढाका में यही तो है—बेबी टैक्सी। या फिर सिर्फ 'बेबी' नम्बर प्लेटों में 'ढाका मेट्रो' उल्लिखित है और फिर अलॉटेड नम्बर दिए हुए हैं। वे भी बांग्ला में ही हैं। जिन्हें बांग्ला न आती हो और वे किसी वाहन का नम्बर नोट करना चाहेंगे, तो न कर सकेंगे, किसी से पूछकर ही नोट कर पाएँगे। हाँ, नए शॉपिंग कांप्लेक्सों में नई चाल की दुकानों में अंग्रेजी नाम पटों की संख्या बढ़ती

हुई लगती है...

ढाका के काजी नजरुल इस्लाम इंस्टीट्यूट और केन्द्रीय साहित्य अकादेमी दिल्ली के विनिमय कार्यक्रम के अन्तर्गत ढाका पहुँचा हूँ। नजरुल शतवार्षिकी का समापन समारोह है। कलकत्ता से महाश्वेता देवी और मानवेंद्र वंद्योपाध्याय जैसे साहित्यकार भी आए हैं। कुल मिलाकर दस-बारह लोग हैं—नजरुल पर चर्चा करने के लिए सेमिनार में। इसके अतिरिक्त 'आवृति' और नजरुल गीति के भी आयोजन हैं, रोज, रोज। मुझे आए हुए एक ही दिन हुआ है। हम जिस होटल में ठहरे हैं, वह 'उत्तरा' में ही है। पर, नजरुल इंस्टीट्यूट यहाँ से कोई बीस किलोमीटर दूर है। सो, कल वहाँ तक के दो ही चक्करों में ढाका के कई सड़क दृश्य देखने को मिल गए हैं—दोपहर और शाम के।

उत्तरा के घरों-बंगलों में गाड़ियाँ हैं, दो-तीन के हिसाब से। कुल लम्बी-चौड़ी थी। एक घर के निचले हिस्से में, एक 'आधुनिक' दुकान दिखाई पड़ती है बिस्कुट, साबुन, तेल, मिनरल वाटर क्या कुछ नहीं है। एक ओर कुछ हैंगरों में कमीजें भी टँगी हैं, बिक्री के लिए। ...दुकान अभी 'खुल' ही रही है। गलियों में घूमते हुए यह भी देख रहा हूँ कि नुक्कड़ों में, घरों के पिछवाड़े, किसी कोने में चाय के छोटे-छोटे खोखे भी खुलने लगे हैं। यह 'उत्तरा' के बीच ही मानों एक दूसरी दुनिया है, रिक्शे वालों की मजदूरों की, नई बन रही इमारतों में काम करने वालों की और शायद उनकी भी जिनके पास कोई विशेष काम नहीं है, या कि फिर कोई काम ही नहीं है...तहमद, कमीज, गमछा उनका पहनावा है, और उनके बदन की ये चीजें संकेत कर रही हैं कि उन्हें ही मानो बार-बार पहना जाता है।

मई का चौथा सप्ताह शुरू हो रहा है। दिल्ली से तैंतालीस डिग्री वाली गर्मी के बीच से यहाँ पहुँचा हूँ और इस वक्त यहाँ एक गली की एक अधबनी इमारत, और उसके पास ही एक खाली पड़े प्लाट से मेढकों की टर्राहट सुनाई पड़ रही है। इस जगह कुछ ज्यादा पानी इकट्ठा है। दिन को कैसा मौसम रहेगा, नहीं जानता। हो सकता है कि कल दोपहर की तरह ही मौसम गर्म रहे। पर, इस समय तो रात ढाका में बरसे मेघों के कारण हवा में एक ठंडक है और पेड़ों वनस्पतियों के हवा में झूमने से, दृष्टि में है एक भीगी हुई कातर चंचलता।

मई, 2000

ज़ैनुल के जलरंग

बरगद का वह पेड़ बहुत पुराना लगता है। काफी बड़ा भी। न जाने कितनी जड़ें जटाओं की तरह पृथ्वी पर लटक आई हैं। परिसर में आम और कटहल के भी कई पेड़ हैं। ढाका में जहाँ भी जाता हूँ, जिस भी इलाके में, वे मिलते हैं। फलदार। नागार्जुन की कविता 'कटहल' का स्मरण कई बार हो आया है। बांग्ला अकादेमी के इस परिसर में और भी कई तरह के पेड़ हैं, घास है और इस वक्त जब शाम के पौने पाँच बज रहे हैं, तब न तो बहुत तीखी न नम धूप में सारी चीजें एक खास तरह से चमक रही हैं और उस झक सफेद इमारत की ओर तो बरबस आँखें उठ जाती हैं, जिसकी काठ-खिड़कियों के पल्ले हरे रंग के हैं। यह ढाका विश्वविद्यालय का एक पुराना छात्रावास है। आज से सत्तर-पचहत्तर साल पहले कवि नजरुल इस्लाम जब ढाका आते थे तो अपने एक मित्र के साथ इसी छात्रावास में ठहरते थे। वह कमरा जहाँ वे तब ठहरते थे, अब एक संग्रहालय की तरह 'सुरक्षित' रखा गया है। यह बताते हैं नजरुल इंस्टीट्यूट के युवा लाइब्रेरियन हामिद। वे मुझसे पूछते हैं, क्या मैं इमारत के भीतर नहीं जाना चाहूँगा? मैं जाना तो चाहता हूँ पर दुविधा में हूँ। बांग्ला अकादेमी का पुस्तक केन्द्र पाँच बजे बन्द हो जाएगा। और पुस्तकें देखने-खरीदने का भी तो मन है। देख रहा हूँ कि कलकत्ता से आए बांग्ला कवि-लेखक मानवेंद्र वंद्योपाध्याय, कथाकार रामकुमार मुखोपाध्याय (जो साहित्य अकादेमी के कलकत्ता-क्षेत्रीय कार्यालय के सचिव भी हैं) और बांग्ला विश्व कोश से संबद्ध पार्थसेनगुप्त...ये सब पुस्तक विक्रय केन्द्र की ओर ही तेज कदमों से बढ़े जा रहे हैं। ठीक भी तो है, बस दस-पन्द्रह मिनट का ही समय और रह गया है। पता नहीं, फिर इधर आना हो न हो...। मैं हामिद से कहता हूँ 'पहले पुस्तकें ही देख लेते हैं।' और हामिद के बारे में सोचने लगता हूँ। उनकी यही तो इच्छा रहती है कि मुझे यह भी दिखा दें और वह भी। इनसे भी मिला दें और उनसे भी। कितना ख्याल रखते हैं मेरा। 'न' करना तो उन्हें आता ही नहीं। हमारी मंडली का कोई भी सदस्य जब भी उनसे किसी तरह की सहायता चाहता है, वे प्रस्तुत मिलते हैं (ठीक एक दिन बाद जब मैं अचानक अस्वस्थ होकर अस्पताल में भर्ती किया जाऊँगा तो यही हामिद मेरी चिकित्सा और तीमारदारी के लिए रात-दिन एक कर देंगे)।

पुस्तक केन्द्र में पहुँचते ही हमारे हाथ में पुस्तकों की एक सुमुद्रित सूची थमा

दी जाती है। पुस्तक केन्द्र टीन शेड में एक गोल-से इमारती हिस्से में है। यहाँ कई पुस्तकों की प्रतियाँ प्रदर्शित हैं। पर जाहिर कि प्रकाशन इतने ज्यादा हैं कि वे सब यहाँ प्रदर्शित नहीं हो सकते। पास ही गोदाम है। आप नाम बताइए, पुस्तक की प्रति आपके हाथ में आ जाएगी। विषयवार किताबों की सूची में 'चित्रकला' के अन्तर्गत जैनुल आबेदीन पर 'जैनुलेर जलरंग' नाम से जो पुस्तक है, उसे ही खरीदने का मन बना लेता हूँ। एक और पुस्तक दिखाई पड़ती है, पचास वर्ष पहले के ढाका पर। वह भी लेना चाहता हूँ। किताबें तो और भी हैं—ढेरों, विविध विषयों पर। एक पुस्तक बुद्धदेव बसु की कविता पर दिखाई पड़ती है। मोटी-सी। पर चुनने-देखने का ज्यादा समय कहाँ है। जो मिल रहा है, दिख गया है तत्काल, उसी के संग्रह से सन्तोष करना पड़ेगा। पुस्तकों के 'मलाट' (आवरण के लिए बांग्ला शब्द) कितने सुन्दर, सादे और सुरुचिपूर्ण हैं। क्या पश्चिम बंगाल और क्या बांग्लादेश, पुस्तकें देखकर ही आँखें जुड़ाती हैं। कीमतें आज भी ऐसी कि आप अचरज करें। 'जैनुल के जलरंग' पुस्तक की कीमत है मात्र पचहत्तर रुपए। और हम अतिथि लेखकों को तो भारी डिस्काउंट भी मिला है। डिमाई आकार की इस पुस्तक में आर्ट पेपर पर जैनुल आबेदीन की कई जलरंगी कृतियों की प्लेटें भी हैं। चित्त प्रसन्न हो गया है। जैनुल आबेदीन सबसे ज्यादा जाने जाते हैं, बंगाल के अकाल (1942) के अपने रेखांकनों-चित्रों के लिए...उनमें से कुछ इस पुस्तक में भी हैं। पर जलरंगों में ज्यादातर काम प्रकृति-सैरों (लैंडस्केप्स) के हैं और वे बहुत सुन्दर हैं।

कई वर्ष पहले बांग्लादेश से जब जैनुल आबेदीन के चित्रों-रेखांकनों की एक प्रदर्शनी भारत आई थी और दिल्ली में सम्भवतः राष्ट्रीय आधुनिक कला-संग्रहालय में लगी थी, तब उस पर लिखा भी था 'दिनमान' में। उनका देहान्त हुआ 1976 में। बांग्लादेश बनने के बाद वे उसके सबसे बड़ी 'जातीय' (राष्ट्रीय चित्रकार के रूप में समादृत हुए। लगभग उसी तरह जैसे कि नजरुल इस्लाम वहाँ के 'जातीय' कवि के रूप में सम्मानित हुए और आज तक हैं। नजरुल का देहान्त भी 1976 में हुआ। बांग्लादेश सरकार के आग्रह पर ही तो उन्हें 'मूक' अवस्था में ढाका ले जाया गया था। अब वहीं उनकी मजार है। उस इमारत में उनका संग्रहालय है, जहाँ वे अन्तिम वर्षों में रहे थे। और चार मंजिला इमारत का एक नजरुल इंस्टीट्यूट है। नजरुल एकेडेमी नाम से एक अलग संस्थान है। इस वर्ष उनके एक सौ एकवें जन्मदिवस, 25 मई को मैं ढाका में ही तो था। अखबार नजरुल-स्मृति से भरे पड़े थे। पर बांग्ला अकादेमी आकर यह अहसास और भी गहरा हुआ है कि नहीं सिर्फ नजरुल और रवींद्र ही नहीं, बांग्ला का 'इस पार' का हर लेखक बांग्लादेश में चाव से पढ़ा और जाना जाता है। धर्म से भी बड़ी हो सकती है भाषा, बांग्लादेश के जन्म में ही क्या यही मूल-मर्म नहीं छिपा हुआ? 'ज़ैनुल के जलरंग' जैसी पुस्तकें

भी तो भाषा-प्रेम का ही एक उदाहरण हैं। झोला, नहीं कहना चाहिए झब्बा, भरकर किताबें नजरुल की और नजरुल पर हम सब लेखकों को तो नजरुल इंस्टीट्यूट ने ही चलते समय भेंट में दीं और सुतली के हैंडिल वाले, क्रीम और बादामी रंग के कागज के वे बांग्ला अकादेमी के सुरुचिपूर्ण थैले, जिनमें रखकर मुझे मिली थी जैनुल के जलरंग! वे सब थैले भी तो याद आते हैं, सबके हाथों में...

परिचित-अपरिचित

कभी दिन के एक या दो बज रहे होते हैं, कभी रात के। जब भी नींद खुलती है, समय पूछता हूँ बार-बार। बादलों की गड़गड़ाहट हो तो पूछता हूँ 'बारिश हुई है क्या?' दवाओं का भी असर होगा कि सोता-जागता रहता हूँ ढाका के इस सबसे बड़े अस्पताल में। आधा दिन और पूरी रात हृदय रोग के सघन चिकित्सा कक्ष में रहने के बाद पोस्ट कोरोनरी केयर यूनिट में भेज दिया गया हूँ। यानी खतरे से बाहर हूँ, पर सावधानी और निगरानी से नहीं। न जाने कब मुक्ति मिले यहाँ से! साठ वर्षों के जीवन में अस्पताल में इस तरह अस्वस्थ होकर पहली बार भर्ती हुआ हूँ। वार्ड में कई बिस्तर हैं एक-दूसरे से सटे हुए-से। मुझे ऐसा बिस्तर मिला है, जिसके आसपास थोड़ी ज्यादा जगह है। हर बिस्तर के इर्द-गिर्द रोगी के एक से अधिक परिजन-प्रियजन जमा रहते हैं। नर्सों और डॉक्टरों के चेताने के बावजूद वे टस से मस नहीं होते जबकि व्यवस्था यही है कि रोगी के पास एक जन से अधिक नहीं रह सकता, पर भीड़ बनी ही रहती है। हाँ, प्रहरों के हिसाब से वह कम-ज्यादा जरूर लगती है। मसलन, रात को रोगियों के प्रियजन-परिजन भी तो सो ही जाते हैं, मूढ़ों-कुर्सियों पर बैठे हुए या फर्श पर ही सोते-जागते और ऊँघते रहते हैं। मेरे पास भी कोई न कोई रुकता है नजरुल इंस्टीट्यूट से, जिसके निमन्त्रण पर नजरुल सेमीनार में ढाका पहुँचा हूँ। कभी जैनुल, कभी नूरू, कभी हामिद। नजरुल इंस्टीट्यूट के युवा लाइब्रेरियन हामिद से तो ढाका पहुँचते ही दोस्ती-सी हो गई थी। उन्हें रात-दिन अपने लिए चिन्तित पाता हूँ। वार्ड में कुछ न कुछ गतिविधि बनी ही रहती है। कोई कराहता है, कोई बड़बड़ाता है, कोई अपने परिजन-प्रियजन को झिड़कता है। नर्सें और दाइयाँ चक्कर लगाती हैं। मैं शान्त और चुप रोगी हूँ। तो मेरे बिस्तर के आसपास भीड़ नहीं जमती, पर कौतूहलवश कुछ लोग जरूर आते हैं। मैं दिल्ली के ऐसे रोगी के नाम से मशहूर हो गया हूँ वार्ड में जो लिखता हिन्दी में है, पर बांग्ला, बांग्लाभाषियों जैसी बोलता है।

तभी तो सुबह-सवेरे ही सामने वाले एक बिस्तर के पास से उठकर सत्रह-अठारह वर्ष की एक लड़की मुझसे बांग्ला में बतियाने आ गई थी। मेरी बांग्ला से उसे निराशा नहीं हुई है, पर जाते हुए उसने टिप्पणी की है, 'थोड़ा अलग तरह से बोलते हैं।' अलग तरह से तो बोलता ही हूँ। पश्चिम बंगाल और पूर्व बंगाल (अब बांग्लादेश) का उच्चारण भेद तो जगजाहिर रहा है। और मेरी बांग्ला तो कलकत्ता वाली ही है। लड़की

से ही मालूम हुआ कि रोगी उसके श्वसुर हैं और अठारह-बीस वर्ष का जो लड़का उसके पास ही बैठा दिखाई पड़ता है वह उसका पति है। शादी हुए साल-दो साल ही हुए हैं। हामिद बताते हैं ग्रामीण कस्बाई-अंचलों में इससे भी कम उम्र में शादियाँ हो जाती हैं आज भी। सोचता हूँ, हमारे यहाँ भी तो होती हैं उत्तर प्रदेश, बिहार और राजस्थान में।

कोई ठिकाना नहीं, कब-कहाँ और किन परिस्थितियों में किससे भेंट हो जाएगी। हम कुछ घंटे या कुछ दिन साथ रहेंगे और फिर सम्भवतः कभी नहीं मिलेंगे। कभी-कभी तो यह भी होगा कि मिलेंगे, एक-दूसरे की गतिविधियों को देखेंगे भी, पर आपस में कोई बात नहीं होगी। अब किसी मौलवी जैसे दिखने वाले इन्हीं बुजुर्ग सज्जन को लें, जिनका बिस्तर मुझसे फुट-दो फुट की दूरी पर ही तो है, पर हमारी बात नहीं हुई, कोई प्रसंग भी नहीं बना, फिर अनावश्यक रूप से बात करने की मनाही भी तो है। अगर उसका पालन करें तो...सो, हम एक-दूसरे के 'परिचित' तो बने, पर रहा अपरिचय ही।

लेकिन 'अपरिचय' की यह मानवीय कड़ी भी तो जिन्दगी को आगे बढ़ाती है। कभी-कभी ढांढस और भरोसा और शक्ति भी देती है ट्रेन में, प्लेटफॉर्म में, बस में, अस्पताल में, सड़क पर। दो युवक और भी मिलने आते रहे। कुछ पढ़े-लिखे लगे, हर बार अपनी शुभेच्छा जताकर गए।

और वह लड़की जो एक कॉलेज में विज्ञान पढ़ती है, सुन्दर समझदार, सहज, आत्मविश्वासी, जिसे देखकर अचरज हो कि इस माहौल में भला वह क्या कर रही है, किस 'अभिशाप' से यहाँ पहुँच गई है। एक बॉस्केट में फल, थर्मस आदि के साथ वह बिस्तर के पास आकर बैठ गई थी और कहा था, 'आपको कष्ट तो नहीं दे रही हूँ? मालूम हुआ आप डिस्चार्ज होकर बस जाने ही वाले हैं सो, कुछ पहले ही 'कब्जा' जमाने के लिए आ धमकी हूँ। मेरे पिता सघन चिकित्सा केन्द्र से यहाँ लाए जाने वाले हैं। बिस्तरों के लिए छीना-झपटी मची रहती है सो पहले से ही यह पहल मुझे करनी पड़ी है।' और मुझे उठकर बैठते हुए देखकर बोली थी बांग्ला में ही, 'ना, ना, आपनी शुए थाकुन।' जब तक हामिद मेरे डिस्चार्ज किए जाने की औपचारिकताएँ पूरी करके नहीं लौटे तब तक हम बातें करते रहे थे। उसने पूछा था 'क्या आपके साथ यह पहली बार हुआ है।' मेरे यह कहने पर कि 'हाँ', उसने कहा था, 'बाबा (पिता) को दूसरी बार हुआ है सो ज्यादा चिन्तित हूँ।' न जाने किस अधिकार से आग्रहपूर्ण स्वर में मैं दाई और नर्स से यह कहता हुआ आया कि इस बेटी का ध्यान रखना, इसके पिता का, देखना इसे कोई परेशानी न हो। मेरी इस अनावश्यक आग्रही 'चेतावनी' से उनके चेहरे पर हल्का-सा अचरज तिर आया था।

14 जून, 2000

मुम्बई में 'रणांगण'

शिवाजी मन्दिर, दादर, मुम्बई। लगभग तीन बजे हैं। मैं शो के समय से कुछ पहले पहुँच गया हूँ। वह साढ़े तीन बजे शुरू होगा, 'रणांगण' नाटक जिसे वामन केन्द्रे ने निर्देशित किया है और जो इन दिनों मराठी नाट्यजगत में चर्चा का विषय है। उसे देखने के लिए टिकट लेकर आए लोगों की भीड़ भी उमड़ रही है। नाटक 'पानीपत' नाम के उपन्यास पर आधारित है, जिसके लेखक हैं विश्वास पाटील और जो हिन्दी अनुवाद में ज्ञानपीठ से आ भी चुका है। विश्वास पाटील को अपने एक और उपन्यास 'झाड़ाझड़ती' पर साहित्य अकादेमी पुरस्कार मिला था। वह भी हिन्दी में आ चुका है। सुबह ही वामन से फोन पर चर्चा हो गई थी। वे भी आने वाले हैं।...मैं शिवाजी मन्दिर के बाहर लगे पोस्टर, होर्डिंग्स देख रहा हूँ...और भी कई लोग हैं। बिल्कुल वैसा ही माहौल है जैसा आम तौर पर सिनेमाघरों में 'नून शो' या 'मैटिनी शो' के वक्त होता है। फर्क इतना ही है कि यह सिनेमाघर नहीं, नाटकघर है।...याद आता है, पिछले वर्ष भी संयोगवश वामन केन्द्रे के साथ ही दीनानाथ मंगेशकर नाट्यगृह में एक मराठी नाटक देखने पहुँचा था—'मैटिनी शो' ही। उस दिन भी लगभग ऐसा ही माहौल मिला था। उत्तर भारत में यह माहौल भला कहाँ मिलता है। क्यों नहीं मिलता, यह तो एक बड़ा सवाल है ही। जिस तरह कुछ सजधज कर हर वर्ग के लोग फिल्म देखने पहुँचते हैं, वैसे ही स्त्री-पुरुष और उनके साथ किशोर-किशोरियाँ या बच्चे भी मराठी नाटक देखने आते हैं।

लगभग सवा तीन बजे वामन कुछ तेज चाल से चलते हुए प्रकट होते हैं। साथ में उनकी पत्नी और बेटा भी हैं। वे उनसे मेरा परिचय कराते हैं। मैं बेटे से पूछता हूँ, 'यह नाटक तुमने कितनी बार देखा है?' वह कुछ सकुचाते हुए कहता है, 'आठ बार।' वामन हँसते हैं। कहते हैं, 'कल से इसका स्कूल खुल रहा है। मैंने पूछा छुट्टियों के आखिरी दिन तुम्हें कहाँ घुमाने-फिराने ले चलूँ', तो हँसने लगा, 'मुझे 'रणागंन' एक बार और दिखा दीजिए।' मैं वामन से कहता हूँ, 'यह तो आपके लिए एक बड़ा प्रमाणपत्र हुआ।'...दर्शकों की भीड़ बढ़ती जा रही है। उमस और गर्मी है। वामन कहते हैं, 'चाहें तो अन्दर चलिए। भीतर एसी है। हम लोग भी आ ही रहे हैं।' वे मेरा पास मेरे हाथ में थमा देते हैं।...सबसे पहली कतार के ठीक पीछे वाली कतार में मेरी सीट है। संयोग देखिए, मेरी बगल में वामन के ही बेटे की उम्र का एक लड़का बैठा

है। कोई दस-बारह साल का। उसकी बगल में उसकी माँ है। मैं उस लड़के से बात करने लगता हूँ। पूछता हूँ, 'नाटक अक्सर देखते हो?' जवाब में वह कहता है, 'हाँ, कई बार। माँ के साथ आता हूँ। कभी मम्मी-पापा दोनों साथ होते हैं।' मैं कहता हूँ, 'बीच में अगर कुछ समझ में नहीं आया तो तुमसे पूछूँगा, धीरे से।' वह मुस्कराता है, फिर पूछता है, 'आप क्या मुम्बई में नहीं रहते?' मैं कहता हूँ, 'मुम्बई तो साल में दो-तीन बार आता हूँ। मैं तो दिल्ली में रहता हूँ...।'

देख रहा हूँ कि हॉल में गहमागहमी बढ़ती ही जा रही है। जो सीटें पहले खाली दिखी थीं वे भी भरती जा रही हैं। कुल सभागार ही भर गया मालूम होता है। वामन और उनकी पत्नी तथा बेटा भी कुछ दूरी पर आकर बैठ गए हैं। वामन ने सुबह फोन पर यह भी बताया था कि नाटक की समाप्ति के बाद आज उस पर एक परिचर्चा भी है। आप उसके लिए भी रुक सकें तो बहुत अच्छा होगा। मैं मन ही मन हिसाब लगाता हूँ। नाटक ढाई-पौने तीन घंटे का है। पौने चार बज रहे हैं, चार बजे शुरू होगा तो सात तो इसी में बज जाएँगे। फिर भी रुकूँगा। आखिरी बेल बजती है, नाट्यगृह में अँधेरा हो जाता है। आँखें अब मंच की ओर हैं। कल्पनाशील आलोक वृत्त हैं, ऑस्कर विजेता भानु अथैया की परिकल्पित वेशभूषा है जिसमें कई रंग हैं, अपनी पूरी सामर्थ्य भर पात्रों को जीवन्त करने वाले अभिनेता/अभिनेत्री हैं। कास्ट बड़ी है, फिर भी कुछ लोग एक से अधिक भूमिकाओं में हैं। 'विश्वसनीय' और गतिमान युद्ध दृश्य हैं, जिन्हें मार्शल आर्ट्स में दीक्षित मणिपुर के ही एक विशेषज्ञ ने रचा है। निर्देशक की नजर हर चीज पर रही होगी। प्रस्तुति में गजब का कसाव है। युद्ध के दाँव-पेंच, उतार-चढ़ाव, छल-छद्म, शौर्य-साहस, त्याग आदि नाटक की प्रस्तुति में बड़ी कुशलतापूर्वक बुने गए हैं। सामयिक टिप्पणियाँ भी लाघव के साथ शामिल कर ली गई हैं।

इंटरवल में पहले मैं उस ओर निकल गया था जहाँ चाय-कॉफी, बटाटा बड़ा के स्टॉल थे। तभी वामन का एक दूत भागता हुआ आया। बोला, 'वामनजी बुला रहे हैं...।' ग्रीन-रूम से होता हुआ जहाँ पहुँचा वहाँ टेरेस था। कुछ मेज-कुर्सियाँ पड़ी थीं। मराठी के सुपरिचित नाट्य और कला-समीक्षक ध्यानेश्वर नाडकर्णी भी दिखाई पड़े। पुराने परिचित हैं, सो बातें चल निकलीं। वामन ने ही परिचय कराया विश्वास पाटील से, सुधीर फड़के (सुप्रसिद्ध नाट्य-फिल्म संगीतकार) से। चाय पी गई दो-तीन बार, बटाटा बड़ा तो था ही।

नाटक समाप्त हुआ सात बजे। साढ़े सात पर परिचर्चा से पहले फिर कुछ अंश अभिनीत किए गए। परिचर्चा शुरू हुई। मंच पर थे वामन, ध्यानेश्वर नाडकर्णी, विश्वास पाटील, प्रस्तोता मोहन बाग, कुछ अभिनेता/अभिनेत्री, भानु अथैया। सब बोले। दर्शकों की ओर से सवाल जवाब भी हुए।

मैं बाहर निकला तब रात के दस बजे थे।...परिचर्चा अभी जारी ही थी और सभागार भी भरा ही हुआ था।

10 जुलाई, 1999

पानी! पानी!

दोपहर तप रही थी। मुझे अचानक गाड़ी को एक ओर करके उसे बन्द करता हुआ देखकर कलकत्ता से आए मेरे गुजराती मित्र ने खिड़की के बाहर एक नजर डाली, फिर मुड़कर मेरी ओर देखा और बोले, 'सुराही खरीदने का इरादा है क्या?' मैंने स्वीकृति में सिर हिलाया। हम दोनों सामने की उस दुकान की ओर बढ़े जहाँ मिट्टी के तरह-तरह के पात्र सजे हुए थे—गमले, सुघड़ घड़े, सुराहियाँ, दीपदान, गुल्लकें, कटोरे, तसले आदि। दुकान तो इन पात्रों से भरी हुई थी ही, दुकान के सामने पटरी पर भी यही पात्र पसरे हुए थे। मिट्टी का यह पका हुआ रंग बचपन से देखता आया हूँ और वह बराबर मुझे लुभाता रहा है। पर याद आया कि गमलों को छोड़कर दिल्ली में कोई अन्य पात्र—मिट्टी का—मैंने बरस-दो बरस से खरीदा नहीं है। पहले हर गर्मियों में कोई घड़ा या सुराही जरूर खरीदता था, लेकिन अब नागा होने लगा है। फ्रिज आ जाने के बाद भी सुराही या घड़े का तृप्तिदायक 'ठंडा' पानी अपनी ओर खींचता था पर अब उसकी सुधि बिसर रही है। क्यों? इसीलिए तो कि फ्रिज में रखी हुई बोतलों, मिनरल वाटर और कोल्ड ड्रिंक्स की बोतलों का ही एक 'मध्यवर्गीय' साम्राज्य हमें घेरे रहता है। और घड़ों, बाल्टियों और वाटर बॉटल्स की 'प्लास्टिकीय' दुनिया भी तो कितनी बड़ी हो गई है। आज इस ओर से गुजरना न होता और यह दुकान न दिखी होती तो सुराही की सुधि क्या आसानी से आ जाती!

मीलों दूर से स्त्रियाँ घड़ों में पानी ला रही हैं—राजस्थान, गुजरात, आंध्र, ओडीशा में। इसके समाचार अखबारों में रोज छप रहे हैं, पर वे घड़े तो बहुत दूर हैं दिल्ली से, और वहाँ अनावृष्टि और बढ़ते हुए तापमान की घटनाएँ भी तो जैसे हमसे बहुत दूर घट रही हैं। अखबारों में बड़ी सुर्खियाँ तो मैच फिक्सिंग और किसी राजनीतिक दल के किसी गुट के, किसी अन्य गुट से तनावों की ही रहती हैं। मैंने घड़ों और सुराहियों की ओर देखा और लगा कि मानों थोड़ी देर के लिए इनके प्रसंग से राजस्थान-गुजरात-आंध्र-ओडीशा की विकराल प्यास साक्षात हो आई है और चिलचिलाती हुई दोपहर मुझसे कुछ कह रही है। क्या कह रही है? जैसे उसे सुनने की चेष्टा की। मेरे भीतर क्या चल रहा है, इसकी कोई खबर मेरे मित्र को लग पाती, उससे पहले ही वह सब बिखर गया। कोई 'सन्नाटा' था जो मैंने सुना था, कोई 'सूखा-दृश्य' था जो मैंने देखा था, पर आती-जाती गाड़ियों के भोंपुओं ने उसे छिन्न-भिन्न कर दिया था।

सब कुछ सामान्य हो गया था।

मेरा स्वार्थ तो बहुत छोटा था—इन गर्मियों में एक बार फिर मिट्टी की सुराही से ठंडे पानी का स्वाद पाने का स्वार्थ। वही पूरा करने को तो मैं यहाँ रुक गया था। सुराहियों और घड़ों की बनावट-सजावट पर, उनके आकार-प्रकार पर गौर करने लगा। शेरमुँही सुराहियाँ भी थीं और सीधी-नन्ही गर्दनों वाली भी। एक चुनी। नन्ही गर्दन वाली ही। धोती और बंडीनुमा कमीज पहने हुए दुकान के सज्जन ने कहा, 'कोई भी ले लीजिए। पानी निकालने के लिए तो दोनों को ही झुकाना पड़ेगा हाथ से।' यह बात उन्होंने मेरे इस टिप्पणी के बाद कही थी कि 'शेरमुँही सुराही से पानी निकालना शायद ज्यादा आसान रहेगा।' तभी मुझे मिट्टी के एक तसले की ओर देखता हुआ पाकर बोले, 'ले जाइए, चिड़ियों के लिए इसमें पानी रख सकते हैं या फिर सुराही-गमला भी। फर्श पर पानी फैलेगा नहीं।' मुझे उस तसले या थाली की बनावट अच्छी लगी। चिड़ियों के लिए पानी रख सकता हूँ बालकनी में—सोचा और उनसे कहा, 'यह भी दे दीजिए।' मन ही मन सोचा, शाम को जब नल में पानी आएगा, तभी दोनों को अच्छी तरह धोकर पानी भर दूँगा। कभी बिजली न हो तो पानी देर से भी आता है—कॉलोनी का वाटरपंप भला बिजली के बिना काम भी कैसे कर सकता है! पर दे से ही सही, आ तो जाता है।

पिछली गर्मियों में एकाध बार ही तो ऐसा हुआ था कि पानी-बिजली की बड़ी किल्लत हुई थी। कॉलोनी में वाटर-टैंकर लाने पड़े थे। तब भी हमने अपने भाग्य को सराहा था क्योंकि पड़ोसी बस्ती में वह किल्लत और बड़ी थी। वहाँ कई दिनों तक वाटर-टैंकर आते रहे थे—कीमत चुकाकर बुलाए गए।

कितना कीमती हो चुका है पानी! और जगह-जगह उसका कैसा अभाव है। रघुवीर सहाय ने कब लिखा था—शायद तीन दशक पहले—'पानी! पानी! बच्चा बच्चा हिन्दुस्तानी। माँग रहा है पानी! पानी।' और इसी कविता में आगे यह कि 'हमको पानी नहीं दिया/तो हमको मानी नहीं दिया।' सहज रूप से, निर्मल-स्वच्छ पीने का पानी तो नहीं मिला। हाँ, मिनरल वाटर का व्यवसाय जरूर बढ़ गया है। और उसके मिलावटी होने की खबरें भी आने लगी हैं।

अनुपम मिश्र की पुस्तक 'खरे हैं तालाब' की भी याद आ रही है। कहाँ गए वे हमारे 'अपने' साधन जल-भंडारण के! मिट्टी का तसला और मिट्टी की ही सुराही हाथ में लिए हुए क्षणिक सन्तोष से भर उठा हूँ मैं, पर धूप है और चारों ओर नजर डालने पर एक चौंध-सी महसूस होती है। एक कौंध है वहाँ की जहाँ घड़े हैं, पर पानी नहीं है।

पल-पल का हिसाब

कोई भी दृश्य पल भर बाद ठीक वैसा ही नहीं रहता जैसा कि वह पल भर पहले था। यही बात हर वस्तु, हर जीव के बारे में भी लागू होती है। और प्रकृति के बारे में तो सुमित्रानन्दन पंत की कविता कहती ही है : पल-पल परिवर्तित प्रकृति वेश। यह बात हर चीज के लिए सही है तो इसीलिए कि जब ऊपर से दृश्य बदला हुआ न भी लगे तो वह भीतर से बदलता रहता है। बीज के अंकुरण में, कली के प्रस्फुटन में, शिशु के अचानक एक दिन बोलने लगने में, चेहरे पर एक दिन झुर्रियाँ पड़ जाने में, हर पल का यही परिवर्तित होता रहता हिसाब ही तो दीख पड़ता है। इस हिसाब के प्रति हम बराबर सजग नहीं रहते तो यह स्वाभाविक ही है; भला कौन रखता है या रख सकता है पल-छिन का हिसाब! देहरादून के अपने होटल के कमरे में जो तीसरी मंजिल में है, खिड़की के पास बैठा हुआ मैं यही सब सोच रहा हूँ। खिड़की के बाहर रह-रह कर देख रहा हूँ और सोच रहा हूँ। वह गई एक कार, बाइक पर एक युवती, साइकिल पर गया एक अधेड़ वहाँ ऊपर, पेड़ों के पास फुर्र हुई चिड़िया, वह चल पड़ी फुटपाथ पर खड़ी हुई गाय अचानक, वह किसी ने किया रास्ता पार, वह आई एक बस--सड़क चल रही है, देखते रहिए और गिनते रहिए। हर क्षण भीतर-बाहर से बहुत कुछ बदल रहा है। सच पूछिए तो इतना कुछ बदल रहा है कि दृष्टि में अँट ही नहीं सकता।

यह अप्रैल का मध्य है, आज कुछ बदली है, हल्की धूप भी निकल आती है, पल-छिन में, फिर बदल जाता है दृश्य पल-छिन में। नहीं, मैंने गलत कहा कि खिड़की के पास बैठा हूँ और मानो इसीलिए 'अहे। निष्ठुर परिवर्तन' पर सोच रहा हूँ (यह भी पंत जी की ही पंक्ति है और यह सब लिखते हुए अचानक ध्यान में आ गई है)। इस परिवर्तन पर सोचना तो शुरू हुआ था फिल्मकार अडूर गोपालकृष्णन की फिल्म 'मतिलकुल' (दीवार) को देख कर : मलयालम की यह फिल्म यहीं देहरादून में ही तो देखी है, 'विरासत' नाम के सांस्कृतिक आयोजन में। दून फिल्म फेस्टिवल इसी आयोजन का एक हिस्सा है। अडूर स्वयं इसमें भाग लेने के लिए आए थे। और संयोगवश दिल्ली से उसी ट्रेन में थे जिससे अशोक वाजपेयी और मैं आए थे। हमारे दो दिन अडूर के साथ बहुत अच्छे बीते। अशोक और वे लौट गए हैं, मैं दो-एक दिन के लिए और रुक गया हूँ। मैंने अडूर की प्रायः सभी फिल्में देख रखी थीं : 'एलिपथायम', 'मुखामुखम', 'अनंतरम', 'विधेयन' आदि। पर उनकी यही चर्चित

फिल्म देखने से रह गई थी। 'एलिपथायम' पर तो एक जमाने में 'इतवारी पत्रिका' में लिखा भी था।

बहरहाल, कुल मिलाकर यह कि उनकी फिल्मों का प्रशंसक रहा हूँ, पर 'मतिलकुल' ने तो विशेष रूप से मुझे गहरे में स्पर्श किया है। फिल्म की कहानी मलयालम के सुप्रसिद्ध कथाकार वैकम मोहम्मद वशीर की लिखी हुई है, और आत्मकथात्मक है। कहानी में मुख्य पात्र का नाम भी बशीर ही है। वह घटित होती है, आजादी की लड़ाई के दिनों में। बशीर को राजद्रोह के अपराध में जेल की सजा होती है। उन्हें एक अलग सेल में रखा जाता है। फिल्म के प्रारम्भिक दृश्यों में एक दृश्य यह है कि बशीर को जेल की ओर ले जाया जा रहा है। जेल की लम्बी ऊँची दीवारें दीख पड़ती हैं, बशीर और उनके साथ का सिपाही चलते जा रहे हैं, गलियारे लम्बे हैं, मानो खत्म होने में ही नहीं आ रहे। लगता है यह एक जैसा दृश्य आपको बेचैन कर देगा, पर जो सचमुच 'पहचानना' चाहते हैं वे पहचान लेंगे कि यह एक जैसा कहाँ है, हर क्षण कुछ न कुछ बदल रहा है और एक प्रसंग में जब दोनों थोड़ी देर के लिए एक जगह रुकते हैं, उनके बीच कुछ संवाद होता है, हम 'क्लोज अप' में उनके चेहरों को देखते हैं तो पाते हैं कि हर क्षण ही नहीं, क्षणांश में भी कुछ न कुछ बदल रहा है। आगे बंदीगृह का जीवन है। सेल में बशीर का रहना उठना-बैठना-सोना-सोचा है, कुछ न कुछ करते रहना है, मसलन बागवानी—गुलाब के पौधों की, नहाना-धोना, बीड़ी सुलगाना है, या अचानक किसी आवाज पर कान लगाना है, और जब वे निश्चेष्ट पड़े रहते हैं, तो भी हम पहचानते हैं कि एक जैसे दृश्य के भीतर कुछ हो रहा है। बीड़ी-प्रसंग के बारे में यह बताना जरूरी है कि बीड़ी-चाय आदि क्रमशः उन्हें जेल अधिकारियों के सौजन्य से मिलती है। वे सब उनके लेखन से परिचित हैं, उन्हें बहुत मानते हैं, और जोखिम उठाकर भी उनकी सुख-सुविधा के लिए कुछ न कुछ करते रहते हैं।

फिल्म का अन्तिम हिस्सा यह है कि प्रायः सभी कैदियों की रिहाई हो गई है क्योंकि राजनीतिक स्थितियाँ बदल गई हैं। बशीर की रिहाई नहीं हुई। अब जेल में भयानक एकान्त है, दीवारें उन्हें सचमुच काटने को दौड़ती हैं, पर तभी एक घटना घटित होती है। दीवार के उस पार महिला क़ैदी नारायणी (उम्र 22 वर्ष) से उनकी बातचीत शुरू होती है—खुले अहाते वाले हिस्से की दीवार से। दोनों ने एक-दूसरे को नहीं देखा। पर इसी से शुरू होती है एक प्रेम-कहानी। कुछ ही दिनों में बशीर की रिहाई की खबर आती है, पर अब यह उन्हें प्रसन्न नहीं करती, क्योंकि दीवार के उस पार नारायणी है, और कितनी मधुरता से प्रस्फुटित होता हुआ प्रेम-प्रसंग अभी अधूरा है।

कलाएँ और प्रदर्शनकारी कलाएँ खास तौर पर, पल-पल परिवर्तित होने वाले जीवन-रूपों को, हमारे सुभीते और हमारी समझ के लिए, कितनी सुघड़ता से प्रकट

करती हैं। उनका महत्त्व इस तथ्य में भी है। और साहित्य भी यह काम करता ही है। गुलेरी जी की 'उसने कहा था' मैं आरम्भिक दृश्य के बाजार-वर्णन को हम में से कोई कभी भूल सकता है क्या! सम्बन्धों में, जीवन में, मनोभावों में क्रमशः घटित होने वाले मर्मों का सार-संक्षेप भी तो है वह कहानी भी।

21 अप्रैल, 1999

औरंगाबाद के पथ पर

औरंगाबाद की स्टेशन रोड पर अभी सन्नाटा ही है। सुबह के पाँच साढ़े पाँच ही तो बजे हैं। बस बीच-बीच में कोई तिपहिया गुजर जाता है—तिपहिया जैसी आवाज करता हुआ। एक सरदार दम्पति हैं, मेरी तरह टहलने निकले हुए हैं। सड़क के डिवाइडर पर लगे हुए दोहत्थे लैंपपोस्टों की रोशनी सड़क के बीचोंबीच पड़ रही है। और सड़क के दोनों ओर जहाँ इमारतें-दुकानें हैं, वहाँ अँधेरा-सा ही है। जाहिर है कि मैं इसी 'अँधेरे-से' में चल रहा हूँ। ऊपर आसमान में तारे हैं। सड़क के दोनों ओर जहाँ-तहाँ निऑन-साइन वाले विज्ञापन हैं, कुछ रोशनी उनकी भी है। ठंड ज्यादा नहीं है। दिल्ली के मुकाबले तो कुछ भी नहीं। सहसा हल्की रोशनी या 'अँधेरे में से' वे दिखे : कतार की कतार सजे हुए गमले, एक के ऊपर एक रखे हुए, कई आकार-प्रकार के। और दिखे छिद्रों वाले दीपाधार, घट, सुराहियाँ, फूलदान आदि—सब मिट्टी के बने हुए, मिट्टी में पकाए हुए। चुप सोते हुए-से। कतार लम्बी थी। दो-तीन इमारतों के सामने वाली जगह को घेरते हुए यह कतार सजी थी—आधी बिल्कुल अँधेरे में डूबी हुई। मैं ठिठककर खड़ा हो गया। शहरों में माटी के पात्रों की ऐसी ही कतारें देखी हैं। पर एक तो शायद इससे अधिक लम्बी कतार नहीं देखी थीं; दूसरे, इतनी सुबह इस तरह नहीं देखी थी सो इसे देखने का अनुभव कुछ नया-ताजा था। थोड़ी देर तक माटी के इन पात्रों को देखता-सराहता रहा, फिर चल पड़ा। आखिरकार सुबह टहलने निकला था, कोई नुमाइश देखने नहीं। पर यह कतार अपना असर तो मन पर डाल ही चुकी थी। सो, माटी के पात्रों को लेकर, उनके नए पुराने आकार-प्रकारों को लेकर कई तरह की बातें ध्यान में आने लगीं।

'मृच्छकटिकम्' यानी 'मिट्टी की गाड़ी' नाटक की भी याद आई। एक बात यह भी ध्यान में आई कि ये माटी के पात्र हैं, सो इस तरह खुले में पड़े हैं। कोई और वस्तु क्या इसी तरह खुली छोड़ी जा सकती हैं? चोरी नहीं हो जाएँगी? पर रखवाली तो कोई इनकी भी करता ही होगा। एक तख्त जैसा बिछा हुआ दिखाई तो पड़ा था। यह अलग बात है कि इनकी चौकसी तो नहीं ही करनी पड़ती होगी, जैसी सोने-चाँदी की, गहनों-कपड़ों की करनी पड़ती है। रखवाली तो अब अगर सड़के के किनारे प्लास्टिक के बरतन रख दिए जाएँ तो उनकी भी करनी पड़ेगी। इसी के साथ यह बात ध्यान में आई कि जब पिछले वर्ष भी दिसम्बर के ही महीने में राष्ट्रीय नाट्य विद्यालय के

प्रथम वर्ष के छात्र-छात्राओं के साथ अजन्ता-एलोरा की 'ट्रिप' पर आया था तो औरंगाबाद से अजन्ता-एलोरा-दौलताबाद आते-जाते हुए गाँव-कस्बों में प्लास्टिक के घड़े ही तो देखे थे। और खाने-पीने की जगहों वाले 'पड़ावों' में भी तो अब प्लास्टिक के ही बर्तन सर्वत्र दिखते हैं। औरंगाबाद की स्टेशन रोड पर ये जो मृण्पात्र सजे हैं, यह जाहिर है कि शहर के लोगों के लिए ही हैं। गाँवों में इन्हें अब कोई नहीं पूछता। और शहर में भी इनके खरीदार एक खास तबके के लोग हैं—वही तबका जो 'एथनिक' को पसन्द करता है। बहरहाल, मृण्पात्र 'लुप्त' नहीं हो गए, यही क्या कम है। दिल्ली से औरंगाबाद के कुल्हड़ों में चाय पीने को मिली थी तो क्या वह तृप्त कर देने वाली नहीं लगी थी? उसका स्वाद ही बदला हुआ नहीं था? और आपस में हम थोड़ी देर तक कुल्हड़ में चाय पीने के आनन्द को बाँटते नहीं रहे थे?

मिट्टी के पात्रों की रखवाली वाली बात पर लौटें तो इतना तो तय है कि रात को इनका रखवाला कुछ ज्यादा निश्चिंत होकर सोता-जागता होगा। यह अलग बात है कि जहाँ तक चोरी का सवाल है वह तो किसी भी चीज की हो सकती है। देश की हालत ही कुछ ऐसी है। कल सुबह की ही तो बात है, हम ट्रेन में थे। मैं और मेरी पत्नी ज्योति आमने-सामने की निचली बर्थों पर लेटे हुए थे। मैं अभी सोया ही हुआ था, पर पत्नी जाग गई थी। ट्रेन किसी स्टेशन पर खड़ी हुई थी। जब वह खिसकनी शुरू हुई तभी एक लड़का आया, मेरी बर्थ के नीचे कुछ ढूँढ़ने का-सा बहाना किया, फिर मय मोजों के मेरी चप्पलें उठा लीं और भागने को हुआ। पत्नी ने शोर मचाया, 'अरे, ये क्यों उठाए लिए जा रहे हो?' छात्र-छात्राएँ चौकन्ने हुए, लड़का मेरी चप्पलें डिब्बे में ही कुछ दूर छोड़कर भाग लिया। इससे पहले एक बार मेरी चप्पलें सचमुच चोरी चली गई थीं। भोपाल स्टेशन पर सुबह नंगे पाँव उतरा था। ट्रेनों में अब हम देखते ही हैं कि सावधानी बरतते हुए लोग कई बार जूते-चप्पल तक अखबार में लपेट कर अपनी बर्थ के किसी कोने में टिका देते हैं। सूटकेस आदि तो बाकायदा चेन से बाँधते ही हैं। मिनरल वाटर की खाली-भरी बोतलें तक कोई उठा ले जा सकता है। पता नहीं कोई सुराही पड़ी हो तो कोई उसे ले जाना चाहेगा या नहीं।

पर इतना तो कह ही सकते हैं कि माटी की बनी हुई चीज का मोल रुपयों के हिसाब से अब चाहे जितना हो, चोर की निगाह में उसका मोल ज्यादा नहीं होगा। उसे उठाने की बात वह जल्दी नहीं सोचेगा। जो भी हो, औरंगाबाद की स्टेशन रोड पर मृण्पात्रों के सौन्दर्य को सराहते-सराहते मैं यह कहाँ भटक गया।...अब उजाला होने को है, सवा छह बजे हैं। एक स्त्री झाड़ू लिए हुए प्रकट हुई है। सड़क पर वाहनों की रफ्तार और संख्या में तेजी आ रही है। मैं स्टेशन की विपरीत दिशा में जाकर अब फिर उसी की दिशा में लौट रहा हूँ, जहाँ हमारा होटल है। लौटते हुए पौ फटने वाले उजाले में मिट्टी के पात्रों वाली उस कतार पर एक निगाह और डालता हूँ। वे भी अब जागे हुए लग रहे हैं, ग्राहकों की प्रतीक्षा में।

यमुना तीरे

यमुना के तीर पर हूँ—न तो इसका भरोसा होता है, न ही आभास। दिल्ली में जहाँ रहता हूँ, वहाँ से वह पाँच-सात किलोमीटर ही तो दूर है, पर वह न तो मेरे जीवन में कहीं से शामिल लगती है और न ही मैं उसके जीवन में शामिल होने का कोई दावा कर सकता हूँ। वह दिखती है पुल पर से, जब रेल-यात्रा पर कहीं जा रहा होता हूँ या रेल-पथ से दिल्ली लौट रहा होता हूँ। या फिर दिखती है किसी पुल से ही जब यमुना पार कर रहा होता हूँ, यानी 'यमुना पार' की किसी बस्ती में जा रहा होता हूँ। बस से, गाड़ी से, ऑटो से। जब भी वह दिखती है, प्रायः क्षीणकाय लगती है। दुर्बल और हताश। वह कभी-कभी टीवी पर भी दिखती है, जब उसमें कोई दुर्घटना हो गई हो या फिर जब प्रदूषण और गन्दगी के सिलसिले में उसकी ओर कैमरा कर दिया गया हो। या फिर तब दिखती है टीवी और अखबारों में, जब उसमें बाढ़ का खतरा उत्पन्न हो गया हो और यमुना पुश्ते की झुग्गी-झोंपड़ियों की 'चिन्ता' उन सबको सताने लगी हो जो उसकी ओर से प्रायः आँखें मूँदे रहते हैं : राजनीतिक दल, प्रशासन, समाजसेवी संगठन और यमुना-हितू। बहरहाल, 'यमुना तीरे' कहते ही यों भी अब अतीत की ही ध्वनियाँ और छवियाँ उभरती हैं और कृष्ण-काव्य वाली विपुल रचनाएँ हों या चित्र, उनका आज की यमुना से कोई मेल नहीं बैठता—दिल्ली की यमुना से तो बिल्कुल ही नहीं। और उसमें तब भी गन्दगी ही तो बह रही होती है, जब बाढ़ आती है।

पता नहीं यमुना के प्रदूषित होने का यह सिलसिला कब से चल रहा है। आँकड़े चाहे जो भी बताएँ, पर इतना तो तय है कि इस सिलसिले में किसी 'कट ऑफ' डेट के अभाव में भी यह बात जोर देकर कही जा सकती है कि पिछले वर्षों में उसकी बर्बादी की रफ्तार बहुत तेज हो गई है। और औद्योगिक कचरे से लेकर शहरों के तरह-तरह के कचरे और पॉलिथिनीय कचरे का शिकार वह होती ही रही है। वैसे आधुनिक काल में उसकी दुर्दशा में आँसू बहाए जाने का सिलसिला अब स्वयं कुछ पुराना हो चला है : सुमित्रानन्दन पंत ने अगर 'ग्राम्या' में 'गंगा-यमुना में आँसू जल' की बात लिखी थी तो निराला ने 'मतवाला' में 1924 में पाँच किस्तों में प्रकाशित अपनी लम्बी कविता 'यमुना के प्रति' में पूछा था : 'कहाँ सूर के रूप—बाग के/दाड़िम, कुंद विकच अरविंद/कदली, चंपक, श्रीफल, मृगशिशु/खंजन, शुक, पिक, हंस, मिलिंद।' और 1924 में ही 'मतवाला' में ही प्रकाशित 'दिल्ली' शीर्षक कविता में यमुना के

अतीत को कई रूपों में याद किया था। लिखा था : 'बोलते हैं स्यार रात यमुना-कछार में/लीन हो गया है रव/शाही अँगनाओं का/निस्तब्ध मीनार/मौन हैं मकबरे:—/भय में आशा को जहाँ मिलते थे समाचार/टपक पड़ता था जहाँ आँसुओं में सच्चा प्यार।' आदि।

हमारे चार महानगरों में से दो, मुम्बई और चेन्नई को समुद्र की लहरों का स्पर्श मिला हुआ है, और दोनों के ही जीवन में समुद्र आज भी किसी न किसी रूप में रचा-बसा हुआ है। बाकी दो, कलकत्ता और दिल्ली हुगली और यमुना के किनारे हैं, पर कलकत्ता के जीवन में भले ही हुगली आज भी कहीं न कहीं से झाँक जाती हो, दिल्ली के जीवन से यमुना दूर ही होती चली गई है। कुछ तो इसलिए भी कि दिल्ली की नई बस्तियाँ उससे बहुत दूर बसी हैं और उनके निवासियों को यमुना का तीर अब किसी रूप में खींचता नहीं है : न नौका बिहार के सिलसिले में, न तैराकी के सिलसिले में, न सिर्फ 'बिहार' के सिलसिले में। हाँ, यमुना विहार नाम की एक बस्ती अवश्य है। और 'कालिन्दी कुंज' में यमुना-विहार के कुछ प्रबन्ध जरूर किए गए हैं। पर, कुल मिलाकर तो अब यमुना एक 'स्वप्न' या दुःस्वप्न की तरह ही है दिल्ली में। आज से कोई छत्तीस वर्ष पहले जब मैं दिल्ली आया था तब पुरानी दिल्ली के बुजुर्गों से, जिनमें से एक 'दिनमान' के हमारे वरिष्ठ सहयोगी श्यामलाल शर्मा भी थे, यमुना-विहार के ढेरों किस्से सुने थे। और सुना था कि यमुना के 130 वर्ष पुराने रेल-पुल के पास वाली दिल्ली से पमुना न जाने कितने रूपों में संयुक्त थी : सुबह के यमुना स्नान से लेकर चाँदनी रात में यमुना में नौका-विहार तक से। और अपनी प्रसिद्ध पुस्तक 'दिल्ली जो एक शहर है' में महेश्वर दयाल ने उन्हीं पुराने दिनों को याद करते हुए लिखा है : 'जमना की तूफानी, बेताब लहरों का उतार-चढ़ाव कहीं-कहीं भँवर के रूप में चक्कर खाने वाली तेज लहरें और शोर मचाकर पुल से टकराता हुआ पानी...मजनूं के टीले से तैराक पानी में कूदते, खड़ी लगाते मीलों निकल जाते। कोई पानी पर सोता चला जा रहा है, तो कोई पिंजरा हाथ में लिये है और सिर पर तोता बिठा रखा है। कोई सुई पिरो रहा है तो कोई साधु की तरह आलथी-पालथी मारे तैर रहा है।...उस बीते हुए जमाने के बारे में सोचते हैं तो दिल में एक कचोका-सा लगता है। जमाना वही है, मगर तैराकी के वे दृश्य ऐसे ओझल हो गए कि कभी देखने में नहीं आएँगे...जमना के किनारे तैराकी के दे भेले...एक स्वप्न बनकर रह गए हैं।'

सचमुच, कहाँ गए जमना के वे दिन! क्या वे किसी रूप में फिर कभी फिरेंगे!

दोपहर का भोजन

दोपहर के कोई पौने दो बज रहे थे। मैं बंगलूर के रवींद्र कला क्षेत्र से बाहर निकलकर इधर-उधर देखने लगा—किसी रेस्तराँ की तलाश थी। ज्यादा दूर नहीं जाना पड़ा। सड़क पार ही वह दिख गया—एक वेजिटेरियन रेस्तराँ। यह सूचना अंग्रेजी में थी, नाम आदि कन्नड़ में था। 'मील्स रेडी' का बोर्ड भी लगा था—वैसा ही जैसा कि ग्यारह-बारह बजते ही दक्षिण के प्रायः सभी राज्यों के रेस्तराँओं-होटलों के बाहर लग जाता है। मैं अन्दर गया। नीचे कुछ भीड़ थी। सो काठ की दस-बारह सीढ़ियाँ चढ़ कर मैं ऊपर वाले हिस्से में चला गया। एक मेज खाली हो रही थी। मैं वहीं जाकर बैठा। थोड़ी ही देर में एक लड़का आकर मेज की सफाई कर गया। फिर बैरा आया। 'कूपन?' कह कर उसने प्रश्नवाचक निगाहों से मेरी ओर देखा। मैंने वह लिया नहीं था, मालूम भी नहीं था कि लेना होगा। मैंने कहा, 'एक थाली चाहिए। कूपन क्या नीचे काउंटर पर मिलेगा?' 'पन्द्रह रुपए दीजिए, मैं ला देता हूँ।' मैंने उसे रुपए दिए। वह सेकंडों में ओझल हो गया और मिनटों में थाली लेकर आ गया। मैंने थाली की ओर देखा। तीन पूड़ियाँ थीं, एक अलग प्लेट में दो सब्जियाँ थीं, कटोरियों में रसम और साँभर था, अचार और पापड़ था, चावल था और दही भी था, कटोरी में। थोड़ी देर बाद बैरा चीनी के लिए भी पूछ गया, अगर दही के साथ चीनी चाहिए हो तो। रेस्तराँ साफ-सुथरा था। दोपहर के भोजन का वक्त था, खासी गहमागहमी थी। मेरे सामने की जगह भी कहाँ खाली रहने वाली थी! दो लड़के मेज की उस ओर आकर बैठ गए। एक चौदह-पन्द्रह साल का था, खाकी कपड़े पहने हुए था—कहना चाहिए खाकी ड्रेस में था। दूसरे ने धारीदार साफ कमीज पहनी हुई थी। वह सोलह-सत्रह का रहा होगा। खाकी ड्रेस वाले लड़के को देखते ही लग गया था कि वह कहीं काम करता होगा। उन्होंने भी थाली मँगाई। मैं मन ही मन खाने की प्रशंसा करने लगा। हर चीज में स्वाद था और थाली की दर पर भी ध्यान गया था। कुछ वर्ष पहले बंगलूर-चेन्नई में थाली आठ-दस रुपए में खाई थी। अब वह बढ़ कर मात्र पन्द्रह रुपए की हो गई थी—वह भी एक ऐसे रेस्तराँ में, जिसका रखरखाव और बाहरी रंग-रूप भी, 'महँगा होने का' भान करा सकता था। दोनों लड़के और मैं भी, प्रेम से भोजन करते रहे। बैरा बीच-बीच में आकर हर चीज के लिए पूछता रहा, यानी यह थाली भर पेट भोजन वाली श्रेणी में आती थी। मैं सोचने लगा उत्तर भारत में तो अब ऐसा और इतना

भोजन पन्द्रह रुपए में भला कहाँ मिलता होगा!

खाकी ड्रेस वाला लड़का सचमुच दत्त चित्त होकर खा रहा था और बैरे के आने पर हर बार कुछ न कुछ ले भी रहा था। उसके चेहरे में एक खास तरह का भोला-भालापन था। उसकी ओर देखते हुए अनायास 'पथेर पांचाली' के अपू की याद हो आई—उसके बाल भी कुछ-कुछ अपू-शैली वाले थे। भूख तो उसे लगी ही होगी, वह पूरे पन्द्रह रुपए भी वसूल कर लेना चाहता है, यह समझने में मुझे देर नहीं लगी। खाते हुए उसके माथे पर पसीने की कुछ बूँदें भी छलछला आई थीं। पर एक किशोर आखिरकार कितना खा सकता था? उसने भोजन समाप्त कर पानी पिया। चेहरे पर तृप्ति का भाव उभर आया। ऐसी जगहों पर और ऐसे तमाम अवसरों पर मुझे अपरिचितों से भी कुछ बातें कर लेना अच्छा लगता है—कोई बहाना या प्रसंग निकाल कर, फिर ये तो किशोर थे—उनके साथ ज्यादा औपचारिक हुए बिना भी बात की जा सकती थी। मैंने कन्नड़ बोलने का अपना स्वल्प ज्ञान आजमाया, 'निम्मा हेसरू एनु?' उत्तर मिला 'कार्तिक'। उन दोनों के चेहरे पर मुस्कान उभर आई। पर, हमारी आगे की बातचीत हिन्दी में ही होनी थी। वह हुई और जानकारी मिली कि कार्तिक एक मोटर वर्कशाप में काम करता है, दूसरा लड़का उसका दोस्त है, आज कार्तिक के घर से टिफिन आया नहीं था, सो वे यहाँ खाना खाने चले आए। बाहर वे कम ही खाते हैं, महीने-दो महीने में एक बार। मैंने कहा, 'कार्तिक का चेहरा, देखकर मुझे एक फिल्म की याद हो आई है, नहीं-नहीं मुम्बई की नहीं, एक बंगला फिल्म की', मैंने तत्काल जोड़ा। वे दोनों मुस्कराए, कार्तिक थोड़ा शरमाया और फिर मुझे नमस्ते जी करते हुए सीढ़ियाँ उतर गए।

मैं भी उठ खड़ा हुआ था, और भोजन की तृप्ति के साथ मैं भी रेस्तराँ के बाहर आ गया। बाहर, सड़क चल रही थी। जेसी रोड। धूप निकली हुई थी, पर, तेज नहीं थी। मौसम खुशनुमा था जैसा कि फ़रवरी के महीने में बंगलूर में यों भी होता ही है। खाने-पीने के मामले में उत्तर-दक्षिण का भेद गौर करने लायक है। जब भी दक्षिण में आना होता है, यह बात नए सिरे से ध्यान में आती है कि दक्षिण में सड़क किनारे के सामान्य होटलों-रेस्तराँओं में भी अधिक सफाई रहती है, कीमतें रातों-रात या अनाप-शनाप नहीं बढ़ा दी जातीं, खाने-पीने की चीजों में मिलावट की आशंका भी नहीं होती है, और भोजन के अनुरूप ही बर्तन-भाँडे भी चुने जाते हैं और मध्यम दर्जे के या औसत दर्जे के होटलों-रेस्तराँओं में भी, प्रायः सभी वर्गों के लोग खाते-पीते हुए मिलते हैं। दोपहर का भोजन हो या रात का, या फिर नाश्ते की चीजें हों, उनके लिए अक्सर ज्यादा भटकना भी नहीं पड़ता। इस बार भी, यानी 1999 के फ़रवरी महीने की दक्षिण यात्रा में भी यही अनुभव हुआ।

12 फ़रवरी, 1999

झोले का मुँह

ऐसा नहीं है कि घरों से बाजार वाला झोला बिल्कुल गायब हो गया हो, पर वह कम तो निश्चय ही हो गया है। बहुत दिन नहीं बीते जब वह घर के मालिक (और नौकर के भी) हाथ में झूलता हुआ कुछ मस्ती के साथ बाजार जाया करता था। उसमें भरकर लाई जाती थी सब्जी, लाए जाते थे फल और लाई जाती थीं गृहस्थी की अन्य बहुत सारी चीजें। हर घर में उसके टाँगे या रखे जाने की जगह हुआ करती थी। 'बाजार करने जाना है'–यह सुनते ही मानो वह अपनी जगह से उछल पड़ता था और जो 'बाजार करने' जा रहा होता था, उसके हाथों में आ जाता था। वह कई मेल का हुआ करता था : महीन कपड़े का (पर मजबूत), मोटे कपड़े का, जूट का, कपड़ों के कई टुकड़ों को जोड़कर बनाया गया, रंगीन, सफेद या खाकी। वह छोटे मँझोले और बड़े आकार का होता था और घर की हैसियत के मुताबिक उसके 'सपने' होते थे। कई घरों में उसकी संख्या एक से अधिक भी हो सकती थी। बहरहाल, पॉलिथीन के थैले या बैग्स (प्लास्टिक वाले) आने के बाद वह कुछ गुम या गुमसुम हो गया। पॉलिथीन के बैग इस्तेमाल न करने की सरकारी अपीलों के बावजूद घर से बाजार के लिए निकलने वाला व्यक्ति अब खाली हाथ जाता है और हाथों में नीले-पीले-गुलाबी पॉलिथीन के थैले लेकर लौटता है : फिर वह चाहे ब्रेड-अंडा लाने गया हो, बिस्कुट, मैगी नूडल्स या सब्जी या दाल चावल-चीनी। पहले छोटी-मोटी चीजें लाने के लिए ही लोग खाली हाथ निकलते थे और साथ में लेकर लौटते थे कागज के, अखबारी कागज के 'ठोंगे'। हाँ, हम बचपन में, कलकत्ता में उन्हें यही तो कहते थे। अलग-अलग अंचलों में उन कागजी थैलियों/लिफाफे के अलग-अलग नाम रहे होंगे। पर, झोले की बात ही कुछ और थी!

विनोद कुमार शुक्ल के उपन्यास 'नौकर की कमीज' के शुरुआती पृष्ठों में ही संतू बाबू और उनके बचपन के साथी संपत के बीच होने वाला यह संवाद देखिए : 'सब्जी खरीदने जा रहा हूँ चलोगे?' झोला दिखलाते हुए उसने (यानी संपत ने) कहा। मैं (यानी संतू बाबू) खुश हुआ। सब्जी लाना जरूरी था। हफ्ते भर से बाजार जाने का मन नहीं हुआ था। 'रुकना। घर से झोला लेकर आता हूँ।' कहता हुआ घर की तरफ पलटा।...और घर पहुँच कर पत्नी और संतू बाबू के बीच भी एक झोला-प्रसंग मौजूद है : 'पत्नी झोला लेकर आई तो उससे झोला मैंने झपट लिया। जब मैंने पत्नी से झोला

छीना था तब वह मुस्कराई थी। उसे मालूम था कि मैं उससे झोला झपटकर ही लूँगा।'...आगे भी झोले के बहाने से संतू बाबू की जीवन-जगत और समाज पर अनेक टिप्पणियाँ हैं मर्मभरी, जो पढ़ने से ताल्लुक रखती हैं। ऐसी टिप्पणियाँ हमारे साहित्य में और भी होंगी ही।...'नौकर की कमीज' की कहानी एक छोटे शहर में घटित होती है। और संतू बाबू निम्नमध्यवर्गीय जीवन के प्रतिनिधि हैं। और यहाँ यह कहने का मन होता है कि मध्यवर्गीय और निम्नमध्यवर्गीय जीवन में झोले की उपस्थिति खास तौर पर केन्द्रीय रही है। पर आज क्या तो कस्बा, क्या शहर या महानगर, झोला लगभग हर वर्ग के जीवन से 'बिछुड़' चुका है, उसी के साथ बिछुड़ चुकी हैं—झोले से जुड़ी बहुतेरी रसभरी स्थितियाँ और स्मृतियाँ।...पर नहीं, 'स्मृतियाँ' कहाँ बिछुड़ी हैं। वे तो हैं और रहेंगी, अभी उन पीढ़ियों के मन में जो बड़ी हुई हैं झोले के साथ, उसे लेकर बाजार गई हैं बड़ों के साथ; और फिर खुद बड़ी होने पर अपनी सन्तानों के साथ बाजार गई हैं, झोला झुलाते हुए। झोला ही बताता रहा है बहुतों को अभाव, कई मानवीय भाव; और बाजार-भाव तो बताता ही रहा है। वह संयुक्त रहा है परिवार के साथ और संयुक्त परिवारों में साझे की चीज रहा है—कभी पिता के हाथ में दिखता था, कभी चाचा के, कभी भाई के, कभी चचेरे भाई के—कब किसको बाजार जाना पड़ जाए। हाँ, वह पुरुष-प्रधान ही रहा है। प्रायः 'बाजार करने' स्त्रियाँ तो जाती नहीं थीं। इस मामले में वह आज हमें 'खटक' भी सकता है। अब तो स्त्रियों के हाथों में भी पॉलिथीन-प्लास्टिक के थैले उतने ही हो सकते हैं, जितने पुरुषों के हाथों में होते हैं।

पर वे चाहे स्त्रियों के हाथों में हों या पुरुषों के, जैसी गन्दगी बढ़ा रहे हैं, उससे भगवान बचाए! गाएँ उन्हें खाकर मर रही हैं। हाँ, अपील ही करनी हो और मन को हल्का करना हो, तो उसी से तो की जा सकती है। भगवान से। सरकारें और नगरपालिकाएँ तो पॉलिथीन 'विस्फोट' के आगे घुटने टेके हुए हैं या आँखें मूँदे हुए हैं। झोला कभी न कभी तो नष्ट होता था या तार-तार हो जाता था और उसकी जगह 'नया' आता था—वर्षों बाद, कभी-कभी तो पीढ़ियों के बाद। पर पॉलिथीन का थैला तो नष्ट होने वाली चीज नहीं है न! सो, थैलों का अंबार बढ़ता जाता है, क्योंकि कोई बाजार झोला लेकर तो जाता नहीं है, रोज नए थैले लेकर लौटता है। हाँ, कुछ परिवारों को जानता हूँ, जो आज भी झोले से चिपके हुए हैं। सच पूछें तो उन्हें देखकर यानी उनके हाथों में झोला देखकर मन प्रसन्नता से भर उठता है, भले ही उनकी ओर देखकर दुकानदार या सब्जी वाला अचरज से भर जाता हो; इसीलिए तो कि जब दुकानदार या सब्जीवाला उनकी चाही हुई वस्तु पॉलिथीन थैलों में रखने लगता है तो वे अपने झोले का मुँह उसके आगे कर देते हैं। कलकत्ता की उपनगरों वाली ट्रेनों में और मुम्बई की लोकल ट्रेनों में भी कुछ हाथों में वह अभी भी दिखता है—झोला। यत्र-तत्र भी! यही कामना करता हूँ कि दिखे, जब तक दिखता रह सकता हो, झोले का मुँह!

पीला कनेर

इन दिनों ठंड के कारण दिल्ली में कनेर में फूल नहीं हैं। अवश्य ही बारहों महीने हरे रहने वाले कनेर के फूलों को सर्दियाँ कुछ दिनों के लिये हर लेती हैं। कुछ पेड़-पौधों की शोभाश्री होती ही फूलों की वजह से है--हरसिंगार और कनेर ऐसे ही पेड़ हैं। कुछ दिनों पहले हरसिंगार के फूल नई ऋतु बुहार ले गई, अब कनेर की बारी है। इक्का-दुक्का फूल उसकी हरी, तीक्ष्ण और सदा आपकी ओर मुखातिब रहने वाली पत्तियों में कहीं दुबका हुआ दिख जाए तो दिख जाए। पर जब फूल ही न हों तो वह स्वयं भी मानो 'दिखाई' पड़ना बंद हो जाता है—वही कनेर जो अपने पीले फूलों के साथ आपको लगभग हर मोड़ पर मिलता है, किसी घर के अहाते में, सड़क किनारे किसी मंदिर विश्रामगृह या अस्पताल परिसर में, किसी पार्क में, किसी कुएँ की जगत के पास--यानी कहाँ नहीं दिखता वह! कनेर की मेरी पहली स्मृति अपने गाँव के घर के अहाते की है। अहाते में जो कुआँ था, उसे लगभग दो ओर से घेरे हुए उसकी खूब हरी पत्तियाँ और फूल कुछ दिनों बाद संख्या में कुछ और बढ़ जाया करते थे। कनेर-कुंज में नई पौध का आना मानो चुपचाप जारी रहती था। फूल इतने ज्यादा हो जाते थे कि हम उनका मूल्य ही जैसे भुला देते थे। वे झरे-झुके किसी के द्वारा नोच तक लिए जा सकते थे। पर क्या मज़ाल जो उनकी शान, शालीनता और सुंदरता में कोई कमी आए। बहुत महीन, नामालूम-सी खुशबू उनसे उठा करती थी, जब हम कुएँ की जगत पर होते थे। वे कनेर आज भी याद आते हैं। और कनेर की बहुत सजी-संवरी पांतें भी तो मैंने देखी हैं। और वह पीला ही तो नहीं होता, लाल, गुलाबी और सफेद भी तो होता है। उसके फूलों की शक्ल मुझे कुछ ऐसी लगती रही है मानो छोटी-छोटी घंटियों का मुँह ऊपर की ओर कर दिया गया हो। उसके पतले तने की और भी अधिक पतली डालियाँ-टहनियाँ अपनी हरी सुस्पष्ट पत्तियों के साथ—जिनकी एक गुच्छ में संख्या पच्चीस-तीस भी हो सकती है--जब आपस में गुंथ-जुड़ जाती हैं (यानी जब कनेरों के झुंड के झुंड आस-पास खड़े होते हैं) तो वे अँधेरा तक कर दे सकती हैं, अपने तले। पीली धूप में पीले फूलों के साथ उनकी शोभा भी तब देखते ही बनती है। नरेश मेहता ने 'पीले फूल कनेर के' शीर्षक कविता में कनेर की प्रशस्ति में लिखा है : ''पीले फूल कनेर के 11/पथ अंगोरते/सिंदूरी बडरी अखियन के/फूले फूल दुपेर के 11' हाँ, वे 'दुपेर' यानी दुपहर के भी तो फूल हैं सचमुच। पीली चटख

धूप में कुम्हाला नहीं जाते, बल्कि और चमक-से उठते हैं। स्वयं नरेशजी की स्मृति के साथ हमारे मन में यह कविता बराबर जुड़ी रहेगी।

कनेर उत्तर भारत में तो बहुतायत से होता ही है, असम-बंगाल-मणिपुर आदि में भी उसे देखने की स्मृति मन में बसी हुई है। उसके हर फूल में पाँच पंखुड़ियाँ मैंने कई बार गिनी हैं। पीले के अलावा उसके लाल-सफेद फूलों वाले जो पौधे हैं, वे भी अपने रंग-सौंदर्य से मुग्ध ही करते हैं, पर अगर पीला कनेर ही आँखों को अधिक याद आता है तो इसीलिए कि बचपन से लेकर अब तक उसे ही एक बड़ी संख्या में देखता आया हूँ और अब भी रोज देखता हूँ। दक्षिण दिल्ली की जिस बस्ती में मैं रहता हूँ, उसमें भी कनेर है और रोज जिस रास्ते से मैं कोई आठ-दस किलोमीटर का आना-जाना करता हूँ—यानी जोसिप ब्रॉज टीटो मार्ग से—उस पर भी कनेर सतत मिलता रहता है। पहले पंचशील वाले हिस्से में, फिर सीरी फोर्ट उद्यान के पास, सादिक नगर के निकट, फिर डिफेंस कॉलोनी और फिर काका नगर से आगे प्रगति मैदान तक—वह इस पथ के रोड डिवाइडरों में भी जहाँ-तहाँ हैं, और जाने कितनी बार उनकी डालियों-टहनियों को भारी वाहनों के वेग से अचानक थर्राते-सहमते भी देखा है। प्रदूषण का हमला औरों की तरह उसे भी झेलना ही पड़ता है और उस पर धूल-धुएँ की परत भी दिख ही जाती है। पर फूल तो दमकते ही रहते हैं। और वसंत तो उन्हें और भी निखार देता है...फगुनाहट उनके रंग को और अधिक गहरा करती है। और फगुनाहट में भी अब और अधिक देर या दूरी तो है नहीं।

इन दिनों कुछ कनेरों पर उसके फल भी देख रहा हूँ—हरे रंग के, जिनका चेहरा कुछ-कुछ नन्हे अमरूदों या हरे सिंघाड़ों से मिलता है। इन गुट्ठल फलों के बीज ही तो फिर कनेर-अंकुर के रूप में फूटते हैं। अचरज नहीं कि कनेर-वंश कई जगहों पर इसीलिए खूब फलता-फूलता रहता है। कनेर-जिज्ञासु बनने पर यह भी मालूम हुआ कि इसके बीजों से बच्चे खेलते भी हैं—कंचों जैसा कुछ। बहरहाल, कनेर के फूलों को कुछ दिनों तक अपनी जगह न पाकर पहली बार मन कुछ ऐसा बेचैन-सा हुआ है कि उसके बारे में कुछ तथ्य संग्रह करके ही फूलों के अभाव की पूर्ति कर रहा हूँ। शब्दकोश भी देखा है और कनेर के आसपास ही 'कन्हेरी' शब्द भी मिला है : अर्थ है, कनेर के रंग का। और एक शब्द मिला है 'कनेरी' यानी कनेरी चिड़िया जो पीली ही होती है—अँग्रेजी में इसे ही कहते हैं कैनेरी। कनेर की घनेरी याद ने न जाने कौन-सी हूक उठाई है। वैसे हो सकता है कि बारहमासी कनेर आपको वहाँ खिला हुआ दिखाई पड़े जहाँ दिल्ली जैसी ठंड न पड़ती हो। कामना यही है कि वह फिर मुझे भी दिखे जल्दी ही—वही पीला कनेर।

20 दिसंबर, 2000

कलकत्ता की ट्राम

सोच रहा हूँ पचास बरस से ज्यादा ही हो गए होंगे जब मैं कलकत्ता की ट्राम में पहली बार बैठा होऊँगा। अवश्य ही उस 'पहली बार' की कोई स्पष्ट स्मृति मन में नहीं है। पर बचपन की ऐसी कई स्मृतियाँ हैं, जब हम पिता के साथ कालीघाट मन्दिर या कहीं और जा रहे हैं या वहाँ से वापस लौट रहे हैं और पिता किसी ट्राम-स्टॉप पर किसी आती हुई ट्राम को देखकर, हाथ उठाकर उसे रुकने का इशारा कर रहे हैं और उसके निकट आने पर ड्राइवर-कंडक्टर से कुछ जोर से ही बांग्ला में ऐसा करने के लिए कह भी रहे हैं। आज सोचता हूँ कि बांग्ला में ही क्यों? उत्तर यही मिलता है कि सम्भवतः इसीलिए कि अगर ड्राइवर-कंडक्टर बांग्लाभाषी हों तो वे इस इशारे को 'तत्काल' समझ जाएँ और अगर वे गैर-बांग्लाभाषी हुए, यानी बिहारी या उत्तर प्रदेशीय तो भी वे इसे आसानी से समझ ही लेंगे। या फिर घर से बाहर बांग्ला में ही बोलना पिता की आदत में शुमार रहा हो। चुन्नटदार बंगाली धोती-कुर्ते में, बांग्ला बोलते हुए पिता के बारे में जब तक किसी को यह मालूम न हो कि वे हिन्दीभाषी हैं, तब तक भला उन्हें कौन बंगाली ही मानने की भूल नहीं कर बैठता था! बहरहाल, यह भी अच्छी तरह याद है कि जब हम कई भाई-बहन भरभराकर एक साथ ट्राम में चढ़ते थे तो छोटा-मोटा हड़कंप ही मच जाता था। और ट्राम चल पड़ने के बाद हमें कुछ मिनट लगते थे व्यवस्थित होकर बैठ जाने में। कोई खिड़की वाली सीट ढूँढ़ता था, कोई खाली सीट ही और अगर ट्राम कुछ भरी हुई हो तो हम यह जुगत भी बिठाते थे कि किसके साथ, सटकर ही सही, बैठने की जगह मिल सकती है। और भला ऐसे स्त्री-पुरुषों की कमी तब कहाँ होती थी जो 'अजनबी' के बच्चों को भी अपना-सा ही मानकर उन्हें गोदी में या पास ही जगह बनाकर न बैठा लें!

अहा! वह ट्राम की मधुर घंटी और गद्देदार चमकती हरी गद्दियाँ, चमचमाते हैंडल, फुट बोर्ड, और फर्स्ट क्लास की दूधिया रोशनी—वे भी तो याद हैं। पर बचपन के सुहावने दिनों के बाद हर मामले में 'सुहावनेपन' में जो कमी आती है, वह ट्राम यात्रा के साथ भी घटित हुई। और कलकत्ता में कॉलेज के दिनों तक पहुँचने में मैंने पाया कि ट्रामें क्रमशः अत्यधिक भीड़भरी और जर्जर हो रही हैं, उनकी घंटी कर्कश लगने लगी है और उनमें चढ़ना कठिन हो रहा है और उनसे उतर कर बाहर आने में बड़ी राहत महसूस हो रही है—मानों किसी घुटन से छुटकारा मिला हो। फिर भी ट्राम

का आकर्षण कभी कम नहीं हुआ। और वह अगर बचपन के दिनों में कलकत्ता की शानदार 'घोड़ागाड़ी' से भी मुझे ज्यादा भाती रही है, तो मानों उसका यह भाना किसी न किसी रूप में आज तक बना हुआ है। अब कलकत्ता की घोड़ागाड़ी तो रही नहीं, पर ट्राम है। यह अलग बात है कि जिस तरह कभी घोड़ागाड़ी पर 'समाप्त' हो जाने का संकट मँडराया था, वह अब ट्राम पर भी मँडरा रहा है। और जब भी यह सुनने-पढ़ने को मिलता है कि उसे 'चलता करने' यानी हटाने की बात सोची जा रही है तो मन में एक टीस, एक उदासी घर कर जाती है। कभी मुम्बई, दिल्ली में भी ट्राम थी, अब नहीं रही। क्या कलकत्ता में भी नहीं रहेगी।...पिछले दिनों, दिल्ली के एक अंग्रेजी दैनिक में कलकत्ता की ट्राम पर एक सम्पादकीय पढ़कर और उसी में यह 'खबर' पाकर मन बहुत विचलित हो उठा था कि कलकत्ता की ट्राम भी मानो कुछ ही दिनों की मेहमान है।

अन्य महानगरों की तरह कलकत्ता में ट्राम को पहले घोड़ों ने ही खींचा था, पर उन्नीस सौ दो में, यानी आज से अट्ठानवे वर्ष पहले उसे 'बिजली-गति' मिली थी। तब से वह जिन पटरियों पर दौड़ती रही है, उनसे बराबर के लिए विदा हो जाएगी—यह सोच ही विचलित होने का कारण है।...ट्राम कलकत्ता के जीवन में अभिन्न रही है और बांग्ला के ही कथा और काव्य-साहित्य में नहीं, हिन्दी साहित्य के भी उसने न जाने कितने पन्ने घेर रखे हैं। इलाचंद्र जोशी के उपन्यास 'जहाज का पंछी' से लेकर भगवतीचरण वर्मा और नागार्जुन की कविताओं तक में वह है। ज्ञानेन्द्र पति की कविता 'चेतना पारीक' में भी वह मौजूद है। याद करने पर यह सूची बहुत लम्बी हो जाएगी। भगवती बाबू ने लिखा है : 'हम ठीक तरह चढ़ भी न सके/घर-घर-घर चल पड़ी ट्राम/दुबले-मोटे, लम्बे-नाटे/यानी बेंचों पर अड़े हुए/कुछ मौन विवशता से प्रेरित/थे मन को मारे खड़े हुए/कुछ अपनी जेब सम्हाले/कुछ थे जेबों को तड़े हुए.../आने वालों, जाने वालों की मची हुई थी धूम-धाम/...

कलकत्ता में 'मेट्रो रेल' आ गई तो ट्राम का आकर्षण कुछ तो कम होना ही था। कह सकते हैं अब वह 'सौतेले व्यवहार' की मारी हुई भी है। जैसे पहले लोग कलकत्ता में किसी प्रियजन-परिजन के आने पर उसे कलकत्ता की ट्राम में बैठाना चाहते थे, वैसे ही अब 'मेट्रो रेल' में बैठाना चाहते हैं। पर हम जो ट्राम के साथ बड़े हुए हैं, भला उसे कैसे भूल सकते हैं! इसी वर्ष मई महीने की ही तो बात है—मैं कलकत्ता गया था : मेरे अभिन्न मित्र अशोक सेकसरिया और मैं कॉलेज स्ट्रीट से लौट रहे थे...उन्होंने प्रस्ताव रखा 'चलें, ट्राम से लौटते हैं।' बैठने की जगह भी मिल गई। ट्राम आगे जा रही थी, पर मेरा मन मानो पीछे की ओर एक यात्रा कर रहा था...अपने पिता के साथ मैं ट्राम में बैठा, फिर मेरी बेटियाँ मेरे साथ ट्राम में चढ़ीं—सचमुच कितनी पीढ़ियों ने सवारी की है कलकत्ता की ट्राम में! काश वह घर-घर-घर चलती ही रहे...यथार्थ जीवन में, स्मृति में।

23 अगस्त, 2000

जापानी नेकलेस

वाराणसी के मेरे मूर्तिशिल्पी मित्र मदनलाल कुछ तस्वीरें दिखा रहे हैं। इनमें एक कृत्रिम सरोवर है, छोटा-सा। यह सरोवर पहाड़ी के एक सीढ़ीदार (धान) खेत में बनाया गया है। उसका पानी, तस्वीरों में अलग-अलग रंग में दिख या चमक रहा है। किसी में वह बिल्कुल दर्पण जैसा है, किसी में उसके नीचे, मटमैली जमीन झाँक रही है। जाहिर है कि तस्वीरें अलग-अलग कोण से, अलग-अलग समय पर खींची गई हैं। कुछ उस वक्त की भी हैं, जब बादल छाए हुए हैं, वर्षा थम चुकी है। कुछ तब की, जब निर्मल आकाश में उजाला रहा होगा। तस्वीरों में पहाड़ी के ऊपरी हिस्से में वनस्पतियों की हरियाली है, सघन पेड़-पौधे हैं। और सरोवर के चारों ओर 'छितरे' हुए हैं–गुलाबी संगमरमर में कमल-पंखुड़ियों जैसे प्रस्फुटित कोई साठ भिन्न रूपाकार। सरोवर और कमल-से आकारों का यह कुल दृश्य मदनलाल की ही रचना है। और पहाड़ी है सुदूर जापान के एक अंचल इचिगो सुमारी की। यह पहाड़ी अंचल तोक्यो से तीव्रगति वाली ट्रेनों से कोई तीन घंटों में मापा जा सकता है। बीस जुलाई से यहीं शुरू हो रही है इचिगो-सुमारी की पहली मुक्ताकाशी त्रैवार्षिकी–2000। यह एक कला मेला है, जिसमें दुनिया भर के लगभग पैंतीस देशों के एक सौ पचास कलाकार भाग ले रहे हैं। मदनलाल अपने मूर्तिशिल्प की स्थापना करके वापस लौटे हैं, और दिल्ली रुकते हुए वाराणसी जा रहे हैं। इस कला-मेले में भाग लेने वाले वे अकेले भारतीय कलाकार हैं। अठारह जुलाई को वे मेले के उद्घाटन अवसर पर फिर तीन-चार दिनों के लिए इचिगो-सुमारी जाएँगे।

ताश की गड्डी जैसी पोस्टकार्ड साइज की तस्वीरों को बार-बार 'फेंटते'-पलटते हुए, और उन्हें उस दीवान के एक कोने में बिछा कर देखते हुए, जिस पर मैं बैठा हूँ, थोड़ी देर के लिए (मानो) मैं भी इचिगो-सुमारी पहुँच गया हूँ। मदन लाल के मूर्तिशिल्प में और उस पहाड़ी में एक सम्मोहन है। कमल जैसे आकारों के ये संगमरमरी-दल मैं मदन लाल के वाराणसी स्थित घर-स्टूडियो में पिछले वर्ष देख चुका हूँ, पर वहाँ तो वे और अधिक संख्या में थे। मदन बताते हैं, 'हाँ, हैं तो वे कुल एक सौ दस, पर मैंने केवल साठ ही भेजने का फैसला किया, क्योंकि एक तो यह लगा कि इतने पर्याप्त होंगे, दूसरे पैकिंग का और उसमें आने वाले खर्च का भी सवाल था। पैकिंग मैंने स्वयं की। हर शिल्प-खंड को थर्माकोल की पट्टियों में लपेट कर, और भी कई तरह से

'सुरक्षित' किया, लकड़ी की पेटियों में रखा। ये सारी पेटियाँ एक ट्रक-कंटेनर में मुम्बई पहुँचीं और वहाँ से कस्टम की औपचारिकताओं को पार करते हुए पानी के जहाज से तीन महीने में इचिगो-सुमारी तक। इचिगो-सुमारी में इन्हें जब खोला गया तो मेरी प्रसन्नता का ठिकाना नहीं रहा, कहीं कोई मामूली-सी भी टूट-फूट नहीं हुई थी। पैकिंग के अलावा मुझे और कुछ नहीं करना पड़ा, शिपिंग कम्पनी के प्रतिनिधि वाराणसी में मेरे घर-स्टूडियो से इन्हें ले गए। कंटेनर में रखवाया। मुम्बई पहुँचाया।' यह सब बताते हुए मदन का चेहरा फिर खुशी से भर उठा है इस बात की राहत तो छलकी-सी पड़ रही है कि इतनी लम्बी यात्रा में उनके कमलों जैसे दल को कहीं किसी व्यवधान का सामना नहीं करना पड़ा। 'आयोजकों ने इन्हें भेजने का पूरा खर्च दिया है। इन्हें प्रदर्शित करने का मानदेय भी मिला है।' मुझे याद है, मदन के घर पर जब वे तराशे हुए प्रस्तर-खंड देखे थे, तो यह चर्चा भी हुई थी कि पता नहीं ये कब, कैसे और कहाँ प्रदर्शित हो पाएँगे।

हमारे यहाँ, चित्रकला के लिए भले गैलरियाँ बढ़ी हों, पर मूर्तिशिल्पों को प्रदर्शित करने का उत्साह कहाँ है! वह तो कभी-कभी ही देखने को मिलता है। दिल्ली की गैलरी इस्पात के सहयोग से 1995 में मदन 'स्कल्पचर 95' जैसी प्रदर्शनी जरूर क्यूरेट कर सके थे, जिसमें उन्हीं के समवयसी कोई पन्द्रह मूर्तिशिल्पियों का काम था। इस प्रदर्शनी में मदन के जो काम थे, वे लोहे के बड़े कड़ाहों वाले थे। इनमें भी उन्होंने पानी भरा था और काई और जलीय वनस्पतियाँ उग आने दी थीं। ये भी तो छोटे-छोटे 'सरोवर' ही थे। और इसके बाद उन्होंने अपनी जो एकल प्रदर्शनी की थी, उसका तो नाम ही 'जलनिधि' था। इसमें भी गुलाबी संगमरमर के छोटे-छोटे जलकुंडों के इर्द-गिर्द संगमरमर की ही नन्ही चिड़ियाँ उन्होंने 'बैठा' दी थीं, और प्रस्फुटित आकारों को जगह दी थी।

इचिगो-सुमारी छह नगरपालिकाओं वाला अंचल है और कला-मेला इन्हीं को कला-कृतियों के गलहार से सुशोभित करेगा। इसीलिए मेले का एक नाम 'आर्ट नेकलेस' भी है। जाहिर है कि दस सितम्बर तक चलने वाले इस मेले में, हजारों की संख्या में पर्यटक, दर्शक और स्कूली-कॉलेजी लड़के-लड़कियाँ आएँगे। प्रोजेक्ट की पहल की है, तोक्यो की एक बड़ी गैलरी 'आर्ट फ्रंट' के निदेशक फ्राम कितागावा ने। वे मात्सुदाई के हैं, जो इस पहाड़ी अंचल का एक गाँव है। इसी गाँव में है मदनलाल का शिल्प भी। मेले की तैयारियाँ 1994 से चल रही थीं, तब जाकर बना है यह कला-गलहार। उद्देश्य है, इस अंचल के लोगों को कला-सौन्दर्य की तरह-तरह की बानगी देना और दुनिया भर के लोगों को इस अंचल की प्राकृतिक-सुषमा की खबर देना। इसे और समृद्ध बनाना!

28 जून, 2000

पहाड़ पर चिड़ियाँ

देख रहा हूँ कि हिमाचल प्रदेश के बिलासपुर से कुछ पहले ही चढ़ाई-उतराई-उतराई-चढ़ाई शुरू हो गई है। और जितना ही सड़क नीचे उतरती जाती है, पहाड़ और ऊँचे मालूम होते हैं। मंडी के रास्ते पर हूँ। वहाँ यह डीलक्स बस पहुँचेगी रात साढ़े आठ के करीब। यह बस मैंने चंडीगढ़ से पकड़ी थी दिन के ढाई बजे। अभी तो शाम के छह बजे हैं। कुछ देर बाद पाता हूँ कि धूप धीरे-धीरे सिमट कर ऊपर के शिखरों पर ही रह गई है। साँझ की वेला में पहाड़ों पर धूप का यह सिमटते जाना बराबर कुछ और अधिक प्रत्यक्ष होता है, मैदानी जगहों के मुकाबले। बाईं ओर दो पहाड़ों के बीच से सूरज आज की अन्तिम चमक बिखेर रहा है और उसकी चौंध बस की काँच-खिड़कियों पर झिलमिला रही है। दाईं ओर चन्द्रमा सूरज की जगह लेने की तैयारी में है, पर अभी उसमें वैसा तेज नहीं है। अँधेरा होने पर ही चन्द्राभा प्रकट होगी। पहाड़ी बसों में, क्या दिन को क्या रात को, सवारियाँ ऊँघती हुई ही मिलती हैं और हमारी इस बस में भी यही आलम है। मुझे भी तो बीच-बीच में झपकी आ जाती है। पर अब शायद आँखें खुली रहेंगी। सूरज ढलने के साथ-साथ हवा में ठंडक भर रही है और बाहर के दृश्य देखना अच्छा लग रहा है। पहाड़ी दृश्यों को देखने के लिए आँखों को इधर-उधर, ऊपर-नीचे घुमाना भी तो पड़ता है, तभी न वे भर पाते हैं आँख में। सो अगर आप उन्हें 'सचमुच' देखना चाहते हैं, उनके तमाम विवरणों सहित, तो ऊँघते-ऊँघते तो यह काम हो नहीं सकता। संध्या की शान्ति विराजना चाह रही है। पंत जी याद आते हैं : 'पत्रों के आनत अधरों पर/सो गया निखिल वन का मर्मर/ज्यों वीणा के तारों में स्वर।' वन हैं तो सही, पर सघन नहीं। पेड़ों ने पहाड़ों की देह को ढँक जरूर रखा है, पर वह देह जगह-जगह से उघरी भी तो हुई है। रास्ते में अंग्रेजी में एक पर्यावरणी विज्ञापन दिखाई पड़ा था जो अच्छा लगा था। लिखा था : डोंट कट युअर ओन रूट्स।' पेड़ों को काटना अपनी जड़ों को काटने के बराबर ही तो है। हमारी जीवन-जड़ें पेड़ों-वनस्पतियों से कितना अधिक जुड़ी हुई हैं, इसका तीखा एहसास हमें होना ही चाहिए। बहरहाल, 'निखिल वन का मर्मर' भले ही इस वक्त सो गया हो, पर ट्रकों और बसों की आवाजें उसे चैन नहीं लेने दे रही हैं।

मंडी जाना कोई चार वर्षों बाद हो रहा है। पिछली बार वहाँ पहुँचना धर्मपुर के रास्ते से हुआ था। वह रास्ता कम चलता है—कम ट्रैफिक वाला है, सो उस निर्जन-से

रास्ते का एक एंबेसेडर गाड़ी से तय किया हुआ सफर अक्सर आद आता रहता है। हाँ, 'वन' उस रास्ते में भी सघन नहीं हैं। जिस रास्ते पर अभी हूँ, उस पर आज से कोई पच्चीस वर्ष पहले गुजरा था—निकोलाई रेरिख (जिन्हें 'रोरिक' ही ज्यादा लिखा जाता रहा है) की जन्मशती पर नग्गर जा रहा था—और बिलासपुर-मंडी भी रास्ते में पड़े ही थे। कुल्लू-मनाली की ओर भी तो इसी रास्ते से बढ़ते हैं। उस यात्रा की कई चीजें भूल गया हूँ पर इतना तो पक्की तरह याद है कि तब पहाड़ों की हरियाली कहीं अधिक सघन थी और बस्तियों में सीमेण्ट-कंक्रीट के मकान इतने अधिक नहीं दिखते थे!

सहसा इस ओर भी ध्यान जाता है कि चिड़ियों की बोली तो न के बराबर सुन पड़ रही है। कारण यह नहीं है कि वे रात्रि-विश्राम के लिए अपने नीड़ों में लौट गई हैं क्योंकि वे ढलती हुई शाम से पहले भी ज्यादा कहाँ दिखाई पड़ी थीं! इस तथ्य की ओर भी तो ध्यान जाता है कि पहाड़ों में मैदानों की तरह चिड़ियाँ एकबारगी नहीं दिख जातीं—झुंडों में तो और भी कम दिखती हैं—पत्तों-डालों के बीच से ही उनकी बोली फूटती है और उनके होने का भान होता है। मंडी पहुँच कर अगले दिन की सुबह इसी तथ्य की पुष्टि एक बार फिर हुई जब मैं 'हिमाचल संस्कृति शोध संस्थान एवं नाट्य अकादेमी' के परिसर में सुबह की चाय पीता हुआ चिड़ियों की तरह-तरह की बोलियाँ सुनता रहा; पर, वे स्वयं दिखी कम! गौर किया कि नन्ही चिड़ियाँ—और वे ही संख्या में बहुतेरी हैं—तो डालों-पत्तों में 'छिप' सी जाती हैं। और जब सुबह की सैर पर निकला था तो कौवा और गिद्ध ही अलग से नजर आए थे। और गिद्ध भी डालों पर डालों के 'गुट्ठल' की तरह ही तो मालूम पड़ रहा था। मंडी के पहाड़ों पर ज्यादातर पौधे-वनस्पतियाँ ऊँची कद-काठी के नहीं हैं। पहाड़ों पर जगह-जगह छितरे हुए अधिक हैं। पर 'कुंज' भी हैं। और पेड़ों की, पौधों की, घास की, प्रजातियाँ भी बहुतेरी हैं। चीड़, बाँस, केला, बादाम, आम, अमरूद आदि हैं—जंगली पौधे भी कम नहीं हैं। सो, चिड़ियाँ पत्तियों के बीच 'दिपती' हैं, लहर-सी मारती हैं, उन्हीं के बीच उन्हीं की हो रहती हैं और उन्हें पेड़ों के बीच ढूँढ़ना, उनकी पूरी शक्ल की 'तलाश' करना एक खेल भी बन जा सकता है। कई रंगों की नन्ही चिड़ियों की यह लुका-छिपी आँखों को निश्चय ही भाती रही—उन सात दिनों तक जब तक मैं सतोहल में रहा। सतोहल मंडी से कोई बाईस किलोमीटर दूर है। कोई भीड़ नहीं, कोई शोर नहीं। यहीं तो है वह नाट्य अकादेमी जिसका परिसर उन सब प्राकृतिक विशेषताओं से युक्त है, जो किसी जगह को मनोरम बनाती हैं।

गूँजती गलियाँ

जिन कोमल-कच्ची लम्बी-पतली ककड़ियों को नजीर अकबराबादी ने 'मजनूँ की पसलियाँ हैं, लैला की उँगलियाँ हैं' कहा था वे फिर दिखाई पड़ रही हैं। यह ककड़ियों, तरबूजों, खरबूजों का ही तो मौसम है। नजीर ने अन्य फल-सब्जियों और खाने-पीने की चीजों के लिए भी नज़्में लिखी थीं और हमारे जमाने में हबीब तनवीर साहब अपने 'आगरा बाजार' से एक बार फिर उन्हें हमारी जुबान पर चढ़ा चुके हैं। कहते हैं, फेरीवाले नजीर अकबराबादी के जमाने में उनकी नज़्मों को गा-गा कर अपना माल-असबाब बेचा करते थे, बल्कि नजीर से यह फरमाइश करते थे कि वे उनके लिए अमुक विषय पर कुछ लिख दें। और यह फरमाइश केवल फल-सब्जीवालों की ही नहीं रहती होगी, औरों की भी रहती रही होगी। उनका लिखा हुआ एक 'गीत' रीछ वाले का भी तो है : 'जब हम भी चले साथ चला रीछ का बच्चा।' हाल ही में राष्ट्रीय नाट्य विद्यालय द्वारा दिल्ली में आयोजित द्वितीय भारत रंग महोत्सव के समापन वाले दिन जब हबीब साहब ने अपनी रंगमंडली 'नया थिएटर' के सदस्यों के साथ मिलकर अपनी अब तक की मंच-प्रस्तुतियों से कुछ टुकड़े पेश किए तो कितनी ही पुरानी यादें ताजा हुईं। आज से कोई पच्चीस-तीस वर्ष पहले की बात है। 'आगरा बाजार' की धुनें कहीं न कहीं से कानों में पड़ती ही रहती थीं। मेरे मित्र कवि जितेन्द्र कुमार जो अब भोपाल में बस गए हैं, उन दिनों फरीदाबाद के सेंट्रल स्कूल में अध्यापन करते थे और प्रायः छुट्टी वाले दिन दिल्ली आ जाते थे। मेरी बड़ी बेटी तब चार-पाँच बरस की थी। जितेन्द्र घर में प्रवेश करते और उन्हें देखते ही 'जब हम भी चले साथ चला रीछ का बच्चा' गुनगुनाना शुरू कर देते थे और वह भी उसकी धुन पर काफी देर तक थिरकती रहती थी। ऐसी ही स्मृतियाँ और भी बहुतेरे लोगों के पास होंगी। अभी उस दिन दिल्ली के कमानी सभागार में जब इसी धुन पर पचहत्तर के हबीब साहब अपनी मंडली के दीपक तिवारी-पूनम तिवारी के नन्हे बेटे के साथ मंच पर बच्चों की तरह ठुमके-थिरके तो नजीर और हबीब साहब—दोनों के प्रति गहरी कृतज्ञता का भान हुआ।

ठीक अगली सुबह जब मैंने कच्ची कोमल लम्बी पतली ककड़ियाँ उस सब्जीवाले से खरीदीं जो कॉलोनी में अन्य सब्जीवालों के साथ रोज ही आता है तो फिर नजीर और हबीब साहब बेसाख्ता याद आए। मैंने गौर किया—एक बार फिर अब सब्जी

वाले गुनगुनाकर तो सब्जियाँ नहीं बेचते पर उनके हाँक लगाने में एक लय तो रहती ही है। और हमारी कॉलोनी का एक सब्जीवाला तो अपनी सब्जियों के गुणों का बखान ऊँची आवाज में कई विशेषणों के साथ इस प्रकार करता है कि लगता है, मानो उसने इस बखान को अपने ढंग से संगीतबद्ध ही कर रखा है। निश्चय ही हमारी गलियाँ इन और ऐसी आवाजों से आज भी कहीं न कहीं, कभी न कभी तो गूँजती ही हैं। ऐसी रिवायतें, जिन्होंने भारतीय समाज के दैनंदिन जीवन में 'मिठास' भरी थी, जब भी और जहाँ भी देखने-सुनने को मिलती है, अच्छी लगती हैं। और हमारी पीढ़ी के बचपन और किशोरावस्था ने तो 'चना जोर गरम..' को वास्तव में अपने कानों में उतरते हुए देखा है। रेलवे स्टेशनों में भी फेरीवाले सब कुछ गा-गाकर ही तो बताते-बेचते हुए लगते हैं आज भी। बव कारंत एक दिन कह रहे थे कि ऐसा वे लोग तरह-तरह की आवाजों के बीच अपनी आवाज अलग से पहुँचाने के लिए करते हैं, अपनी बातों को 'लयदार' बनाने के लिए तो करते ही हैं—और लय के बिना भला जीवन कहाँ है!

पता नहीं, अन्य देशों-समाजों में गा-बजाकर चीजें बेचने का प्रचलन रेडियो-टीवी युग से पहले भी रहा है या नहीं, पर हमारे यहाँ तो निश्चय ही रहा है। और कैसी मिठास उन गलियों में भर जाती होगी, जिनमें नजीर की नज्में कभी सचमुच गूँजती होंगी। और आज फेरीवालों की गूँजती हुई लयदार आवाजें मुझे रेडियो-टीवी की विज्ञापनी लय से ज्यादा भाती हैं। हमारे भवानी बाबू ने इसी परम्परा के प्रसंग से तो अपना वह गीत लिखा था : 'जी हाँ हुजूर, मैं गीत बेचता हूँ...' और इसने भी तो कितनी धूम मचाई थी। यह बात अलग है कि इस गीत का मंतव्य बिल्कुल भिन्न प्रकार का था। और वह गीत गा-बजाकर ही चीजें बेच पाने की विडंबना पर एक तीखी करुण टिप्पणी भी है।

बहरहाल, अनंत प्रसंग हैं उन डुगडुगियों-ढोलकों-खंजड़ियों के भी जो समय के साथ कुछ विलीन भी हुई हैं पर जिन्होंने एक जमाने में बच्चों और बड़ों का बहुत मनोरंजन किया है। और कई फेरीवाले तो मानो अपनी उपस्थित, चाल-ढाल, हाव-भाव से ही एक लय पैदा किया करते थे। याद करिए 'पथेर पांचाली' में काँधे पर मिठाई धारे हुए उस फेरीवाले को, जिसे अपू और दुर्गा विस्मय, कौतूहल और गजब के आकर्षण के साथ निहारते हैं और जिसके साथ का पार्श्वसंगीत कैसी तो एक 'मधुर' और एक करुण कथा कहता है। भारतीय समाज के दुख-दर्द को व्यक्त करनेवाले और उसके जीवन में प्रसंगानुसार रस वर्षा करने वाले जो कंठ रहे हैं और हैं, उनकी थोड़ी-बहुत गूँज गलियों में क्यों न सुनाई पड़ती रहे!

दीवार पर छाया

नींद टूटी तो खिड़की के बाहर अन्धेरा-सा था। अनुमान यही लगाया कि सुबह के साढ़े पाँच-छह बजे होंगे। पर बज चुके थे सवा सात। आसमान पर बादल थे। कमरे के बाहर निकला तो होटल तानसेन के सामने के बगीचे की जमीन गीली थी। पेड़-पौधे भी धुल चुके थे। बाहर टहलने का कार्यक्रम रद्द करके होटल के लम्बे (और हाँ, कुछ चौड़े भी) बरामदे में टहलने लगा। एक बार जब तानसेन समारोह में ग्वालियर आया था—कई वर्ष पहले—तब भी यहीं ठहरा था। एक सुबह कुमार जी (कुमार गंधर्व) यहीं सामने दिखाई पड़े थे। सुबह की सैर से लौट रहे थे। क्षण भर के लिए वह भावपूर्ण प्रसन्न-सी मुद्रा आँखों के आगे कौंध गई, फिर मन में एक तरह का अवसाद तिर आया। मेघ-छाया ने उसे कुछ और गहरा ही किया। कल भी यहाँ आते ही कुमार जी की वह छवि याद आई थी।

सामने की ओर देखता हुआ सोच रहा हूँ फरवरी महीने के पहले सप्ताह की यह बारिश कुछ असमय-सी तो है। रात वह कब हुई, पता ही न चला। रिसेप्शन के लोगों ने बताया ज्यादा नहीं थोड़ी थी। पर थी तो।...बगीचा या लॉन, उसे जो भी कहें, पुराने पेड़ों पर चढ़ी हुई बेलों और अन्य फूल-पौधों के कारण सुन्दर-सा लग रहा है। कल शाम इन्हीं की छाया दीवार पर पड़ रही थी। ऐसा लग रहा था जैसे किसी बड़े चित्रपट पर ही वे उभरी हुई हों। टहनियों-डालियों की आकार-रेखाएँ दीवार पर उनके रेखांकन का भ्रम भी पैदा कर सकती थीं। गलियारे से आते-जाते कई बार उनकी ओर मुग्ध भाव से ही देखा था। दीवार पर एकाध पर्यटन पोस्टरों के अलावा और कुछ नहीं है, सो उसकी सफेदी पर दृश्यावली के टुकड़े अच्छी तरह अंकित भी हो रहे थे।

इसे भी एक संयोग ही कहेंगे कि कल से यहाँ प्रकाश-छाया का एक खेल ही देख रहा हूँ। कल दोपहर के भोजन के बाद कुछ सो लिया था। नींद खुली थी तो शाम हो चुकी थी। संध्या-छाया में खिड़की से नीम के दो बड़े पेड़ दिखाई पड़े थे—पर्दा एक ओर थोड़ा-सा सरका हुआ था। सुनाई पड़ी थी चिड़ियों की वह बोली जो उनके सोने जाने से पहले की होती है। लेटा हुआ उसे कुछ देर तक सुनता रहा था—शाम के घिरते अँधियारे के बीच। वे कैसी तो एक चीख-पुकार मचा देती हैं इस वक्त। होटल में लोग ज्यादा नहीं हैं। बस कुछ विदेशी हैं। रेस्तराँ में कल दोपहर को भी कम ही थे। और गलियारे में आते-जाते भी कम ही दिखते हैं। बाहर की आवाजों के अलावा, जो दूर

से तिरकर आती हुई मालूम पड़ती हैं और कोई आवाजें नहीं हैं, सो मानो यहाँ की हर चीज पर एक और ही तरह से ध्यान जा रहा था।

शाम को भी यहीं हम जमे रहे। दिल्ली की आर्ट इंडस गैलरी के रमाशंकर और विनोद भारद्वाज के साथ कई विषयों पर चर्चा होती रही, खैरागढ़ के चित्रकार योगेंद्र त्रिपाठी भी थे, जो अब दुर्ग में अध्यापन करते हैं। रमाशंकर जी ग्वालियर में अमूर्त कला का संग्रहालय बनाने जा रहे हैं। उसके शिलान्यास के लिए चित्रकार सैयद हैदर रजा आज ग्वालियर आ रहे हैं। हम सब भी उसी प्रसंग में यहाँ आए हैं। बहरहाल, कल शाम एक गोष्ठी समाप्त हुई थी तो दूसरी शुरू हो गई थी। मैं और विनोद सामने के बगीचे में टहलते रहे। अच्छा लग रहा था दूर से भी, प्रकाश-छाया के उस खेल पर निगाह जा रही थी जो दीवार पर चल रहा था। सत्यजित राय के उस संस्मरण की याद सहसा हो आई थी जो उनकी बंगला पुस्तक 'जाखुन छोटो छिलाम' (जब मैं छोटा था) में दर्ज है : वे बचपन की गर्मियों की उन दोपहरों की याद करते हैं जब वे काफी देर तक कमरे में प्रकाश-छाया का खेल देखा करते थे, यह भी कि चीजों के आकार-रूप उस खेल के कारण किस तरह परिवर्तित हो जाते थे। अब जैसा जीवन है, उसमें प्रकाश-छाया के इस खेल की ओर पता नहीं किन लोगों का ध्यान कितनी देर तक जाता होगा। बहरहाल ग्वालियर आने के बाद कल से संध्या-छाया से लेकर दीवार पर छाया और फिर आज सुबह की इस मेघछाया के लिए मौसम को और यहाँ होने के सुखद संयोग को मन ही मन धन्यवाद दे रहा हूँ।

कल शाम की दूसरी गोष्ठी के बीच, जो रात्रि भोजन के वक्त चलती रही और जिसमें चित्रकार अखिलेश और इन्दौर के युवा पत्रकार राजेश्वर त्रिवेदी भी शामिल हो गए थे, मैं रुक-रुक कर रेस्तराँ के मद्धिम प्रकाश में फर्श पर और दीवारों पर बनती-मिटती छायाओं की ओर गौर करता रहा और सोचता रहा कि आकृति-रूपों और वस्तुओं के छायानुवाद के कारण भी हम चीजों को एक और ही तरह से पहचान पाते हैं। छायानुवाद का अपना एक विशिष्ट सौन्दर्य तो होता ही है। यह सब लिपिबद्ध करते हुए देख रहा हूँ कि धूप अचानक ही निकल आई है और मेज पर रखे हुए चाय के बर्तनों पर चमकने लगी है। मेज के साथ दीवार पर जड़े हुए आईने में पीछे की दीवार और कमरे की अन्य वस्तुओं की छायाएँ प्रतिबिंबित होने लगी हैं। शुरू हो रहा है प्रकाश-छाया का एक नया खेल।

इंफाली हँसी

ऐसी सरल-सरस-निश्छल हँसी अब कम ही सुनने-देखने को मिलती है, जैसी इंफाल की उस सड़क पर सुबह के पाँच बजे उन किशोरियों के मुँह से फूटी : वह फूटी मेरे ही एक प्रश्न के उत्तर में थी। सुबह पाँच बजे ही कई किशोर-किशोरियों, युवक-युवतियों को साइकिल या मोटरबाइक पर या फिर पैदल ही किताबों-कॉपियों के साथ जाते हुए देखकर लगा था, यहाँ स्कूल-कॉलेज बिल्कुल सुबह ही खुल जाते होंगे, सो यह जानने की स्वाभाविक उत्सुकता हुई थी कि सचमुच उनके खुलने का वक्त क्या है। बड़ी शालीनता-सहजता से एक किशोरी ने उत्तर दिया था :' 'साढ़े नौ बजे।' इस पर मैंने कहा था, 'ओह, मुझे लगा था आप लोग स्कूल जा रही हैं।' सहसा सबकी चहकती हुई सम्मिलित हँसी क्रमशः फूटी। फिर सुनने को मिला, 'हम तो ट्यूशन पढ़ने जा रही हैं। स्कूल का तो अभी समर वैकेशन है।' और चहकती हुई-सी वे आगे बढ़ गई थीं। यह समझने में देर न लगी कि उन्हें मेरे प्रश्न से कुछ विस्मय, कुछ कौतूहल हुआ था सो यह हँसी उसी पर थी। पर निश्चय ही उसमें यह आनंदानुभूति भी कहीं छिपी हुई थी कि स्कूल की तो छुट्टी है और नाहक ही उन्हें उसकी याद दिला दी गई है। सो, यह हँसी छुट्टियों की खुशी की भी थी।

जो भी हो, एक बार मुस्कान की, हँसी की इस प्रकृति पर जो ध्यान गया सो वह बना ही रहा और उसके सूत्र से अनन्तर मैं यह पहचानता रहा कि इंफाल-वासियों के होठों पर एक सरस-सरल-निश्छल हँसी तो मानो यों भी बसी ही रहती है और यह किसी कौतूहली क्षण में धीरे-धीरे प्रस्फुटित होती है। वह सरस ही नहीं, सलज्ज और विनम्र हँसी भी है—और केवल स्त्रियों की ही नहीं, पुरुषों के होठों और उनकी समूची मुखाकृति की भी शोभा बन जाती है।

एक बात और। किशोरियों से प्रश्न मैंने हिन्दी में ही पूछा था और उसका उत्तर भी मुझे हिन्दी में ही मिला था। मणिपुर-इंफाल के अपने पहले ही दिन के अनुभव से मैंने यह जान लिया था कि चाहे कोई दुकानदार हो या राह चलता हुआ व्यक्ति, उससे हिन्दी में बात की जा सकती है। बहरहाल, सुबह पाँच-साढ़े पाँच बजे ही सूरज की किरणें आँखों को चौंधिया रही थीं। सड़क भी कुछ तेजी से ही चल रही थी। जब चार-साढ़े चार बजे से ही उजाला कुछ भरभराकर होटल के कमरे में घुस आया तो मैं बाहर निकल पड़ा। और अब तो बिस्कुट-पाव रोटी, तेल-फुलेल, सिगरेट-माचिस

आदि-आदि बेचने वाली छोटी-बड़ी दुकानें भी खुल चुकी थीं या खुलने लगी थीं। सड़क की एक ओर कहीं-कहीं सब्जीवालियाँ भी कुछ साग-सब्जी सजाए हुए बैठी थीं। चाय और पूड़ी वाली दुकानें भी खुल गई थीं। ऐसी ही एक दुकान में कुछ भीड़ भी दिखाई पड़ी—वहाँ छोटी स्क्रीन वाला एक ब्लैक एंड व्हाइट टीवी भी रखा था जो चल रहा था। दो तरह की यानी बेमेल चीजों को एक साथ बेचने वाली दुकानें कुछ अचरज में डाल रही थीं : इनमें आधे हिस्से में सजे हुए थे इंजन ऑयल, छोटे-मोटे मोटर पार्ट्स और शेष आधे में बिस्कुट, सॉस आदि का बोलबाला था। हाँ, नामपटों में संकेत यही था कि वे मोटर्स पार्ट्स की दुकानें हैं। तो क्या वे पहले रोजमर्रा की खाने-पीने वाली वस्तुएँ बेचती थीं और अब इंजन ऑयल आदि बेचने लगी थीं या कि फिर इसका उल्टा ही सच था? बहरहाल, इससे यह संकेत तो मिलता ही था कि शहर में मोटर गाड़ियाँ बढ़ रही हैं, भले ही वे किसी एक जगह इकट्ठा दिखती न हों—सड़क पर कोई सौ-दो सौ कदम जाते ही कोई न कोई मोटर वर्कशॉप भी दिख रही थी और उसके आगे डेंटिंग-पेंटिंग या मरम्मत के लिए कुछ गाड़ियाँ भी। यह सेगा या एयरपोर्ट रोड थी, पर अन्य सड़कों पर भी कमोबेश ऐसे ही दृश्य देखने को मिले। शहर में ऑटोरिक्शा कम हैं और जन-वाहन के रूप में सबसे प्रमुख है साइकिल रिक्शा।

इंफाल का यह साइकिल रिक्शा बड़ा शालीन, कद-काठी में ऊँचा और चित्रमंडित है। हर रिक्शे की पीठ पर आपको कोई न कोई चित्र बना हुआ जरूर मिलेगा—नदी-पहाड़ का, फल-फूलों-वनस्पतियों के किसी रूप-क्रम का या फिर कोई अन्य कैलेंडरी दृश्य! हर रिक्शे का 'छाता' यानी उस पर तन जाने वाला कपड़ा किरमिची ही होता है। हर साइकिल रिक्शे की पीठ पर किसी चित्र के साथ ही इंफाल नगरपालिका का भी उल्लेख रहता है और उसके द्वारा आबंटित नम्बर का भी। मेरा अनुमान है कि इंफाल के साइनबोर्ड पेण्टरों के पास काफी काम रहता होगा क्योंकि यह चित्र-प्रेम केवल रिक्शों तक सीमित नहीं है और प्रायः सभी दुकानों के नामपटों के साथ भी कोई न कोई प्रतीक-चित्र रहता ही है। यह चित्र संकेत देता है कि वे क्या बेच रही हैं—फर्नीचर, कपड़ा, गहना, मोटर पार्ट्स, रसोई का सामान या कि फिर और क्या! मेरे लिए तो सड़कों-बाजारों से गुजरते हुए इन चित्रों को देखने-पहचानने-सराहने की प्रक्रिया भी काफी दिलचस्प रही। और इंफाली मुस्कान और हँसी, वह तो भूलती नहीं है। कुछ भी कहने-बताने के प्रसंग से, वह पहले होठों को थोड़ा-सा खोलती है, फिर चेहरे को दमका देती है—ठीक वैसे ही जैसे कि धीरे-धीरे फिर एकदम से सुबह होती है।

संध्या सुन्दरी

पश्चिम में जिस ओर सूरज डूब रहा है, उस ओर मेरी पीठ है। मैं चाहूँ भी तो मुँह घुमाकर उसे नहीं देख सकता : पार्क की जिस बेंच पर बैठा हूँ उसके पीछे की ओर फ्लैट जो हैं। पर सामने दूर क्षितिज में सफेद रुई रंग के बादलों में डूबते सूरज के कई रंग झलक रहे हैं। और पार्क के मैदान की हरी घास पर, पेड़ों पर, दाईं ओर के सड़क पार के फ्लैटों की काँच खिड़कियों पर भी अस्त होते सूर्य के रंग ही तो छितरे हुए हैं। दिन में बारिश हो चुकी है, सो सर्वत्र एक भीगापन भी व्याप्त है—घास पर, वनस्पतियों पर, जमीन पर। और जहाँ मैं बैठा हूँ उससे कुछ ही दूरी पर, जमा हो गए पानी की कुछ दर्पणी सतहें भी हैं। थोड़ी देर पहले ही आकाश खुला है और आज मानो अनायास ही, 'प्रिय प्रवास' की इन पंक्तियों को एक बार फिर 'सराहने' का अवसर जुट गया है : 'दिवस का अवसान समीप था/गगन था कुछ लोहित हो चला/ **...**तरु-शिखा पर थी अब राजती/कमलिनी-कुल-वल्लभ की प्रभा**...** ।' आज युवकों की फुटबाल खेलने वाली टीम भी नहीं आई, टहलने वाले बुजुर्ग स्त्री-पुरुष भी कम ही हैं और बच्चा साइकिलों की किलकारियाँ भी कानों-आँखों तक नहीं आ रही हैं—बीस-पच्चीस की जगह आज वे दो-तीन ही तो हैं। एक 'नीरवता' भी विराज रही है, जो दिन-रात की इस संध्या और संधिवेला में यों भी छा ही जाती है**...**शोर और कई-कई गतिविधियों के बीच भी**...** । पर आज तो वह 'नीरवता' कहीं प्रत्यक्ष भी दीख पड़ रही है—'अरुणिमा विनिमज्जित-सी हुई' ।**...**भर लूँ, आँखों में भर लूँ, संध्या-आभा के सभी रंग-रूप, नहीं तो वह वेला भी तो बस आने ही वाली है, जिसके बारे में सुमित्रानंदन पंत ने लिखा है : 'तरु शिखरों से वह स्वर्ण विहग उड़ गया, खोल निज पंख सुभग/ किस गुहा-नीड़ में रे किस मग!' **...**हाँ, 'स्वर्ण विहग' अपने पंख समेट कर उड़ चले, उससे पहले ही, उसके रंग पहचान लेने हैं**...**और एक अन्य कविता में पंत ने ही तो यह भी लिखा है न।**...**'लाज से अरुण अरुण सुकपोल/मदिर अधरों की सुरा अमोल—/, बने, पावस घन स्वर्ण हिंदोल, कहो, एकाकिनि, कौन? /मधुर, मंथर तुम मौन!' **...**उसी संध्या एकाकिनी को आज क्या सचमुच सामने पावस घनों के स्वर्ण हिंदोल पर बैठा हुआ ही नहीं देख रहा हूँ**...** ।

लीजिए, आ गई न बारी 'स्वर्ण विहग' के तरु शिखरों से उड़ चलने की और 'हरिऔध' की तरुशिखा पर ही राजती कमलिनी-कुल-वल्लभ की प्रभा भी क्षीणतर हो

चली है। आ गया है समय अपनी ही देह-छाया से अलग होने का...अब जो स्त्री-पुरुष पार्क को घेरे हुए बजरी-पथ पर टहल रहे हैं, उनकी छायाएँ भी कहाँ बन रही हैं...ऐसा ही तो होता है, बिल्कुल साँझ ढले! संध्या एकाकिनि, सबको कहीं एकाकी/एकाकिनी सचमुच ही बना देती है...भीतर की नीरवता सचमुच कहीं गहरी हो जाती है...भले ही कुछ मिनटों के लिए सही!

इस संधिवेला की अवधि वास्तव में होती ही कितनी है...ज्यादा से ज्यादा पन्द्रह-बीस मिनटों की, जब क्रमशः सबसे उनकी नैसर्गिक छायाएँ छीनकर अँधेरा उन छायाओं को कृत्रिम रोशनी में ही देखी जा सकने लायक बना रहा होता है...

और शहरों-महानगरों की भीड़-भाड़ में, कनफोड़ हॉर्न-सुरों के बीच, किसी ट्राफिक जाम में तो ये पन्द्रह-बीस मिनट भी कर्पूर की तरह यों उड़ जाते हैं कि कुछ भी पता नहीं चलता...न तरु शिखरों का, न उन पर राजती हुई किसी प्रभा का, न 'स्वर्ण विहग' का...और जो लोग किसी दफ्तर की बिजली-रोशनी में ही दिन बिताते हैं, वे अगर दिन ढले के बाद दफ्तर के बाहर निकलते हैं तो उन्हें इस अवधि का 'आभास' तक नहीं होता...बाहर भी बिजली-बत्तियाँ ही जली हुई मिलती हैं...मिलती हैं संध्या सुन्दरी की राह रोके हुए बहुमंजिली इमारतें!

होती होगी अब भी कहीं गोधूलि की वेला भी...उड़ते होंगे लौटती हुई गायों के खुरों से धूलि-कण, छा लेते होंगे तरु शिखरों को भी...पर हम महानगरवासियों के भाग्य में तो अब धुएँ के कण ही लिखे हुए हैं... । इसीलिए तो सराह रहा हूँ आज शाम के अपने 'भाग्य' को, जब किसी टीवी के परदे पर नहीं, आकाश के 'सचमुच' के परदे पर, सचमुच की संध्या एकाकिनी को उसके कई रंग-रूपों में देख सका हूँ...और तरु शिखरों के संध्या-सौन्दर्य को भी सराह सका हूँ...'निराला' की भी याद आ रही है, वे भी तो कर चुके हैं 'संध्या सुन्दरी' के, दिवसावसान के समय नभ से उतरने का गुणगान... । उन्होंने कहा है उसके लिए : 'छाँह-सी अंबर पथ से चली।' पर वह 'छाँह' भी अब गई...गया, वह सब 'जादू' गया...जल उठने लगी हैं, (बिजली की) बत्तियाँ...गई वह संध्या-सुन्दरी...अब तो फिर 'निराला' ही एक बार और याद आ रहे हैं...'निशा के उर की कली खुली...' नहीं, अभी मन में रहने दूँ संध्या-सुन्दरी को ही थोड़ी देर और...!

बंगाल के 'पुकुर'

नई दिल्ली स्टेशन से कलकत्ता के लिए शाम को हावड़ा-राजधानी से चलें तो अगली सुबह आँख बिहार-बंगाल की सीमा पर खुलती है। उजाला फैलना शुरू हो चुका होता है और आगे का दृश्य हरित से हरिततर होता जाता है। यदि यात्रा वर्षा-ऋतु में हो रही हो या ठीक उसके बाद के दिनों में, तो इस दृश्य में 'पुकुर' यानी तालाब भी लबालब भरे हुए दिखाई पड़ते हैं : और वह दृश्य 'सम्पूर्ण' होता है जिसकी छवियाँ रवींद्रनाथ, शरत बाबू, विभूति बाबू—वही 'पाथेर पांचाली' के विभूति बाबू—की रचनाओं में कई पीढ़ियाँ देखती-पढ़ती आई हैं। और जीवनानंद दास जैसे कवियों की कविताएँ भी तो मानो इसी दृश्य को बहुतेरे मानवीय मर्मों से जोड़ कर हमारे लिए कई तरह से 'उद्घाटित' करती रही हैं : घास, धान के खेल, केले के पेड़, तालाब, नारियल-कुंज, बत्तखें, हंस, कई तरह की वनस्पतियाँ, फल-फूल, ये सब उनकी कविता के मानो अपरिहार्य उपकरण हैं। पिछले दिनों इस दृश्य के बीच से ट्रेन के गुजरते ही मैंने और मेरी पत्नी ज्योति ने उसे काँच-खिड़कियों से निहारना शुरू किया और न जाने कितनी देर तक इन सब प्रकृति-उपकरणों का पीछा करते रहे मोहाविष्ट से! मीलों तक फैली हुई वही आक्षितिज हरियाली, आकाश में उड़ती हुई चिड़ियाँ, पानी में बत्तखें, नारियल, केले, आम, खजूर के पेड़ और घास-फूस की या खपरैल की छतों वाली झोंपड़ियाँ, किसी न किसी पुकुर के आसपास! यही दृश्य, जो बार-बार अपने को थोड़े-बहुत फर्क के साथ दुहराता है, हावड़ा तक साथ चला आता है। हमारे साथ भी चला आया।

हावड़ा-दिल्ली रेल मार्ग पर सफर करते हुए मुझे पचास वर्ष तो हो ही गए हैं। पहले हम बचपन और किशोरावस्था में हावड़ा से फतेहपुर (उत्तर प्रदेश) आते-जाते थे, जहाँ हमारा पैतृक गाँव है। फिर दिल्ली में आ रहने के बाद पिछले पैंतीस वर्षों में भी इस मार्ग पर न जाने कितनी बार यात्रा की है और हर बार यही पाया है कि बंगाल आते ही, यह 'दृश्य' अपनी ओर खींचने लगता है। इस बार उसने अपनी ओर और अधिक खींचा तो इसके कुछ और भी कारण थे : वर्षा-ऋतु समाप्त होने को थी, कलकत्ता इस बार मैं साहित्य अकादेमी द्वारा जीवनानंद दास पर आयोजित एक बड़े सेमिनार में भाग लेने के लिए जा रहा था, और इसी यात्रा में कुछ दिन शांतिनिकेतन के लिए भी तय थे, सो मानो इस दृश्य के साथ बांग्ला साहित्य भी बार-बार घुला-मिला

जा रहा था। कई कृतियों और उनके प्रसंगों की याद सहज ही आ रही थी। मसलन, शरत बाबू के उपन्यासों की, तालाब से हाथों में घड़े लिये पानी भरने जा रही रवींद्रनाथ की 'दो-बहनों' की यानी इसी शीर्षक से उनकी एक कविता की, और जीवनानंद दास की 'आबार आसिबो फिरे' (लौटूँगा फिर मैं यहीं) कविता की, जिसमें उन्होंने बंगाल की प्रकृति और उसकी रोजमर्रा ग्राम्य छवियों का स्मरण किया है; यानी उन्हें क्रमवार गिनाया है और संकेत किया है कि, 'देखना, मेरे न रहने के बाद देखना, शाम को जब हंसों की पंक्ति आकाश में उड़ी जा रही होगी, तो उन्हीं के बीच में सम्भवतः मैं भी एक होऊँगा...।'

बहरहाल, ध्यान इस बार बंगाल के तालाबों की ओर भी विशेष रूप से गया और मैंने याद किया कि गाँव तो गाँव, महानगर कलकत्ता के बीच में भी न जाने कितने पुकुर हुआ करते थे। इनमें से कई आज भी बचे हुए हैं। भले ही उनके आसपास का इमारती दृश्य बदल गया हो और गाड़ियों के इतने हॉर्न उन्होंने पहले कभी न सुने हों जितने अब सुनने पड़ते हैं...। भवानीपुर के 'पद्दो पुकुर' को ही लें...पद्दो यानी पद्म यानी कमल—तो कभी यह कमल ताल रहा होगा, जिस तरह कि बंगाल के अन्य बहुतेरे ताल रहे हैं, कुमुदों-कुमुदनियों से भरे हुए...। पर अब यह एक 'अवशेष' मात्र है—पुरानी स्मृतियों का, नगर के बीच पुराने प्रकृति वैभव का। याद इसकी भी आई कि ऐन चौरंगी के बीच, 'मनोहर दास का तालाब' नाम का एक ताल है जिसका पानी और रूप भले पहले जैसा न हो, पर वह है तो वहीं...।

जो भी हो, गाँवों और मुफस्सिल शहरों-कस्बों में तालाब आज भी रोजमर्रा जीवन का हिस्सा हैं...जिनमें लोग मछलियाँ पकड़ते हैं, बर्तन-कपड़े धोते हैं, नहाते हैं...और जो स्त्रियों के लिए आज भी किसी नदी-घाट से कम नहीं हैं...। तालाबों पर ध्यान एकाग्र होने का यह नतीजा भी मेरे लिए स्वाभाविक ही था कि अनन्तर यह ध्यान भटक कर इस स्थिति पर टिक गया कि केवल बंगाल ही क्यों, भला भारत का वह कौन-सा भू-भाग होगा जहाँ तालाबों की महिमा न मानी जाती रही हो...। राजस्थान की रेतीली जमीन पर भी तो बावड़ियों का विशेष स्थान रहा है...। जीवन में, लोक साहित्य और कथाओं में भी वे बार-बार आते हैं...।

हाँ, पुष्कर-पुष्करिणी, पुकुर, पोखर, ताल बावड़ियाँ कहीं के भी हों, उन्होंने जीवन के कई मर्म 'उपजाए' हैं...। पर बंगाल के पुकुर, उनकी छवि निराली रही है।...। वे कहीं बंगाल के मुकुर भी तो रहे हैं...बंगाल के, और अविभाजित बंगाल के भी और आज तक हैं...।

20 नवम्बर, 2000

हरा-भरा चंडीगढ़

वे तीन जने थे और बारिशों की ऊँची उठ आई घास को काट रहे थे। हवा में उनकी 'तलवारें' लहरातीं और घास की छोटी-छोटी ढेरियाँ-सी लग जातीं जिन्हें उनमें से कोई एक सहेजकर एक जगह जमा कर देता। थोड़ी देर में थोड़ी-थोड़ी दूर पर ऐसी कई ढेरियाँ जमा हो गईं और सामने की घास के दो हिस्से साफ नजर आने लगे : एक वह जिसमें कई ऐसी ढेरियाँ एकत्र हो गई थीं यानी जिसकी घास कटकर कुछ समतल-सी हो गई थी और दूसरा वह जिसकी घास अभी काटी और समतल की जानी थी। फिर थोड़ी देर उन्होंने विराम लिया विश्राम के लिए और एक नजर शेष बचे रह गए काम पर दौड़ाई। मैं भी वापस कमरे में लौट गया। कमरा चंडीगढ़ के एक अतिथि गृह का था जहाँ हम दिन के कोई ग्यारह बजे पहुँचे थे। स्टेशन से अतिथिगृह के रास्ते तक चंडीगढ़ की हरियाली को सराहते हुए आए थे। साठ के दशक में मेरी पत्नी ज्योति यहीं एक छात्रावास में रहकर एम.ए. की पढ़ाई कर रही थीं और साठ के दशक से ही मेरा भी चंडीगढ़ आना-जाना शुरू हुआ था—प्रायः साहित्यिक-सांस्कृतिक आयोजनों के प्रसंग से ही। कभी यह भी होता कि शिमला-सोलन जाते हुए हम एक-दो दिन चंडीगढ़ भी रुक जाते। सो, हम चंडीगढ़ कितनी बार आए-गए हैं पिछले पैंतीस वर्षों में, इसकी गिनती हम दोनों के पास ही नहीं है। पर इस बार हम दोनों ने ही चौंककर यह पहचाना कि बारिश के मौसम में या कहें जब बारिश बीतने-बीतने को है, हम शायद चंडीगढ़ में पहली बार इकट्ठा हैं। दिल्ली से चंडीगढ़ के रास्ते में भी हरियाली के ही दृश्य थे। और ट्रेन-खिड़की से खेतों-वनस्पतियों और 'जंगली' पेड़-पौधों की हजार हरी किस्में और रंगतें ही देखने को मिली थीं। देखने को मिली थीं नहरों-नालों और छोटी-छोटी नदियों की उफनती हुई जल-धाराएँ भी। और जब चंडीगढ़ पहुँच गए तब तो मानो हरियाली के ही हजार रंग-रूपों से सामना हुआ। जाहिर है कि चंडीगढ़ बनने के साथ-साथ सड़कों के दोनों ओर और गलियों-उपगलियों तक में और बीच के रोड-डिवाइडरों में और चौरस्तों के गोल-चक्करों में जो वृक्षारोपण हुआ था, वह अब अपनी पूरी रंगत में है। और चंडीगढ़ वासियों ने अपने घरों में भी पेड़-पौधे उगाने में कोई कसर नहीं छोड़ी। सो सड़कों-मैदानों के साथ घरों की हरियाली की इस रंगत ने भी अपना भरपूर रंग दिखाना शुरू कर दिया है। जिधर भी नजर दौड़ाइए, किसी हरी बाड़, हरी घास और एक-दूसरे से सटे हुए पेड़-पौधों-पत्तियों से ही वास्ता पड़ता है।

अमराइयाँ भी हैं ही। हमने नोट किया कि चंडीगढ़ में साइकिल रिक्शे, ऑटो, स्कूटर, मोटर बाइकें और मोटर वाहन बहुत बढ़ गए हैं और आबादी के मामले में भी शहर अब वीरान नहीं मालूम होता, वह अधिक गुलजार ही हुआ है, पर कई इलाकों में उसकी शान्ति अब भी बनी हुई है और हरियाली ने उसे पहले से कहीं अधिक आच्छादित कर दिया है। सम्भवतः चिड़ियों की भी आबादी बढ़ी ही है क्योंकि अतिथिगृह में दिन भर उन्हीं की आवाजें अधिक आती रहीं—लोगों की आवाजें बहुत कम सुनने को मिलीं।

जब घास काटी जा रही थी तो उससे जैसी खुशबू उठी, वह मानो बहुत दिनों बाद मिली थी। और इस अनुभव का साझा जब उन घास काटने वालों से मैंने तत्काल कर डाला तो उनके होठों पर मुस्कान तैरे बिना न रही—ठीक ही उन्हें लगा होगा कि घास को लेकर यह शहरी बाबू का उपहास-योग्य उत्साह ही तो है! नहीं तो यह घास की खुशबू की बात इस तरह क्यों करता, मानो गुलाब-बेला और रातरानी की खुशबू की बात कर रहा हो। ठीक-ठीक नहीं जानता कि उन्होंने क्या सोचा होगा—उनके मन में परिहास की लहरें उठीं या आनन्द और सहमति की—पर अपनी बात तो जानता ही हूँ कि यह घास की सुगन्ध से आता हुआ वास्तविक आनन्द ही था! और अतिथिगृह के सामने के लॉन (जिसे घास का एक छोटा मैदान कहना ही ज्यादा उपयुक्त होगा) की बेतरबीब उग आई घास को उसे काटने वालों ने जब एक तरतीब दे दी तो उसे सराहने का आनन्द भी इस (सुगन्ध वाले) आनन्द में शामिल हो गया।

सोचने में यह भी लगा कि यह जो घास काटने वाला मुहावरा बना है, वह न जाने किस प्रसंग से बना होगा जिसका इस्तेमाल लोग अब भी व्यंगपूर्वक करते हैं कि 'क्या घास काटी है' या कि 'यह क्या घास काट रहे हो'।...पर मैं तो देख यह रहा हूँ और पहले भी देखता ही रहा हूँ कि कई माली घास काटने वाली मशीन से या हँसिये से ही, या 'तलवारनुमा' इस हथियार से घास की ऐसी कटाई-छँटाई करते हैं कि अच्छे से अच्छे केश कर्तनालय वाले रश्क करने लगें। पेड़-पौधों-पत्तियों की उनकी कटाई-छँटाई के तो खैर कहने ही क्या! जो भी हो, उन तीन जनों की घास कटाई की दाद मैंने दूसरी सुबह भी दी। वे पिछली शाम को घास की ढेरियाँ बोरों में भरकर ले गए थे—अब यत्र-तत्र 'बिखरी' हुई तीन-चार ढेरियाँ ही बची थीं। समतल घास पर चिड़ियाँ फुदक रही थीं...और जब बरामदे में कुर्सी डालकर, हाथ में चाय की प्याली लेकर मैं बैठा (हमें जो कमरा मिला था वह ग्राउंडफ्लोर में ही था) तो घास की ही इस 'निकटता' से और उसके इस समतल स्वरूप से मन में एक बार फिर प्रसन्नता की लहरें दौड़ गईं। और तभी इन लहरों में आकर शामिल हो गईं बारिश की बूँदें भी, जो पेड़ों की पत्तियों पर आवाज कर रही थीं, पर इस समतल घास पर बेआवाज गिर रही थीं...

6 अक्तूबर, 2000

उद्यान में सूर्योदय

ज्यों-ज्यों उस उद्यान के दोराहे-तिराहे मेरी आँखों के आगे खुलते जाते थे और उनसे भी तन्वंगी पगडंडियाँ फूटती दिखाई पड़ती थीं, त्यों-त्यों यह प्रतीति बढ़ती जाती थी कि वह वास्तव में बहुत बड़ा है और लता-गुल्मों-वृक्षों से आच्छादित उसकी सुन्दरता अपनी मात्रा में भी विपुल ही है। पौधाशालाएँ भी कई दिखाई पड़ीं। छोटे-छोटे जलाशय भी मन को मोहने वाले लगे। उनमें कुमुद-कुमुदिनियों के पुष्प कई रंगों के हैं—श्वेत, अरुण और नील-बैंजनी। मंद प्रात समीरन में इन सबको देखना बेहद आनन्ददायक था—उस 'प्रात समीरन' में जिसके बारे में भारतेन्दु हरिश्चंद्र ने लिखा है : 'मंद-मंद आवै देखो प्रात समीरन/करत सुगन्ध चारों ओर विकीरन /गात सिहरात तन लगत सीतल /रैन निद्रालस जन सुखद चंचल।...प्रात समीरन सोभा कही नहिं जाय /जगत उद्योगी करैं आलस नसाय /जागै नारी नर लगैं निज-निज काम /पंछी चहचह बोलैं ललित ललाम।' सचमुच ही, कम-से-कम आलस्य का कोई नामोनिशान इस उद्यान में नहीं था। नर-नारी जागकर प्रातः भ्रमण के लिए आ चुके थे—बहुतेरे अपनी कारों से, जो मुख्य द्वार से बाहर ही कतारों में दिखाई पड़ गई थीं। स्कूटर भी थे और पैदल चलकर भी लोग यहाँ तक पहुँचे ही थे। और पंछी थे कि वे भी चहचह बोलकर उद्यान को अपने स्वरों से कुछ तो गुँजा ही रहे थे। शान्ति थी, पर उतनी नहीं जितनी अपेक्षित थी क्योंकि नर-नारी छोटे-छोटे समूहों में भी टहल रहे थे, जिनकी आपसी बतकही बीच-बीच में कानों में पड़ जाती थी और जुगल-जोड़ियाँ भी कई थीं ही, जो अपनी पारिवारिक और निजी समस्याओं का साझा इस एकान्त में करती मालूम पड़ रही थीं। पर यह सब क्षम्य और स्वाभाविक था। आज के व्यस्त जीवन में मित्रों-परिचितों और परिजनों से वार्तालाप के अवसर ही दिन में कितने कम आ पाते हैं, सो प्रातः भ्रमण का बतकही-लाभ भला अब किस शहर में नहीं उठाया जाता! तो लखनऊ का यह 'नेशनल बोटैनिकल गार्डन' ही इसका अपवाद क्यों रहे! क्या, कलकत्ता के विक्टोरिया मेमोरियल, मुम्बई के जॉगर्स पार्क, दिल्ली के लोधी गार्डन आदि में भी सुबह का दृश्य कुछ ऐसा ही नहीं होता जहाँ टहलने वालों की पदचाप कभी मंद, कभी तेज सुनाई पड़ती है, और इसी तरह सुनाई पड़ती हैं और उनकी मंद, तीव्र, मृदु; चंचल और कभी-कभी तो उत्तेजित वाणी। जो भी हो, इन सबकी भी अपनी ही एक लय-गति होती है, या कहें, अब बन गई है और वह आपको कभी-कभार ही

डिस्टर्ब करती है।

बहरहाल, फिलहाल तो लखनऊ के इस उद्यान में मैं यही सोच रहा हूँ कि इस सुबह-दृश्य में मैं 'अजनबी' हूँ, पहली बार इसमें शरीक हुआ हूँ और फिर पता नहीं कब इसमें शरीक होने का मौका मिले। कल-परसों तो यहाँ से वापस दिल्ली लौट जाना है। अगली बार आने पर इसके आसपास ही ठहरने का मौका मिलेगा, यह तो कहा नहीं जा सकता। इस बार तो इसके ठीक सामने के होटल में ठहरा हूँ। पर नहीं, 'अजनबी' कहाँ हूँ—इस उद्यान से पहले परिचय में ही उससे मित्रता हो गई है और ऐसी सार्वजनिक जगहों में आप अपरिचित या अजनबी ज्यादा देर तक रह भी कहाँ पाते हैं!

याद आ रही है कलकत्ता के बोटैनिकल गार्डन की भी। बचपन और किशोरावस्था में न जाने कितनी बार वहाँ जाना हुआ है—बोट-स्टीमर में। कलकत्ता से हुगली बार के उस अपूर्व उद्यान में—जहाँ वह वट वृक्ष है, जिसका सानी नहीं। यह सोचकर भी तो चकित रह जाना पड़ता है कि बचपन से लेकर आयु के अन्तिम वर्षों या 'दिनों' तक न जाने कितने पत्र-पुष्पों, पर्णगुच्छों, फूलों-पाखियों को हम देखते-निहारते हैं, न जाने कितनी जल-लहरियों को स्पर्श करते हैं, न जाने कितनी हवाओं को, बरस कर पिला जाने वाले न जाने कितने मेघों को, कितने धूलि-कणों को, कितने आकाशी रंगों को देखते हैं, दर्ज करते हैं और वे स्मरण-विस्मरण के पन्नों पर जमा रहते हैं, राशि-राशि, हम उनकी गिनती तक नहीं कर पाते, पर वे ही तो हैं जो हमारे जीवन को नया करते रहते हैं और सार्थक भी। मेरे प्रिय कवि-मित्र अष्टभुजा शुक्ल ने अपनी 'पंचतत्त्वों' शीर्षक कविता में लिखा है न : 'अपनी जड़ें मैं तुझमें गाड़ना चाहता हूँ/ पृथ्वी, इसे कब्जा मत मानना/अपनी शाखाएँ मैं तुझमें फैलाना चाहता हूँ/आकाश, मुझे विस्तारवादी मत मानना।' इस वक्त मेरे साथ यही तो घटित हो रहा है।

कहाँ गिन सकता हूँ मैं यहाँ उड़ने वाले कीट-भौंरों को, पाखियों को, जलाशयों की लहरियों को, पेड़-पौधों के हजारों-हजार हरे-भरे पत्तों को, टहनियों-डालियों को, फूलों-रंगों को और कहाँ याद रख सकता हूँ सब पेड़-पौधों को, जिसके वानस्पतिक नामों की तख्तियाँ रोमन और नागरी लिपि में तनों पर ठुंकी हुई हैं और साथ में यह संकेत भी है कि दुनिया के किस देश-प्रदेश में उनकी मूल जड़े हैं।

देख रहा हूँ, किसी ऐसे स्थान पर ठहर कर, जहाँ से उदित होते हुए सूर्य की झाँकी कुछ अच्छी तरह देखी जा सकती है, किसी स्त्री या पुरुष की विनय और भक्ति-मुद्रा सूर्य-देव को अपनी श्रद्धा निवेदित कर रही है। कब से मनुष्य के साथ है यह दृश्य भी, न जाने कब से, पर हर बार कितना नया, कितना मोहक लगता है यह सूर्य नमन।

लखनऊ नया-पुराना

यह तो बाद में जाना कि जिस कार्लटन होटल में हम ठहरे हैं उसके ठीक सामने बॉटनिकल गार्डन है, जहाँ सुबह की सैर कहीं अधिक सुखदायक होती। पर होटल के बाहर तो मैं मुँह अँधेरे ही निकला था, जब इमारतों-सड़कों-जगहों की आकार-रेखाएँ पूरी तरह स्पष्ट नहीं होतीं, सो लखनऊ के राणा प्रताप मार्ग पर बस एक सीध में चलना शुरू कर दिया था। इतना 'अँधेरा' तो था ही कि इक्का-दुक्का जो तिपहिया स्कूटर आते-जाते दिखे, उन्होंने अपनी हेडलाइट जला रखी थीं। सोचने लगा 'मुँह अँधेरे' का प्रयोग न जाने कब, किसने शुरू किया होगा। पर निश्चय ही वह इसी अर्थ में शुरू हुआ होगा कि 'वह वक्त जब इतना अँधेरा हो कि मुँह ठीक से दिखता न हो।' अपनी ओर से मैंने तत्काल यह भी जोड़ा : जब 'चीजों का मुँह' ठीक से दिखता न हो। हाँ, वैसा ही वक्त तो यह था जब चीजों का मुँह ठीक से दिख नहीं रहा था। पहचाना इतना कि मौसम बदल रहा है और जिसे गुलाबी मौसम कहते हैं, वह शुरू हो गया है। और अगर एक पत्ती भी हिल-डुल नहीं रही है, तो यह अच्छा ही है, नहीं तो बदन भी कुछ तो सिहरने ही लगता। यह भी पहचाना कि जिस इलाके में हूँ उसमें कार्लटन होटल तो एक पुरानी इमारत में है ही, आसपास की जगहें-इमारतें भी जरूर अपेक्षाकृत पुरानी हैं। लौटते में इसकी पुष्टि भी हुई जब 'इमामबाड़ा शाहनजफ' का परिसर रोशनी में दिखाई पड़ा। एक सुकून था जो इस समय तारी था। कल शाम की 'पीं-पीं-पों-पों' की याद हो आई, जब हम हजरतगंज के आसपास रवींद्रालय जाते हुए ट्रैफिक जाम में फँस गए थे। लखनऊ पिछले तीस वर्षों में न जाने कितनी बार आया-गया हूँ, दो-चार दिनों के लिए, पर इस बार जैसी 'भीड़भाड़' देखी है वैसी तो वाहनों-आदमियों की कभी न देखी थी। लेकिन लखनऊ ही क्यों, क्या हर शहर का सच धीरे-धीरे यही नहीं बनता जा रहा है।

क्या यही है वह हजरतगंज, जहाँ आज से बीस बरस पहले नहीं, दस-पन्द्रह वर्ष पहले तक भी शाम को टहलना एक सुखद चीज हुआ करता था। अरे, भूल जाइए हजरत वे दिन—कहीं भीतर से आवाज आई, और कदम अपना रास्ता नापने लगे। पर सोचना बन्द कहाँ होता है—कुछ न कुछ तो भीतर मौन-मुखर ढंग से जारी रहता ही है, बावजूद जिसके कि 'मुँह अँधेरे' की सैर में किसी भी जगह किसी भी शहर में अब इच्छा यही बलवती रहती है कि भर लो अभी थोड़ी-सी साफ हवा साँसों में, पाने दो

थोड़ी-सी राहत आँखों को, मन को भी थोड़ा-सा सुस्ता लेने दो, दिन चढ़े तो न जाने फिर क्या-क्या देखने को मिले!

थोड़ा आगे जाने पर एक बड़ा मैदान दिखाई पड़ा, जहाँ कुछ खेलने के लिए या सिर्फ व्यायाम के लिए—कुछ किशोर और युवा इकट्ठा होने शुरू हो गए थे।...कुछ अचरज अपने ऊपर यह होना शुरू हुआ कि जिस लखनऊ में पिछले तीस वर्षों से हर साल-दो साल बाद आता ही रहा हूँ, उसके इतिहास-भूगोल को कितना कम जानता हूँ। जो जानता हूँ, वह भी टुकड़ों-टुकड़ों में! पर इसमें अचरज भी क्या! किसी भी शहर में अगर दो-चार दिनों का ही मेहमान बनकर आते-जाते रहें—भले ही बीसियों बार, तो जो जानेंगे वह टुकड़ों-टुकड़ों में ही तो जानेंगे। सो, क्या अचरज कि जब कुछ उजाला फैलना शुरू भी हो गया है तो हजरतगंज के बिल्कुल पास वाली इस सड़क को एक अजनबी की तरह ही अब भी निहार रहा हूँ। हाँ, चलते-चलते आँखों की निकट परिधि में आ गई 'क्लार्क अवध' (होटल) की इमारत को देखकर, जो नए-पुराने लखनऊ का एक 'लैंडमार्क' ही है, यह जरूर ही पहचान रहा हूँ कि कहाँ तक आ गया हूँ। मन ही मन एक रूपक भी उभर रहा है—'कार्लटन' से 'क्लार्क' तक का।

एक ही शहर में न जाने कितने शहर छिपे होते हैं। 'शरर' की किताब 'पुराना लखनऊ' की याद आ रही है। उस लखनऊ के तो भग्नावशेष ही यत्र-तत्र होंगे। और उस लखनऊ के बाद का 'पुराना' लखनऊ भी अब पुराना पड़ चुका है। याद कुँवर नारायण की कविता 'लखनऊ' की भी आ रही है जिसके बिंब और प्रसंग मानो आज भी लखनऊ पर ज्यों-के-त्यों घटित होते हैं।

लौटते हुए पुराने पेड़ों के बीच बरगद का एक पेड़ दिखाई पड़ता है। सोचता हूँ, बरगद तो यों भी बराबर ही पुराना लगता है। जड़ों से जड़ें जो निकलती जाती हैं। क्या पुराने शहरों के साथ भी ऐसा ही कुछ नहीं घटित होता! उनका पुरानापन कहीं बना रहता है...और नई जड़ें निकलती जाती हैं जो फिर धीरे-धीरे पुरानी पड़ने लगती हैं। लौट कर होटल के बरामदे में पड़ी हुई मेज-कुर्सियों पर बैठ कर चाय पी रहा हूँ। भारतेन्दु नाट्य अकादेमी के रजत जयंती समारोह पर देवेंद्र राज अंकुर भी दिल्ली से आ गए हैं। वे बताते हैं, सत्यजित राय जब 'शतरंज के खिलाड़ी' की शूटिंग के लिए लखनऊ आए थे तो यूनिट के साथ इसी होटल में ठहरे थे और यहीं सामने लॉन पर प्रायः प्रीति-भोज के लिए लोगों को आमंत्रित करते थे।...यह जगह उन्हें खूब पसन्द आई थी। मैं होटल के परिसर को नई दिलचस्पी के साथ देखता हूँ।...मन 'शतरंज के खिलाड़ी' के उस बहुत पुराने लखनऊ की ओर भी मुड़ गया है।

झील किनारे

झील इस वक्त जल की एक विशाल चादर की तरह मालूम पड़ रही है, जिसमें मानो हवा चलने से हल्का-सा कंपन हो रहा हो। पर हवा तो बह नहीं रही है, और यह कंपन उसका अपना है, जो बहुत हल्के सुरों वाली जल-लहरियों से उत्पन्न हुआ है : उनके स्वर इतने हल्के हैं कि यहाँ तक उनके पहुँचने का सवाल ही नहीं है। मैं उस दीवार से टिक कर खड़ा हूँ जो झील के किनारे-किनारे उसके साथ कुछ दूर तक चली गई है। उजाला अभी पूरी तरह हुआ नहीं है और झील पार की इमारतों में जहाँ-तहाँ बत्तियाँ झिलमिला रही हैं—और उस सड़क की तो सभी बत्तियाँ जगी हुई हैं ही जो झील के उस पार की हैं। कहीं से एक चिड़िया प्रकट हुई है और झील के जल के ऊपर उड़ती हुई कुछ दूर तक चली गई है। और वह नाव, जो उस किनारे के ज्यादा निकट है, वह भी तो आँखों में उभर आई है। यानी इस क्षण का यह दृश्य कुछ इस तरह का या कुल मिलाकर इस तरह का है कि झील, एक चिड़िया और एक नाव ही उसमें प्रमुख हैं। बहरहाल, इस क्षणिक सम्मोहन में बँधा हुआ खड़ा हूँ कि पीठ पीछे कुछ पगचापें सुनाई पड़ती हैं। निश्चय ही ये पगचापें सुबह-सबेरे सैर करने वालों की ही हैं, पर थोड़ी देर के लिए ध्यान तो बँटा ही लेती हैं, सो सामने का दृश्य तिरोहित हो गया है। यों भी थोड़ी देर में तो वह 'तिरोहित' होने वाला था ही : भला कब कौन-सा दृश्य घड़ी की सुई कुछ दूर सरकते ही बदल नहीं जाता! पर इससे मैं जरूर विस्मित हूँ कि भोपाल की इस बड़ी झील को, जिसे दिन-दोपहर-सुबह-शाम-रात को न जाने कितने अवसरों पर कितनी बार देखा होगा, इस प्रहर, इस क्षण मुझे इतनी नई लग रही है मानो उसे पहली बार देख रहा हूँ।

झील के 'नए' लगने का एक कारण यह भी हो सकता है कि स्वयं मेरी आँख, न जाने कितने दिनों बाद, नवम्बर के मध्य में जल के किनारे 'खुली' है। उस होटल 'पलाश' से, जिसमें मैं न जाने कितनी बार ठहरा हूँ, हल्के अँधेरे में ही उठकर तो यहाँ तक आ पहुँचा हूँ। जरूर ही हमारे इतने बड़े देश में ऐसी बहुत-सी जगहें और ऐसे बहुत-से जन हैं, जिनकी सुबह किसी झील, किसी समुद्र, किसी नदी के किनारे होती है। वे जल के बहुत निकट रहते हैं या मेरी इस सुबह की तरह जल के किनारे जा पहुँचते हैं। मैं स्वयं मुम्बई के 'जॉगर्स पार्क' में कई बार टहल चुका हूँ, जहाँ से समुद्र दिखता है या उसके निकट होने की प्रतीति बनी रहती है। ध्यान में इस वक्त मनसर

झील भी आ रही है जो जम्मू से कोई घंटे-दो घंटे के रास्ते पर है और जहाँ जनवरी उन्नीस सौ पिचासी में वत्सल निधि द्वारा आयोजित लेखक शिविर में मैं भी दो-तीन दिनों के लिए पहुँचा था।

हम सबकी स्मृति में ऐसे बहुतेरे क्षण कहीं न कहीं टँके होते हैं जिनके कारण कई 'स्मृतियाँ' अपना एक अलग अस्तित्व बना लेती हैं। और कुछ स्थान भी तो अपने से मिलते-जुलते दूसरे स्थानों की याद हमें प्रसंगवश दिलाते हैं। फिर प्रसंगों से ही प्रसंग भी निकलते जाते हैं। मसलन, याद इसकी भी आ रही है कि वर्षों पूर्व पहली बार भोपाल की इस झील किनारे मैं जब आया था तो वह आना शमशेरजी के साथ हुआ था। मित्र-कवि अशोक वाजपेयी अपनी उस वक्त वाली फिएट गाड़ी में, जिसे वे स्वयं चला रहे थे, शमशेरजी को और मुझे 'झील-दर्शन' के लिए लाए थे। झील पर दूर-पास की रोशनियों की चमक थी और याद कुछ इसकी भी है कि शमशेरजी अपने स्वभाव के अनुरूप कुछ चकित-विस्मित-प्रसन्न होकर झील के सौन्दर्य को सराह रहे थे। बातें तब क्या हुई थीं, यह अवश्य भूल गया हूँ।...नहीं, मन अब सामने के दृश्य से भटक गया है, वह कहीं और चला गया है या न जाने कहाँ-कहाँ चला गया है या चला जा रहा है...वैसे भी अब लौटना है। और जैसे-जैसे उजाला फैल रहा है, चाय की तलब भी तो लग रही है...दूर से ही देख लेता हूँ कि लौटने के रास्ते में जो मन्दिर है उसी के पास तो चाय की दुकान है, जो खुल चुकी है और संकेत हैं कि शीघ्र ही वहाँ चाय उपलब्ध हो जाएगी। वहीं जाकर खड़ा होता हूँ। मैं पहला ग्राहक हूँ, नहीं अकेला मैं नहीं, एक पुलिस का सिपाही भी वहाँ है।...चाय पीता हूँ और जब जेब टटोलता हूँ तो पाता हूँ कि जेब में एक रुपए का सिक्का है और एक-दो रुपए का कटा-फटा नोट है। शेष नोट पचास वाले हैं। चाय दो रुपए की है और चाय वाला बताता है कि वह मुझसे ही बोहनी कर रहा है। वह सिक्के को माथे से लगाता है। पर मैं सन्तुष्ट नहीं हूँ। कहता हूँ वह दो का नोट भी रख ले, यह मुझे उज्जैन में मिला था, दिल्ली में तो चलेगा नहीं।...पुलिस के सिपाही के भी आग्रह करने पर वह नोट रख लेता है। सो, पाता हूँ कि वास्तव में हर क्षण की भी अपनी एक घटना होती है...अपना एक यथार्थ!

28 नवम्बर, 2000

शहर की ऊँचाई

कबूतर और कौव्वे ही अधिक थे। एक पेड़ की पतली-सी डालियों पर कौव्वे चहलकदमी कर रहे थे, तो पास की ही एक छत की मुँडेरों पर कबूतरों की सभा जुटी थी। मैं यह दृश्य छठवीं मंजिल से कमरे की काँच-दीवार के पास देख रहा था। मुम्बई में छठवीं मंजिल की ऊँचाई तो नगण्य ही कही जाएगी, पर खार के इस इलाके में इससे दुगनी-तिगुनी इमारतें तो हैं नहीं, सो कई छत-दृश्य नजर आ रहे थे। जब तक खड़े होकर नीचे की ओर न देखें तब तक कोई सड़क—दृश्य भी दिखता न था। बस, गाड़ियों के हॉर्न अपनी ध्वनियों के साथ क्षीण होकर ऊपर जरूर पहुँच रहे थे। चिड़ियों की आवाजें ही ज्यादा सुन पड़ रही थीं, इनमें भी कौव्वों की काँव ही कुछ भारी थी। कबूतर तो यों भी गुटरगूँ ही करते हैं। शमशेर जी की एक कविता की पंक्तियाँ याद हो आईं। 'कबूतरों ने एक गजल गुनगुनाई.../मैं समझ न सका, रदीफ-काफिए क्या थे,/इतना खफीफ, इतना हल्का, इतना मीठा/उनका दर्द था।' बादलों का कोई टुकड़ा भी न था—आकाश खुला था और धूप धीरे-धीरे उतर रही थी। दूर की कुछ बहुमंजिला इमारतों की दीवारों को भी वह चमकाने लगी थी। मैंने गौर किया, इमारतों की वास्तुशिल्पीय रेखाएँ और उनके ज्यामितिक रूप इस वक्त अच्छी तरह पढ़े जा सकते थे। पानी की प्लास्टिक वाली काली टंकियों की गोलाई भी हर छत पर जिस तरह स्थापित थी, ध्यान उसकी ओर भी चला जाता था। और किसी टंकी पर, किसी कौव्वे को देखना मानो एक रंग के सौन्दर्य को 'चित्रलिखित' देखना था। इमारतों के बीच सिर उठाए पेड़ों पर भी नजर जाती ही थी, जिनकी डालियाँ कभी किसी खिड़की, कभी किसी छत के हिस्से को ढँक-सी रही थीं। पेड़ों में नारियल ही पहचाना जाता था, अन्य पेड़ दूर से 'पेड़' ही लगते थे। गौर मैंने यह भी किया कि क्रीम, धूसर, सफेद और बालुई रंग ही इमारतों में अधिक हैं—उनकी कुल बाहरी दीवारों पर, सो दृश्य में कोई 'रंगीन' व्यतिक्रम न होना भी भला लग रहा है। बस कभी-कभी छतों पर प्लास्टिक की बड़ी, लम्बी-चौड़ी चादरें जरूर पसरी या गुड़ी-मुड़ी पड़ी थीं। और वह 'नीलापन' भी अलग से नज़र आता था। कबूतर तारों पर भी थे और इस छत से उस छत पर उड़ भी रहे थे। थोड़ी-सी फुरसत हो, जैसी कि मुझे इस समय थी, तो इस दृश्य में

‘प्रवास’ करना निश्चय ही सुखद था—और एक अलग तरह का अनुभव भी।

पर धीरे-धीरे दिन चढ़ रहा था। और इसे भुला देना अंततः असम्भव था कि मुम्बई में हूँ। भीड़ भरी लोकल ट्रेनों वाली और तेज-तेज पाँवों वाली मुम्बई में, ‘संघर्षों’ वाली मुम्बई में और उस मुम्बई में जहाँ ऊँची इमारतों के साथ हजारों हजार की संख्या में झोपड़पट्टियाँ भी हैं और जहाँ का सड़क-दृश्य इस ऊपर के दृश्य से बहुत-बहुत भिन्न है। पर विविधवर्णी मुम्बई के इस ‘ऊपरी’ दृश्य को ओझल भी तो नहीं कर सकता, जो फिलहाल एक सांत्वना की तरह और आँखों के एक अलस विश्राम की तरह मेरे सामने बिछा है। क्या ऐसी ही सांत्वना के लिए मुम्बई के लोग और मुम्बई भ्रमण के लिए आने वाले लोग समुद्र किनारे भी नहीं पहुँचते, मरीन ड्राइव, जुहू-चौपाटी आदि में?

देखा कि इस बीच न जाने कहाँ से आकर एक पेड़ की टहनियों में गुलाबी रंग का गैस का गुब्बारा फँस गया है और कमरे की काँच-दीवार में से एक कबूतर के नारंगी पैर झाँक रहे हैं। तो इस ‘ऊपरी’ दृश्य में तरह-तरह की गतिविधियाँ जारी रहती हैं। मुम्बई कई बार आया हूँ और तब से आ रहा हूँ जब बम्बई मुम्बई नहीं हुई थी। पर इससे पहले बराबर पहली मंजिल के एक भिन्न फ्लैट में ठहरता रहा हूँ। इसी बार एक होटल की छठवीं मंजिल पर था। ऐसा भी नहीं कि और अधिक ऊँचाई से मुम्बई को पहले देखा न हो। दो-चार मौके ऐसे आए हैं जब किन्हीं मित्रों-परिचितों के पन्द्रहवीं या अठारहवीं मंजिल के फ्लैटों से मुम्बई को देखना हुआ है। पर वह देखना प्रायः रात को हुआ है—तब जब सारा शहर रोशनी में नहाया हुआ लगता है और बहुमंजिली इमारतों की रोशनियाँ ऐसी मालूम देती हैं, जिसे घर-घर में दीवाली हों। पर वह दृश्य तो दुनिया के बहुतेरे बड़े शहरों का कॉपीराइट सरीखा है, फिर वह चाहे शिकागो हो या शंघाई हो या मुम्बई-चेन्नई! तब ‘आलोक’ की ही स्वप्ननगरी में हम होते हैं। नगरियों के रूप-आकार चाहे जितना भिन्न हों।

पर दिन के वक्त मैं मुम्बई को जिस ऊँचाई से देख रहा था, वह ‘मध्यवर्गीय’ ऊँचाई ही थी, जहाँ ऊपर का आकर्षण बना रहता है और नीचे की सच्चाई भी आँख-कान से ओझल नहीं रहती। सो, जानता था कि मैं निर्जन छत-सौन्दर्य को ज्यादा देर तक सराहने का मन और अवकाश बना ही नहीं सकता। जहाँ तक चिड़ियों-वृक्षों की रूप-राशि को सराहने का सवाल है और कुछ चंचल-सी हवा में उन्मुक्त पंखों को उड़ते देखने का सवाल है और उनके साथ-साथ उड़ते जाने का सवाल है या उसी हवा में पत्तियों के कुछ चंचल बन जाने की बात है—सो वह सब देखना-सराहना भला कब अच्छा नहीं लगता! वह तो अच्छा लगता ही है, फिर हम चाहे पर्वतीय ऊँचाई पर हों या बहुमंजिला या मध्यमंजिला ऊँचाई पर या बिल्कुल जमीन पर ही खड़े हों। हाँ, मध्यमँजिला ऊँचाई से मुम्बई की चिड़ियों, धूप-हवा, पत्तों-टहनियों को आँख में भरने का जो अवसर मिला, उसके लिए इस छह-मंजिला ऊँचाई का आभार!

काठचम्पा

पूर्वपल्ली विश्रामगृह के परिसर में काठचम्पा के दो पेड़ हैं। कुछ उसके ठीक बाहर, बाईं-दाईं ओर भी हैं, सड़क-किनारे। शेष शान्तिनिकेतन में भी वे जहाँ-तहाँ दिख ही जाते हैं। और उनके सफेद फूलों की मह-मह सुगन्ध हवा में तैरती रहती है। दिन-रात, सुबह-दोपहर-शाम। पाँच-सात बड़ी पँखुड़ियों वाले ये फूल डालियों-टहनियों पर ठीक उसी तरह गुँथे-से लगते हैं, जैसे स्त्रियों की वेणी में धँसकर भी फूल बाहर की ओर निकले रहते हैं। पर, कुछ आगे बढ़ूँ उससे पहले एक भूल-सुधार जरूरी है। काठचम्पा के पड़े, परिसर में सिर्फ दो नहीं हैं—वे अपने 'समूह' में दो अवश्य हैं। हर समूह में वे दरअसल संख्या में पाँच-सात हैं। पर इसकी ओर ध्यान तभी जाता है, जब आपकी दृष्टि उनके तनों पर चली जाए, अन्यथा वे अपनी डालियों-टहनियों में एक-दूसरे से जुड़कर 'एक' होने का भ्रम देते हैं। और दृष्टि बार-बार तो उनके फूलों और पत्तों पर ही टिकती है—उनके सौन्दर्य में एक सम्मोहन जो है। और जब आप जमीन पर चुपचाप झर कर बिछ जाने वाले फूलों में से दो-चार को उठाने के लिए नीचे झुकते हैं, तो भी फूल ही तो हैं जो आपकी दृष्टि और आपके ध्यान में रहते हैं—इन सतर्कता के साथ कि उन्हीं को उठाएँ जो ज्यादा ताजे मालूम देते हों। हाँ, इस स्वार्थ के स्वीकार में ही भलाई है। उन फूलों को हम छोड़ ही देते हैं न, जिन पर कुछ मिट्टी लग चुकी हो या जिनकी पँखुड़ियाँ अपनी किनारियों में कुम्हला रही हों। पर, देखता हूँ कि काठचम्पा को इस स्वार्थ से शिकायत नहीं है। वह अपने फूल धरती पर बिछाता ही रहता है, जितने चाहें उठा लीजिए।

कल रात बारिश हो चुकी है, सो जमीन गीली है और लाल बजरी भी सीझ चुकी है। गनीमत है कि सुबह बारिश नहीं थी, सो शान्तिनिकेतन की वास्तव में शान्त और नीरव-सी उन पतली सड़कों पर टहल आया हूँ, जो विश्रामगृह के आस-पास की हैं और जिनके दोनों ओर पड़ों-वनस्पतियों-फूलों से आच्छादित सुन्दर और बड़े-बड़े घर हैं। कुछ के अहातों में कुआँ भी है। इनके प्राँगणों में पेड़ों की किस्में तरह-तरह की हैं—नारियल, आम, नीम, बेल, आँवला, केला, अशोक, काठचम्पा—और भी बहुतेरी किस्में। हर प्राँगण में जमीन प्रायः घास से ढँकी है—उसका कुछ ही हिस्सा उघड़ा रहता है—सो नीचे से ऊपर तक हरे का, और विविधवर्णी फूल-पत्तियों का हवा में मन्द-मन्द मुस्काना या स्मित अधरों से अस्फुट कुछ कहते रहना मानो कभी निःशेष

ही नहीं होता है। उनके इन अस्फुट स्वरों को भी सुनना अच्छा लगता है। सुबह के 'भ्रमण' में अंडाल के नलिनीकान्त भी साथ थे, जो अंडाल से 'कविताश्री' नाम की चारपेजी पुस्तिका वर्षों से निकल रहे हैं। वे चलते-चलते कुछ कहते या मैं कुछ कहता, तो हमारी अपनी ही आवाज़ मानों हमें सावधान कर देती कि 'नहीं, अब और अधिक 'शब्द' नहीं, इस नीरवता का भंग न करो।...'

पूर्वपल्ली विश्रामगृह के अहाते में जब लौटा तो विश्रामगृह के द्वार पर दोनों तरफ बनी दो चौकियों में से एक पर बैठकर काठचम्पा के सौन्दर्य को एक बार फिर निहारने की इच्छा हुई...यहाँ तक आते हुए दो-एक फूल भी उठा ही लिए थे जो नासिका में रह-रहकर अपने पराग-कणों की सुगन्ध तिर आने देते थे। काठचम्पा की पराग-स्थली कुछ पीलापन लिए हुए होती है, शेष फूल बिल्कुल धवल होता है। दूसरी चौकी पर बैठे हुए मेरी ही तरह के इस अतिथि निवास के एक अन्य अतिथि के साथ काठचम्पा-चर्चा चल पड़ी। वे बाँग्लाभाषी थे। बाँग्ला उच्चारण में चम्पा, चाम्पा हो जाता है। उन्होंने जानकारी दी कि एक तो है काठचम्पा, एक और दूसरी प्रजाति है सुवर्ण चम्पा, और 'दोलन चाम्पा' के बारे में तो आपने बाँग्ला साहित्य में कुछ न कुछ पढ़ा ही होगा...। मैंने स्वीकृति में सिर हिलाया...दोलन चम्पा के साहित्यिक प्रसंग मुझे तत्काल जरूर याद नहीं आए, पर उनके यह कहने-पूछने के साथ ही उससे अपनी 'परिचिति' का भान जरूर हुआ। हाँ, दोलन चम्पा की मुख-स्मृति फिर भी नहीं आई। पर, जो सामने है, साक्षात् उपस्थित है, उसकी अवज्ञा करके किसी और के पीछे भागने का विचार मैंने फिलहाल त्याग दिया...और दृष्टि फिर काठचम्पा पर टिका दी। एक और जानकारी मिली...सम्भवतः काठचम्पा का एक बाँग्ला नाम और है—गुलंच (या गोलंच)...

वहीं बैठे-बैठे आचार्य हजारी प्रसाद द्विवेदी की स्मृति भी एक बार फिर तैर आई, जो शान्तिनिकेतन पहुँचते ही 'हो' आई थी...भले ही उनसे स्नेह-आशीर्वाद मिलने के अवसर जीवन में दो-चार ही आए हों, पर फूलों-वनस्पतियों के रम्य रूप में रमना क्या उनके लिखे हुए से भी हम सबने नहीं सीखा। काठचम्पा के पत्रों-पुष्पों में मेरे इस सोच के साथ ही एक स्मिति फिर दिखाई पड़ी।

सितम्बर, 2000

हूँ। वे दत्तचित्त होकर अपनी-अपनी स्केचबुक पर झुके हैं। बीच-बीच में आँखें उठाकर उस 'दृश्य' की ओर देख लेते हैं जिसका वे अंकन कर रहे हैं। थोड़ी देर—बस क्षण भर के लिए हम उनके पास रुके थे, 'अपने' टीले पर आते हुए। ज्यादा रुकना उनके अंकन में विघ्न डालना होता। जब हम अपने टीले पर आकर बैठ गए थे तो एक बांग्लाभाषी सज्जन की झिड़की सुनने को मिली थी जो वे अपने परिवारजनों को दे रहे थे। कह रहे थे 'ओदेर के तोमरा बिरक्त कोच्यो क्यानो' (यानी उन्हें परेशान क्यों कह रहे हो)। 'उन्हें' से आशय उनका जापानी दम्पति से था। पर, परिवारजन झिड़की सुनने के बाद कुछ देर तक तो वहाँ डटे ही रहे। जाहिर है कि जापानी दम्पति जो कुछ आँक रहे थे, उसी दृश्य को वे 'दर्शक' अपनी आँखों में भर रहे थे और उनके आँके हुए-से दृश्य का मिलान करते जा रहे थे। 'अंकन' को देखने का अपना एक सहज सम्मोहन होता है, यह मैं कई बार देख चुका हूँ। चित्र का माध्यम इस मामले में भी वास्तव में विलक्षण है। सबसे पहले तो हम उसमें अंकन के हुनर को ही सराहते हैं।

बहरहाल, हम रेत के टीले पर बैठे थे। सूर्यास्त की ओर आँखें टिकाए थे और आसपास की गतिविधियों की ओर भी। जाती हुई सूर्य किरणें रेत की चमक में मिलकर एक अद्भुत रंगत बना रही थीं : पीली, सुनहरी। पंत जी की 'स्वर्णधूलि' और 'स्वर्णकिरण' की याद आई। एक ऊँट वाले की केसरिया पगड़ी एक अलग तरह से झलकी। हमारे साथ जैसलमेर के कथाकार ओम भाटिया भी थे, रेत के कई गुणों की याद उन्होंने दिलाई। बोले, 'बेशक रेत पर बैठ जाइए, यह कपड़ों पर चिपकेगी नहीं।' हम टीले पर प्रसन्न बैठे थे। मेरी मुट्ठियाँ अनायास रेत की सतह को भेदकर और गहरे चली जाती थीं—भीतर वाली रेत ठंडी थी। भाटिया जी बोले, 'यह भी रेत की खूबी है, ऊपर से गर्म लगेगी, पर भीतर की ओर नमी रहेगी।' रेत से सम्बन्धित कई मुहावरों और उक्तियों की याद भी हमने सहज भाव से की।

जैसलमेर के किले की दीवारों पर जब सूर्य किरणें चमकती हैं तो जैसा रंग वातावरण में भर जाता है, वैसा ही सम के वातावरण में भी, समूची दृश्यावलि में भरा हुआ जान पड़ रहा था। उसे सूर्य ने सहसा डूबकर बदल दिया। रेत के ढूहों की छायाएँ भी मिट गईं। रेत के ढूहों से असम हुआ सम मानो सचमुच सम पर आ गया।

जनवरी, 2000

●●●

सम पर सूर्यास्त

हम सम पर हैं, यानी 'सम' नाम की उस जगह पर जो जैसलमेर से कोई घंटे भर के रास्ते पर है और जहाँ 'सीजन' में सैकड़ों पर्यटक बालू के ढूहों के पास सूर्यास्त देखने के लिए आते हैं। स्त्री-पुरुष, बच्चे-बुजुर्ग, देसी-विदेशी सभी तो हैं। हम संख्या का अनुमान लगाते हैं तो वह दो-तीन हजार के बीच ठहरती है। एक ऊँटवाला भी इस संख्या की पुष्टि करता है। 'हाँ साहब, इतने लोग तो रोज होते हैं आजकल।' लोग ही नहीं हैं, कई ऊँट भी हैं। इन्हीं पर बैठकर ही तो बहुतेरे लोग ऊँट की सवारी और सूर्यास्त का आनन्द एक साथ उठाते हैं। एक अक्षितिज विस्तार तक रेत के टीले हैं—सैंड ड्यूंस—और उन्हीं पर कहीं तो कतारों में और नहीं तो यत्र-तत्र-सर्वत्र छितरे हुए लोग और ऊँट है : दूर-पास तक एक-दूसरे से कुछ कहती या बच्चों को सावधान करती आवाजें भी हैं। बंगाल से आए हुए बहुतेरे लोग हैं, सो बांग्ला भी हवा में तैर रही है। पर इन आवाजों के बीच एक खास तरह की नीरवता भी है जो सूर्य की चमक कम होने के साथ-साथ और बढ़ रही है। हमने एक एकान्त टीले चुना है और रेत में पैर धसाते हुए भी इस टीले तक पहुँचे हैं। ऊँट की सवारी हमने नहीं की। वह मैं बीस साल पहले यहीं कर चुका हूँ तब इतने लोग कहाँ हुआ करते थे! वह उस साल की बात है जब 'डेजर्ट फेस्टिवल' की शुरुआत हुई थी और मैं 'दिनमान' की ओर से उसे कवर करने के लिए आया था। तब से समय की मुट्ठी से न जाने कितनी रेत झर चुकी है। पर हमारी मुट्ठी में भी समय की रेत रहे चाहे नहीं, स्मृतियाँ तो नहीं झर जातीं और स्मृतियाँ रेत भी नहीं बन जातीं। वे कुछ न कुछ उगाती भी रहती हैं। वास्तव में 'स्मृति' कितना बड़ा वरदान है मनुष्य को। सो, उस वर्ष की और भी कई चीजें याद आ रही हैं।

मेरी पत्नी ज्योति पहली बार यहाँ आई हैं। मैं उनसे कहता हूँ, एक ऊँट ले लें, पर वे मना कर देती हैं। कहती हैं, 'रेत पर चलने का आनन्द कुछ और ही है।' एक ऊँटवाला हमारे पास तक आकर दो बार पूछ चुका है और निराश हुआ है। पर ज्यादा देर के लिए नहीं। दो स्त्रियों को अपनी पीठ पर बैठाए उसका ऊँट जब हमसे थोड़ी दूर पर गुजरता है तो वह हमारी ओर देखकर मुस्कराता है। परिचय वाली मुस्कान। जीवन के ये छोटे-मोटे प्रसंग ही तो उसमें हमारी रुचि बढ़ाते हैं, उसे मधुरतर बनाते हैं। थोड़ी दूर पर ही एक और टीले पर बैठे उस प्रौढ़ जापानी दम्पति की ओर देखता